2015年"辽宁省高等学校优秀科技人才支持计划"项目《从人治到法治：大学发展的秩序逻辑》（编号：WR2015011）研究成果。

"新世纪大学发展的多学科视角"研究丛书

从人治到法治：
大学发展的秩序逻辑

——以沈阳师范大学为例

马焕灵 著

中国社会科学出版社

图书在版编目(CIP)数据

从人治到法治:大学发展的秩序逻辑:以沈阳师范大学为例/马焕灵著.
—北京:中国社会科学出版社,2018.4
("新世纪大学发展的多学科视角"研究丛书)
ISBN 978 - 7 - 5203 - 2296 - 6

Ⅰ.①从… Ⅱ.①马… Ⅲ.①高等学校—学校管理—法制管理—
研究—中国 Ⅳ.①G647②D922.164

中国版本图书馆 CIP 数据核字(2018)第 065188 号

出 版 人	赵剑英
责任编辑	陈肖静
责任校对	王 龙
责任印制	戴 宽

出 版	中国社会科学出版社
社 址	北京鼓楼西大街甲 158 号
邮 编	100720
网 址	http://www.csspw.cn
发 行 部	010 - 84083685
门 市 部	010 - 84029450
经 销	新华书店及其他书店

印 刷	北京明恒达印务有限公司
装 订	廊坊市广阳区广增装订厂
版 次	2018 年 4 月第 1 版
印 次	2018 年 4 月第 1 次印刷

开 本	710 × 1000 1/16
印 张	19.5
插 页	2
字 数	273 千字
定 价	86.00 元

凡购买中国社会科学出版社图书,如有质量问题请与本社营销中心联系调换
电话:010 - 84083683

目 录

中篇 走向法治:沈师治理的成就与经验

前　言

进入 21 世纪以来，中国的高等教育发生了翻天覆地的变化。这个变化一个显著的标志就是规模的拓展。1998 年我国高等教育毛入学率仅为 9.8%，在校生 340 万人，处于国际公认的精英教育阶段。1999年开始扩招，到 2002 年毛入学率达到 15%，在校生 1700 万人，进入大众化阶段。到 2012 年，毛入学率达到 30%，在校生人数达到 3200万人，规模居世界第一，成为高等教育第一大国。

伴随着规模的拓展，中国大学办学条件的改善也成为发展的一个亮点。以往中国的大学，给人的印象就是院子小，房舍旧，条件差。而今天中国的大学绝大多数都是宽敞而崭新的，许多大学的规划设计、建设、装备都让人眼前一亮、耳目一新。

在硬件条件改善的基础上，大学的内涵发展也有了长足的进步。这种进步是整体的，而一些学校的提升更是令人刮目相看的。在 2016年 3 月 22 日英国 QS 全球教育集团发布的"QS 世界大学学科排名"中，中国有 88 所大学的学科进入全球前 400 强，仅次于美国，位列全球第二，英国则排名第三。

这一时期取得的成就的确是令人鼓舞的。当然也伴随着很多问题。而总结经验与教训，以便更好地发展是理论工作者与教育工作者的责任。我曾认真拜读过伯顿·克拉克先生和潘懋元先生以多学科视角研究高等教育的著作，给我以深刻的教育与启发。于是，我不揣冒昧，也想与我的同事一起，对 21 世纪中国大学的发展进行一次多学科的研究。当然，在这里，我不仅与先生们的起点不同，而且目的也不同。

他们是着眼于高等教育理论体系的构建，而我则在做一项"工作研究"。当然，如果能为理论研究提供"质料"也是让我格外欣慰的。于是，我在学科视角的选择上也与他们不同。我着眼于大学发展的"实践性"，可能带有"实用主义"的色彩。我确定了七个学科研究视角：经济学、管理学、组织行为学、教育学、文化学、社会学、法学。在这个研究过程中，我反复叮嘱我的同事，要站在各自学科的立场上，着眼于变化寻求发展的动因，用科学的理论总结经验和教训，努力为将来的发展提供对策与建议。当然，我的同事绝非等闲之辈：孙绵涛、林群、贾玉明、王大超、朴雪涛、周润智、康翠萍、张君、马焕灵等，他们的学术造诣想必同行都是了解的，在这里我不必自夸，想必他们会有真知灼见呈现给大家的。郝德永教授对这部丛书的出版也格外关注，提出了很好的建议。

我还想说为什么选择"沈师"作为研究个案。大家知道，我们的学术研究脱离实际是一个通病，我也担心自己的研究也会掉进这个"坑里"。于是，我要寻找一个现实的"靶子"。"沈师"可以成为这个"靶子"。因为我和我的同事长期生活和工作在这个学校，不仅了解情况，且说深说浅，大家都能"谅解"。"沈师"这些年来的发展也有让人称道的地方。比如：在学校资产经营方面，运用级差地租原理，以异地资产置换方式建设新校园，那是 2000 年的事情，曾一度被政府和媒体称为"沈师模式"。省政府也专门召开了现场会推广经验，从而揭开了辽宁高校换建新校园的序幕。在大学制度建设方面，积极推进内部治理结构改革，理顺了党委、行政、学术之间的关系，构建了具有学术事务决策权的学术委员会；整合学科资源，试行了学部制改革；理顺了管理体制，试行了机关大部制改革等。在学校内涵发展方面，在辽宁省高校中率先确立了打造学校核心竞争力的发展目标，学校"十二五"规划确定的"支柱性专业与学科省内一流，标志性学科与专业全国一流"的发展愿景，都是符合国家要求，也符合学校发展实际的，经过几年的努力，学校的内涵建设上了一个新台阶。但是，学校发展也不尽如人意，有很多方面应该很好地总结和梳理。但愿这个总结能给人以启发，不仅让我们避免再走过去的弯路，而且未来能发展得更好。

我期望这个说明能够帮助您走进各位专家的书中。他们研究思路是这样的：

《从计划到市场：现代大学发展与法人资产经营》（林群、王大超等）该书以我国由计划经济到市场经济转型为背景，深入分析了市场经济在资源配置中起决定性作用给大学发展带来的根本性变化。市场经济条件下，大学的资产经营问题是大学管理者或者是整个大学，更是大学管理者面临的一个首要的问题，不会经营，不懂经营，大学的发展独处难行。该书从经济学的学科视角，对大学资源配置制度变迁过程进行了梳理和反思，并对计划经济体制下大学资源配置方式与市场经济体制下资产配置的方式的变化给大学带来的影响，进行了对比分析，并以沈阳师范大学资产经营的理念与实践为个案进行了深入分析，运用国别比较研究方法，对发达国家大学法人资产经营的典型经验进行了系统梳理，在上述研究的基础上，对我国大学资产经营在市场发挥决定性作用的宏观态势下进行了展望，并针对大学资产经营范畴中的关键议题，提出了有一定参考价值的政策建言。

《从人本到人性：大学发展的队伍建设研究》（孙绵涛等）该书从教师队伍、管理干部队伍、校领导班子等三个层面对大学队伍建设情况进行了分类研究，通过综合运用个案研究法、文献法、比较研究法、访谈法等研究方法，着重从组织行为学的视角来审视大学组织中的个体行为、群体行为、领导行为，以"人性"作为研究的逻辑起点，以"自我实现人"为逻辑主线来组织研究内容，涵括了队伍建设与大学发展的关系、沈阳师范大学队伍建设的剖析、大学队伍建设的人性理论阐释、大学队伍建设的反思与展望四个板块。该书以问题为导向，注重大学在这方面走过的弯路和存在的问题，凸显了大学队伍建设过程中尊重"人性"的人事制度改革取向，并在此基础上得出了大学队伍建设要回归和尊重人性的共识性结论，并从学理和实践上进一步厘清了大学教师、管理干部、领导班子不同类型大学人的人性，并最终将队伍建设的人性定位为"自我实现人",为高校探索队伍建设方略提供了路径启示。

《从管理到治理:现代大学制度建设研究》(贾玉明、康翠萍等)该书从中国高校改革发展从管理走向治理的大背景出发,以管理学为学科视角,综合运用了公共选择理论、新公共管理、新制度经济学等理论分析工具,采用了访谈、案例、政策文本分析等质性研究方法,从历史演进的视角阐述了大学治理与大学发展的应然关联,并以沈阳师范大学探索现代大学制度建设改革探索为个案,深入解构了现代大学治理的实践逻辑和学理逻辑,并最终提出了大学治理和现代大学制度建设的基本方略。

《从一元到多维:新世纪大学发展的文化逻辑》(朴雪涛等)该书以文化是大学赖以生存发展的重要根基和血脉为其立论之基。从文化学的视角解析了大学发展的意蕴,阐述了文化与大学发展的逻辑关联与大学发展文化机理。该书深入分析了大学文化变革的理论基础、历史基础、社会基础,阐释了大学文化生成与变革内在机制,并在此基础上以"沈师文化现象"为个案,从标志性器物文化、大学理念、精神气质、包容性文化品位等多个层面全面审视了"沈师文化"的典型性、代表性、特殊性,诠释了大学文化建设与学校内涵发展的律动规则,并最终析出了大学文化变革可行进路。

《从庸常到卓越:沈阳师范大学内涵发展的叙事研究》(张君等)该书以大学内涵建设研究为主线,将其聚焦在大学学科专业建设上。该书采用了特色鲜明叙事研究的范式,旨在借一所大学看一个时代的高等教育内涵发展样态和价值取向。该书以沈阳师范大学步入21世纪十余年的内涵发展为研究对象,基于教育学的学科立场,围绕沈阳师范大学学科专业建设的成就经验进行了梳理与叙事、意义诠释与反思、经验升华与前瞻,回答了内涵发展背景下,大学发展是什么,大学发展为什么,大学如何发展三大基本理论和实践命题,最后对专业、学科作为大学内涵发展核心旨趣,提出了新诠释,起到了以点带面,解剖"麻雀"可见一斑之效。

《从客体到主体：超越对政府依附关系的大学发展之路》（周润智等）以大学与政府的关系为逻辑主线，基于社会学的学科视角，运用结构功能主义理论框架研究两者的互动关系、律动规则。该书首先从对社会学理论及相关概念，大学与政府组织特征、大学与政府关系的范畴等重要概念界定入手，梳理了新中国成立以来我国政府与大学关系的演变历程及其机理，并结合沈阳师范大学建校以来艰难曲折的办学心路历程，以口述史的形式进行了深描和呈现并作为印证，在此基础上析出了当前我国政府与大学关系存在的主要问题及成因，最后基于结构功能主义的学术旨趣，进一步厘清了政府与大学关系，从而形成了构建新型政府和大学关系的基本构想。

《从人治到法治：大学发展的秩序逻辑》（马焕灵）该书以秩序是大学存在的基础和功能实现的保障为理论根基，综合运用了文献法、案例法、比较法等研究方法，来探寻大学的治理之道。该书在分析人治秩序的大学治理非理性风险与法治秩序的大学发展理性化治理担当的基础上，以沈阳师范大学为例，总结梳理了以法治思维引领大学发展、以法治程序规范大学发展、以法治方式推进大学发展、以法治形式保障大学发展等沈师走向法治秩序的成就与经验。在分析大学法治建构的机遇与挑战和借鉴国际一流大学法治秩序建设经验基础上，提出了高校法治秩序重构的新动向。

本丛书付梓之际，正值沈阳师范大学 65 周年华诞和"十二五"规划圆满收官，"十三五"规划开局起步之时，谨以此丛书与学界同人共勉！

于文明

2016 年 3 月 29 日

上　篇

秩序追求:大学与治理的逻辑关系

第一章　自由与宁静:大学的秩序需求逻辑

洪堡曾如是说,"大学的生存条件是宁静与自由,自由是必须的,宁静是有益的,大学全部的外在组织即以这二点为依据"。[①] 洪堡的这一论断实质上是以"自由"和"宁静"这两个词阐述了大学存在的秩序逻辑需求。大学是一种社会组织,因此,对于以学术为业的社会组织而言,秩序逻辑无疑是一把"双刃剑",作为基石,它是大学存在的必需条件;而作为规约,它又决定了大学的发展阈限。

第一节　秩序基石:大学存在的必需条件

对于一个社会而言,可以没有充分而完全的公平和正义,可以缺乏普遍有效的法律制度,但是它绝不能没有秩序。道理很简单,"没有社会秩序,一个社会就不可能运转"。[②] 大学作为社会的组织细胞,符合同样的逻辑。自由比较起来,无论是对社会组织还是对个人,秩序都具有功能上的优先性,虽然这种优先性只是工具性的。[③] 对于大学的存在,不是说秩序比自由的价值更大,而是说自由得以存在和发

---

① 陈洪捷:《德国古典大学观及其对中国大学的影响》,北京大学出版社 2002 年版,第 39 页。
② 贾玉娇:《社会秩序何以可能——对中国社会秩序重建的理论考量与路径探索》,《河南社会科学》2013 年第 4 期。
③ 同上。

展的前提条件是秩序,世界上可以有不自由的秩序,但是绝不存在没有秩序的自由。"首要的问题不是自由,而是建立一个合法的公共秩序。人当然可以有秩序而无自由,但不能有自由而无秩序。"①

外在秩序是大学存在的基础。大学组织的社会性决定了大学的自组织存在依赖外界的秩序逻辑。作为社会子系统的高等教育需要与社会其他子系统进行能量与物质的交换。因此,大学始终处于一个开放而非孤立的状态,而要保持这种开放状态需要对市场及政府等外部主体表现出一个民主的姿态。随着社会环境文明程度的提高,大学对外氛围愈加和谐,当法制的权威性发挥主导作用时,大学、政府、市场等子系统相互之间就组成了一个运行高效的社会整体。单凭高等教育系统内部元素之间的协同是无法产生有序结构的,因为"孤立系统只能沿着无序化方向演化进而走向'死寂',根本不可能产生自组织行为"。②

从大学的起源和发展来看,大学的存在是政府、市场等外在秩序逻辑的产物。在国外,世俗王权和教会当局热衷于创建大学的原因在于大学的"功能很快为世俗王权和教会所认识"。例如,德国大学并不是自发产生的,而是德意志各邦国有目的的行为。正是君主们看到了建立大学能够培养国家需要的人才,对巩固统治大有裨益,因此,中世纪晚期,教皇和世俗王权创立或控制的大学数量逐渐增多,标志着自发自主型大学已成为过去。如今,在政府介入高等教育的同时,社会力量也以不同方式介入高等教育。大量的学院或由商人、企业集团捐办,或由地方政府兴办。这些兴办人通过理事会或董事会等制度,谋求将大学控制在满足自己需求的范围内。③ 随着大学在政治、经济、文化领域中的地位日益凸显,无论何种体制的国家,其政府纷纷加强了对高等教育的国家干预,将高等教育看作一项国家事业,纳入国家

---

① [美]塞缪尔·亨廷顿:《变化社会中的政治秩序》,王冠华译,上海人民出版社 2009 年版,第 6 页。
② 王振武:《再论选择论的方法论意义》,《自然辩证法研究》1990 年第 5 期。
③ 余小波:《高等教育质量保障研究论纲》,青海人民出版社 2009 年版,第 59 页。

的管理活动之中，往日的象牙塔越来越变成了一种受到管理的公共事业。这正如教育家阿尔特巴赫所言："大学真正自主可以不受外界权力机构的干预而处理自己的事务的黄金时代已经过去。"① 当前，在分权型管理的国家中高校虽然享有较充分的自治，但也是有限度的，国家以不同程度和方式干预大学，影响着大学组织的存在方式。而在集权型管理的国家中，一般由政府提供组织存在的理由和合法性，大学的存在与否，已经不可避免地仰赖于外界的秩序逻辑了。

内在秩序是教育活动完成的保证。秩序的应然价值是教育活动完成、教育目的实现的必要而非充分条件。"秩序的存在是人类一切活动的必要前提……秩序构成了人类理想的要素和社会活动的基本目标。"② 高校内部环境的稳定有序是学生在学校内顺利进行生活、学习、交往等活动的保障。这种稳定有序通常涵盖了在法制规定允许下的如教师代表大会等民主管理方式。全校师生都通过这种以维护大学内部所有主体权益为目的的文明的方式沟通、协调、决策，也就促成了学校层级间和个体间的和谐氛围。这种和谐烘托下和法制规治下的民主管理能够为大学带来较高效益。高等学校内的一切规范是保证教育活动顺利进行的一种手段恶，这是一种必要的手段恶。手段恶的必要性主要有两个方面：第一，手段恶可以防止更大的恶，比如阑尾炎手术，是为了防止恶化；第二，手段恶是为了求得更大的善，比如冬泳寒水刺骨，是为了健康长寿。③ 大学规制是一种必要的手段恶，是一种强制，这种强制，只在于防止更大的恶，而不在于求得更大的善。原因在于强制只能防止学校由于秩序原因而灭亡，却不足以促进人的自由发展。因此我们说，秩序的价值在于保证教育教学行为的完成，其对于人的自由全面发展的教育目的而言，只是必要条件而非充分条件。

----

① 李帆：《英国政府在高等教育中的作用》，《外国高等教育资料》1996 年第 4 期。

② ［美］博登海默：《法理学、法哲学与法律方法》，邓正来译，中国政法大学出版社 2004 年版，第 246 页。

③ 王海明：《新伦理学》，商务印书馆 2001 年版，第 424 页。

第二节　秩序阈限:大学发展的实现空间

大学的长远发展,需要以解决两个问题为前提:第一,如何理顺大学运行中与政府、市场等外部关系主体的诸多矛盾;第二,如何整治大学自身运行和发展过程中内部关系的诸多痼疾。将大学的发展置于一个合理的空间内,即遵守介于对内自由阈限与对外自主阈限之间的秩序逻辑,并不断探求大学发展阈限的穷值,是大学持续发展的秩序张力追求所在。

一　外在秩序:大学发展的自主阈限

鉴于大学对外在追求自主发展的过程中存在着与政府权力和市场权力等外部权力的博弈,注重大学外部治理,构建大学发展的外在秩序,在合理安排政府和市场等外部主体参与大学管理制度的基础上努力扩张大学的自主权就成为大学发展对外秩序逻辑的主旋律。

现代大学对社会经济、政治、文化等介入程度越来越深,大学与社会之间的密切联系需要相应的对外建设制度予以保障。制度保障,站在政府的角度,无疑是要最大程度发挥对大学管理的行政干预;站在市场的角度,却是致力于不断寻求能够顺利联结参与大学治理领域的信息沟通渠道。然而,大学自治面临强势的政府行政干预和市场的利益要求,越来越变成一个口号,大学的自主取向与政府行政干预和市场利益要求的秩序规范成为现代大学对外关系的一对矛盾。从高校的法律权利来看,高校办学自主权的内容包括招生、学科专业设置、教学、科研和社会服务、科技文化交流合作、机构设置与人事管理、经费使用等方面权利。高校办学自主权源于大学的学术逻辑,其实质就是以教学与科研为核心的学术自主权。大学对外自主不能超越其作为高等教育领域社会公共组织,不能威胁和损害到社会公共利益和国家利益的底线。

二　内在秩序：大学发展的自由阈限

大学的科学发展要求具备一个自由、多元、开放的行政权力、学术权力和其他利益群体权力和谐共生的内在秩序体系。以大学各级管理者以及教辅人员为主体所行使的行政权力旨在维系学校组织结构的存在与发展；以学术人员和学术组织为主体所行使的学术权力作为体现大学独特性的支配力量，是大学自身存在的本质要求和价值体现；包括学生在内的其他利益群体是参与学校各项事务的民主代表。这三种权力只有在特定的阈限中才能将自身作用发挥到极致。

不同于学术权力在大学治理中的功能具有松散、自主和民主的特征，对于强调制度和秩序的行政主导型科层制组织体系的行政权力，管理者尽量把自己的意志和价值取向体现在大学制度之中来保证其目标的实现，行为方式上强调制度的统一性、行政性和效率优先，这种秩序性因素避免了大学发生自由化的无序状态。然而，如果管理者没有充分考虑到制度本身是否体现公平、是否符合学术发展的客观规律、是否体现大学制度保障自由的重要功能，就容易将大学自身陷入行政专制和垄断的旋涡之中，导致"学术自由""大学自治""教授治校"等大学发展的内在逻辑受阻，学生等群体的民主利益也不能够得到全面保障。例如，高校行政权力泛化的现象比较严重，学术权力日益边缘化而偏离了"学术中心"，极容易产生虚空和散漫。

第三节　实践增量:自由与宁静的张力旨归

合理的秩序，是大学进步的基石。无论是内在秩序逻辑还是外在秩序逻辑，"自由"和"宁静"的秩序张力不仅规定了大学存在的可能，也决定其发展的阈限。真正的自由会带来良好的"宁静"，"自由"与"宁静"是相互统一的。自由不仅是大学走向文明的标尺，也

是大学乃至整个人类社会文明发展的方向。① 无论是从大学自身发展
外部秩序还是内部秩序来看,大学都需要最低的"宁静"和最大度的
"自由"。学术自由的内部规则保证了大学的良好运行,大学则表现出
自我修正、自我更新和自我超越的能力。② 正是在这种自我修正、自
我更新和自我超越的过程中,大学在"自由"和"宁静"的张力实践
中向秩序的最佳平衡点运动。

　　大学所要达到"自由"与"宁静"的秩序张力最佳平衡点,即大
学的秩序标准,可以从大学治理的方式选择、进步程度、氛围状态、
权威主体和效益高低五个维度来确立。这五个维度,我们可以用五个
基本词来确定大学需要的秩序标准,那就是民主、文明、和谐、法治
和高效。其中,民主协商、民主决策和民主监督是由学校全体成员参
与的,以保护成员自由利益为目的的,以多数决定、同时尊重个人与
少数人的权利为原则来行使权力和责任的过程;文明是大学进步的象
征,也是社会发展到较高阶段所连带产生的大学的表现状态,它以追
求道德完善、维护全体成员的根本利益及公共秩序为作用点,是符合
大多数人认可的精神理念;和谐是大学内部及大学与外部社会相处的
一种互助合作、互利互惠、共同发展的辩证统一的关系,是大学平稳
发展的环境保障;法治是大学按照自身的意志建立起来的法律和制度,
强制性地要求制度覆盖下的参加者严格、平等地遵行法律。此外也包
括法律实施和法律监督等一系列活动过程;高效反映了大学作为独立
社会部门的经济、行政等管理水平,同时也是大学绿色循环持续发展
和光明前景的保证。

　　从大学发展的外部秩序看,大学外部的社会组织是一个开放的流
动系统,大学从"有秩序的松散组织"向企业化组织靠拢时,如果受
到外在力量的过度渗透,势必会阻碍到大学的自主发展。同样,如果
大学一味固守传统惯性和内部封闭性而不接受外部社会的规范约束,

---

① 石中英:《教育哲学导论》,北京师范大学出版社 2002 年版,第 250—251 页。
② 乔元正:《自由与秩序之间——走向共同治理的大学管理研究》,博士学位论文,湖南师
范大学,2013 年,第 52 页。

就会因缺乏对外部资源的"有序"整合而走向没落。根据这一逻辑,从大学自身来看,既要遵循适度的"企业化组织"的秩序原则又要维持一个相对独立的运行系统,否则大学将在强调对外部秩序和规范的整合中失去自身存在的价值和方向①。从政府和市场等社会主体来看,对大学的干预和渗透必须控制在合理的限度之内,即"不能超越大学作为一个具有独立法人地位的学术组织所拥有的对自身内部事务的基本自治权利"。② 例如,政府干预应当局限在包括国家教育方针执行、国家考试、人事编制、教育公平、教学质量、经费使用、学生受教育权以及师生合法权利的保障等事务的监管、控制和救济在内的公共领域范围之中;③ 社会干预应限制在运用大学的学术性获取科技管理咨询、技术转让、人力资源开发、知识传播等综合服务,不能损害大学自身利益,不能影响大学内部教学与科研的根本使命。

从我国大学外部秩序发展的现实性上看,大学在政府干预和社会支配下诞生且长期处于附庸地位,大学的自由空间和自治权力始终处于迷失和探寻状态,"钟摆震荡"式效应明显。大学自主性的政策法规的相继出台虽然赋予了大学独立的法人地位,然而政府"手伸得过长"的"痼疾"引发的一系列社会顽疾依然广泛存在,过度过滥的规训使大学无法坚守自身的发展逻辑,大学依然不自由、不自主,面临着全面庸常化的危险。大学发展的车轮需要运行在一种"整体有序"的秩序逻辑轨道上,方能走得长远。为了维护大学的自由与秩序,进而更好地实现维护国家秩序与个体自由的目的,政府及社会干预必须具备充分的理据和适当的限度,这是保持人的心智、知识不断积累和丰富,大学不断创新和进步的前提。大学的外部秩序就是要厘清大学举办者、管理者和办学者之间的权力关系。大学的举办者是所有关于大学活动的基础,通常不会参与大学实际的经营与发展,起着宏观方向上的导向与指引作用。大学的经营者则依照举办者的意图来实际操

---

① 何毅:《自由与秩序——现代大学制度的价值博弈》,《现代教育管理》2013年第10期。
② 刘虹:《控制与自治:美国政府与大学关系研究》,复旦大学出版社2012年版,第83页。
③ 阮李全:《大学章程对高校办学自主权的界分与保障》,《现代教育管理》2015年第10期。

作大学筹建与发展的具体实施步骤。大学的行政管理者作为大学举办者与经营者的桥梁与润滑剂起着监督与促进的作用，向上按照大学举办者的意图和宗旨规范并向下指导大学经营者的具体办学措施以及做出相应的反馈。因此，现代大学的发展将会必然地呈现出审慎行权、遵守规章、崇尚纪律、科学民主、恪尽职责、理性自由六大性状①。每一个参与主体都能够自觉并主动服从制定好的规章制度，发挥法制的权威力；追求在严格的规章制度约束下有限的自由正是社会及大学文明程度的体现；科学与民主的思想作为现代高等教育中普遍认可的核心价值对其中存在的不同主体也产生了深远的影响；所有的组织成员根据组织的利益和职责做事，维持这样一种和谐的氛围；基于以上条件下的高校外部权力才能发挥最大职能，为高等教育的经济管理水平的高效、快速提升提供保障。

从大学内部秩序来看，大学的"松散耦合组织"性质决定了行政管理和学术管理的共同作用才能保证大学在整体稳定有序的状态下不断得到发展，而其关键点则是建立边界清楚的大学内部分权体系。如果不能处理好现代大学制度内部这种价值理性和工具理性的失衡，大学组织将会发生异化。② 因此，寻找大学内部秩序的自由阈限穷值，就必须站在大学内部权力博弈的角度，致力于责、权、利一致的内部分权体系，通过大学章程确立学术、教学优先，行政服务于学术、教学的理念，科学设计行政权力与学术权力及其相互关系，提升学术权威和教授治学地位，形成权力主体的良性制衡机制和民主协商平台，建构起一个完整的"学术—行政共同体"，使现代大学成为一种"多元的"机构。

从大学内部秩序发展的现实性上看，诚然，国家对学术权力的尊重和对高校科学技术创新的依赖等，又为大学生发展、实施自治提供了重要政治环境。然而，在现代社会，种类与层次各异的大学作为能

————————

① 赵士谦、马焕灵：《弘扬教育法治精神　建设现代大学制度》，《中国高等教育》2015 年第 1 期。

② 姚启和：《办大学的若干理论与实践问题》，华中科技大学出版社 2003 年版，第 213 页。

够切实行动、发挥教育的社会自组织秩序的存在，为社会的有效运转奠定了组织基础。没有大学内部自组织秩序，社会的网络化治理体系无法形成。因此，我国大学的内在秩序在其现实性上，最重要的是进一步完善学校与院系权责的限制结构体系。从我国各高校的组织架构看，应该基本遵循"党委领导、校长治校、专家治学、民主监督"的总体管理体制格局。大学党委会主要发挥领导以及监督作用，学校的行政管理和学术活动需要党委全面协调和监督，这并非意味着专制的"死灰复燃"，而是法制规约下的保持思想政治文明性的领导方式；以校长为首的高校行政人员主要负责学校的日常管理，通过计划、组织、协调、控制等功能主导学校有序运转，追求学校行政、经济管理水平的高效益水准；以教授专家为首的学术群体主要负责高校的学术活动，在学科设置、专业发展和学术活动组织等方面发挥积极作用，学术的自由体现了互助合作、互利互惠为理念的和谐氛围；民主监督是为了强化对高校管理工作的检查调控而在高校教职工代表大会的基础上设置一个属性自治的学校监督委员会，负责接受广大师生的投诉和建议等，重大问题直接提交师生权益保障委员会或教代会讨论，民主方式既可以保障全体教职工的根本利益，同时也可以为学校提供和谐稳定的环境支持。

第二章　论大学的法治逻辑

大学的秩序需求决定了大学需要治理，而大学治理存在人治和法治两种控权的方式。法治控权治理在思维、程序、方式上的优势避免了专制性、野蛮性、冲突性、权力至上性和低效益性风险，也决定其在大学治理逻辑中承载着民主性、文明性、和谐性、规则至上性以及高效益性的使命。正因如此，学界将大学法治视为大学治理现代化的正途，同时将大学法治研究推到了大学治理研究的前沿。然而，大学法治究竟是什么，其构成要素又有哪些，学界鲜有全面深入探讨。这一课题的研究，对于科学理解大学法治、全面构建大学法治化指标体系乃至推进大学法治化进程具有奠基性意义。大学法治不应该是大学依法而治，大学法治应该是以法的精神进行大学治理，是法治在大学这一共同体中的延伸和具体化，是法治理念、法治原则、法治逻辑在大学共同体当中的贯彻与运行，大学法治是由大学法治思维、大学法治方式、大学法治形式、大学法治文化构成的统一体。

第一节　大学法治思维实践

思维一般指的是人们在认识事物的过程中借助于概念、判断、推理等思维形式能动地反映客观现实的理性认识过程。大学法治思维，是指大学共同体所有成员以法治理念为指导，秉持法治精神，运用法治逻辑，依照大学章程和律令规范，对所遇到的问题进行综合分析、推理判断和形成决定的思维过程；它是以合法性为起点，以公平正义为中心的一个逻辑推理过程。①

　　大学法治思维对于大学稳定秩序的形成、大学内部关系和谐、大学乃至社会法治文化的形成有重要价值。第一，大学法治思维有利于大学稳定秩序的形成。法治思维是规则思维，而规则具有确定性、可预期性、可执行性等特点。如果大学共同体所有成员按法治思维办事，那么成员所做的各项工作则具有确定性，所做的大学发展规划则具有前瞻性，所作的决策则具有可操作性，这样将有利于大学稳定秩序的形成。第二，大学法治思维有利于大学内部关系和谐。大学法治思维以大学章程的实施为体现，有力地限制公权力的行使，使其得以文明行使，进而保障大学共同体成员的私权利。大学法治思维使得大学成员以权利义务思维、公平正义思维、合法性思维规范自己行为，同时也对他人的越轨行为有所监督与规范，进而使得每个成员的合法权益都有所保障，最终有利于大学内部关系和谐。第三，大学法治思维有利于大学乃至社会法治文化的形成。首先，法治思维的提出，其本质性的目标乃是要树立规范权威，形成遵从律令的大学氛围，养成把法治变成内心信仰的法治文化。其次，法治思维成为大学共同体成员的共同思维方式后，还要求其通过日常化的实践来彰显其价值。最后，大学作为社会知识和文化传播的中心，大学法治思维与法治文化在大学的运用和传播，有利于社会法治文化的形成。

一　大学法治思维的要素

　　大学法治思维包含了五个方面的内容，即合法性思维、权利义务思维、公平正义思维、责任后果思维和权力制衡思维。②

　　第一，合法性思维是指大学共同体成员按照大学章程和律令规范处理各项事务，并且以大学章程作为衡量标准的思维。该思维要求大

---

① 霍宪丹主编：《司法鉴定管理模式比较研究》，中国政法大学出版社 2014 年版，第 7—8 页。

② 阎玮等：《领导干部应具备的法治思维及其形成路径》，《法制与社会》2013 年第 7 期。

学成员不仅要依照大学章程的具体条文处理各项事务,还要按照大学章程的内在价值准则作出决策和行为。具体来说,大学共同体成员在处理各项事务时,首先从其是否符合大学章程价值准则与具体规定出发,在处理的过程中时时考虑到其是否符合大学章程,处理之后以是否符合大学章程作为检验的一项标准。

第二,权利义务思维是指大学共同体成员享有权利,履行义务作为关键点的思维。大学章程实质上作为一种"契约",每位成员出让部分"权利"而履行义务,对行为规范与价值准则达成共识,最终以文本的形式呈现出来,以此来使得大学共同体所有成员履行义务,保障其自由与权利。这就要求大学共同体成员在依照大学章程办事和做决策时,要注意保障大学共同体所有成员的合法权益不受侵犯,这本身也是大学章程的出发点与落脚点。

第三,公平正义思维是公平正义这一社会主流价值观在大学中的映射,该思维要求消解大学中制度性的特权,使得权利不因身份地位等而产生差别对待,有着反"大学中的特权阶级"的特征。另外,公平正义思维主张保障大学共同体成员有基本合法权益和平等权利,关注于健全申诉制度和救济制度,保障大学发展成果公平地惠及每个成员,确保其不因天赋、智力、性别和出生地等"天然因素",而造成事实上的权利不平等。

第四,责任后果思维规定了大学共同体成员当中的责任与后果对应关系。大学章程规定了大学各部门、组织与机构的职能、分工和所应发挥的作用,它们之间协调配合,也相互影响,依据所处位置与具体处理的事务不同,这种影响程度也不同。当它们其中的一个或几个因违背大学章程的规定而造成对大学的不利后果时,依据影响程度不同,应当承担相应的责任。大学共同体成员应当有"有权利必有义务,行使不当应承担不利后果"的观念。

第五,权力制衡思维意味着规范大学权力组织的权力行使。大学的学术权力、行政权力和党委权力等公权力行使覆盖大学工作的方方面面,对大学的影响是深入而广泛的。这就有必要以权力制衡思维规范大学权力组织的权力行使。大学章程要具体规定权力运行主体、流程、监督主体与程序等，确保权力组织合法正确行使权力，避免和减少因权力的非法运用而造成权力寻租和纠纷风险。

二　大学法治思维要素关系

大学法治思维的各个要素的功能和价值决定了其在大学法治思维当中的位置和相互关系，这些关系包括合法性是大学法治思维的基本标准、权利义务是大学法治思维的主要内容、公平正义是大学法治思维的核心价值、责任后果是大学法治思维的有力保障、权力制衡是大学法治思维的核心内容等五个方面。[①]

第一，合法性是大学法治思维的基本标准。合法性是法治思维活动得以开展的前提条件和出发点，是一种思维活动是否属于法治思维的判断标准。[②] 其表现是大学共同体所有成员依照大学章程的具体规定和价值准则，完成各项工作，规划大学发展，作出正确决策。这里关键是要确保大学章程的至上性，以大学章程作为衡量标准。

第二，权利义务是大学法治思维的主要内容。法治思维以界定、分析权利义务为主线。既定规则以权利和义务为主要内容，其意义在于：一是使大学共同体所有成员知道可以做什么，应当做什么，不能做什么；[③] 二是使大学共同体成员对他人的不当行为有所监督与规范，最终保障大学共同体成员的合法权益不受侵犯。

第三，公平正义是大学法治思维的核心价值。大学共同体成员的合法权益不受侵犯，有发展自我，实现自身价值的条件与环境，是大学法治思维中公平正义的体现。大学章程对权力组织的约束，减少特权与天然差别导致的不平等现象，对成员权利与自由的保障，构造了公平正义的大学环境，也是大学法治思维的核心价值的体现与应有之义。

---

① 杨小军：《领导干部需要什么样的法治思维》，《学习时报》2013 年 1 月 7 日第 5 版。
② 韩春晖：《论法治思维》，《行政法学研究》2013 年第 3 期。
③ 汪永清：《法治思维及其养成》，《求是》2014 年第 12 期。

第四，责任后果是大学法治思维的有力保障。行为有后果，行为者要对其行为的后果承担相应责任，这是法治思维的应有之义。① 大学公权力的行使，应有问责机制与制度，并对其侵权行为有追究。还应对有困难的被侵权主体有救济，真正做到执法必严、失职必问、违法必究。

第五，权力制衡是大学法治思维的核心内容。法治以制约和监督公权为核心，法治思维当然是以制约和监督公权为核心内容的思维。② 权力具有支配性、强制性、扩张性、排他性、公共性等特点。③ 大学法治思维为保障大学成员的自由与权利，体现公平正义的核心价值，这就决定了大学法治思维必须以制约和监督公权为核心内容，积极有效地运用各种制度与手段，对大学公权力进行制约与监督。

第二节 大学法治方式

大学法治方式是指大学共同体成员在法治思维的基础上，在法治理念和法律精神的指引下，制定大学章程和律令，并按照其规定和程序处理和解决问题的实践过程和工作方式。具体来说，它是指通过大学章程及其律令的制定和执行，运用大学章程与律令所承载的制度、机制和程序等方面来处理各种问题，以解决各种纠纷和争议，最终达到促进大学共同体目标实现的措施、方法及手段。

大学法治方式通过大学法治文化的生成、和谐秩序的形成、文明善治的达成、大学功能目标的完成彰显其独特价值。第一，法治方式有利于大学法治文化的生成。"大学的法治方式是指通过大学章程及其律令的制定和执行，运用大学章程与律令所承载的制度、机制、程序等来处理各种问题，解决各种纠纷和争议，最终达到促进大学共同

---

① 杨小军：《领导干部需要什么样的法治思维》，《学习时报》2013 年 1 月 7 日第 5 版。
② 同上。
③ 段凡：《论权力应是公权力》，《武汉大学学报》2012 年第 5 期。

体目标的实现的措施、方法及手段。"这样，大学共同体成员就在这种长期的按大学章程处理事务过程中，逐渐认同大学章程，树立规制权威，形成法治思维，最终生成法治文化。第二，法治方式有利于大学和谐秩序的形成。由于大学章程规定了各个职能部门的权利责任，大学共同体成员按照大学章程办事就有利于规范其行为。同时，大学共同体成员行使权利，履行义务，各个职能部门分工协作，减少公共权力不合理干预的可能，同时这也对合理合法解决纠纷产生积极作用，实现公平正义，最终有利于大学和谐秩序的形成。第三，法治方式有利于大学文明善治的达成。由于大学章程实际上是一种大学共同体成员在大学中都加以认同的"共识"或"契约"，这就对大学章程赋予了一种民主的精神与特性。而"权力是迫使对方服从的制度性强制力量"。① 当这种"强制力量"与人治相结合时，就容易导致由权力专制引发的暴力。这样，当大学成员按照大章程办事时，就以民主规范大学权力组织的行为，消解专制暴力，最终有利于大学文明善治的达成。第四，法治方式有利于大学功能目标的完成。当大学各个部门按照章程履行职能，大学共同体成员按照大学律令行使权利和履行义务时，大学的培养人才、科学研究、服务社会和引领文化等功能才得以完成。

一　大学法治方式的要素

大学法治方式的价值实现，仰赖于大学法治方式诸要素功能的发挥，大学法治方式的有效实行，要把控四个关键要素，即，法治理念指导下进行大学章程和律令的制定、法治精神导引下的大学公权力阳光运行、大学共同体成员自由和权利的实现以及公平正义理念指导下纠纷的合法解决等。

首先，立足法治理念，制定大学章程和大学律令。大学以法治方式治理学校，首先涉及法的物质与精神的引入、吸收、内化。具体来说，大学要引入法的精神和材料，然后在学校这个场域中进行吸收，

---

① 俞可平：《权力与权威：新的解释》，《中国人民大学学报》2016 年第 3 期。

与大学文化中的其他要素进行结合,即内化。最后与现实存在的大学的其他物质与精神性因素结合,形成针对本大学特点的法治理念,制定出大学章程和大学律令。

其次,秉持法治精神,大学公权力阳光运行。大学共同体成员需要秉持法治精神,按照大学章程和律令办事。这就要求大学在制定大学章程与大学律令时,加强民主监督,减少因公权力的非法运行而产生纠纷和贪污腐败等问题,坚持用制度管权、管事、管人,建立健全质询、问责、引咎辞职等制度,将权力装到制度的笼子里。

再次,保障大学共同体成员自由和权利实现。大学章程的制定与实施,最终是为了大学共同体成员的自由与权利得到实现,保障其合法权益不受侵犯。为此,首先要保障共同体成员的基本实质权利,如受教育权、获取教育资源权、工资福利待遇权等。其次要保障共同体成员的程序性权利,如建立健全教职工和学生的听证制度、申诉制度等,真正将保障大学共同体成员自由和权利落到实处。

最后,公平正义解决大学纠纷。大学章程的制定与实施要体现一种契约精神,共同体成员需要以平等的身份达成共识来处理大学各种事务、衡量行为规范进而体现公平正义。并且,大学需要给予这种公平正义以制度和行为支持。大学要划定大学各主体权利义务和责任,指导和协调学校各项工作,明确各主体的权利和义务,规范权力运行和权利行使,当纠纷发生时,可以明确责任主体,按照大学章程公正合理解决纠纷。

二 大学法治方式要素的关系

第一,大学章程和律令的制定和实施是前提。大学章程和律令制定和实施是大学将法治思维、法治理念、法治精神注入大学共同体以及每个成员的思维与行为方式中的过程。这种精神性的文化与物质性的文本规定,为后面大学成员按照章程处理事务与解决纠纷,提供了基本的依据与支持,奠定了共同体自由和权利实现的基础。

第二,约束权力,构筑权力是重点和核心。以法治方式治理大学,关键在于大学章程能不能有效地约束大学权力组织，使其正确合理合法地履行职责，运用权力。这就要将权力——影响大学其他部门与机构的职责履行与功能发挥的强制性力量——放在法治的围墙中，构筑权力法治，始终以法治规范权力，使其不错位，也不越位。

第三，保障共同体自由和权利实现是落脚点。法治的实质是一种契约，人们按照契约办事是为了自我的利益不受侵犯，自由与权利得到保障。大学章程的制定与实施，是作为一种依法治校的具体方式和体现而取得了自身的合法性，所要达成的目标是保障共同体自由和权利的实现。如果大学章程不能保障每个成员的合法权益，那么其基本功能便不能实现，其自身亦得不到成员的承认，最终便会失去其自身存在的合法性。

第四，公平正义解决大学纠纷是保障共同体自由和权利的直接体现。规则的主要功能是调整社会关系，大学章程和律令设定了共同体及其成员的权力与责任、权利与义务，当纠纷发生时，可以明确责任，按照成员认同的契约——大学章程和律令公正合理解决纠纷，从而保障共同体每一成员的自由和权利。

第三节　大学法治形式

任何事物都是内容与形式的完整统一。内容决定形式，形式表现并影响内容，大学法治也不例外。大学法治的思维和大学法治的实质如果脱离了法治的表现形式，就不能成为真正的法治。大学的法治不仅是一种权力与责任、权利与义务最佳均衡的实质状态，也是一种靠一系列具体客观的、可操作性强的原则来保障这种状态实现的形式状态，我们把这种形式状态称为大学的法治形式。

大学的法治是法治实体与法治形式的完整统一。大学的法治实体决定大学的法治形式，大学的法治形式又反过来表现并影响大学法治实体。如果仅有理想完美的大学法治的实体要件，却没有与之相适应的大学法治的形式要件，这样的"法治"即便是实现了，也是看不见的"法治"，是一种带有缺憾的"法治"。只有当大学的法治的实体要件与形式要件达到完美和谐的统一，才能真正实现大学的真正"法治"。

一　大学法治形式的要素

大学法治形式包括大学律令的和谐一致性、普遍实效性（适用性稳定性效率性）、实施的一般性、程序正当性和诉求的通畅性等五大要素。

第一，大学律令的和谐一致性是从大学律令的宏观角度来要求的，指大学律令的外部完整统一与内部和谐一致。大学律令的外部完整统一的具体含义是所有现行的关于大学的律令，按照一定的标准和原则，形成层次分明的大学整体制度系统，该系统既与宪法相一致，又与我国的行政法、民法、刑法、教育法、高等教育法等各类法律相协调。而大学律令的内部和谐一致的具体含义则主要包括以下三个方面：首先，以大学章程为核心的大学律令系统内的各层次各类别的管理制度之间没有矛盾；其次，保持大学律令的稳定性、连续性与及时性；最后，大学律令的技术含量高，不存在词汇的模糊性和歧义，能够避免人们因对大学律令条文的具体词语的不同理解而发生纠纷。

第二，大学律令的普遍实效性是指大学律令规范的应然范畴上的"效力"，而大学律令规范的实然范畴上的效力，即律令实效，它是指具有律令应然效力的律令规范在实际上被执行、适用和遵守。大学律令的普遍实效性取决于两点，即大学律令规范的公开性和大学律令规范的可操作性。大学律令的公开性是指大学律令规范被制定出来之后，必须彻底向社会上的组织和大学内的所有成员公开，大学法治绝对排斥律令规范的不可知性。大学律令的可操作性是指律令具有通过一定的操作程序而可以真正加以实现的特性。

第三，大学律令的一般性一方面是指大学律令规范的对大学所有共同体成员的全域约束力，不允许有大学律令规范之外的特权存在。任何人都不许干扰大学律令规范的实施。另一方面是指大学律令规范的逻辑适用，即"类似情况类似处理"和"类似情况反复适用"。

第四，大学的法治程序涉及大学建设的方方面面，这里主要包含大学章程及律令的制定、修改、实施和废止的程序、规范大学权力组织运行的法治程序、规范监督组织运行的法治程序、大学权利实现和保障的程序。大学律令的程序正当性包括两个方面，一方面是大学律令制定程序的正当性。这一程序正当性体现为大学律令制定的民主性，这一民主性是以大学共同体成员的广泛有效参与为核心的。在实践中，大学律令制定的听证会、草案公开征求意见等行为使大学律令制定工作向基层延伸，为共同体成员参与建章立制提供有效便捷的渠道，这无疑是值得肯定的。另一方面是大学律令实施程序的正当性，这包括四点。其一，程序的中立性。这一程序正义原则包含资格认定制度、回避制度、权力制约制度等。其二，程序的人道性。大学律令规范程序的当事人不是单纯的客体，他们是积极参与大学律令程序的能动主体，当事人不仅仅是被动接受程序结果的人，因此，应当尊重人，以人为本。其三，程序的及时终结性。既反对大学律令程序的草率进行，更反对大学律令程序的久拖不决。其四，程序的公开透明性。大学律令程序必须公开，这包括监督制度、公开处理制度、公开听证制度等。

第五，大学权利诉求的通畅性包括两层含义。其一，这意味大学内部具有完善的权利诉求体制。其二，这意味着权利维护者们具有相当高的法律素养，即大学律令的制定者、执行者、共同体成员权利维护者应当熟谙法律原理及其运用技巧，这就要求这些人员应当具备相当高的法学修养以及运用大学律令的艺术；对于这些人员的录用要有严格的标准和审查。

二 大学法治形式要素关系

大学律令的和谐一致性是大学律令的科学性体现，为普遍实效、实施一般、程序正当、诉求通畅提供可能。权利义务和谐一致、责任权力和谐一致、实质与程序和谐一致是普遍实效、实施一般、程序正当、诉求通畅的基础。大学律令语言的准确性、易懂性、逻辑性、无矛盾性和良好的传递性，排除了大学律令的随意性、盲目性和不确定性，是衡量大学律令制定技术水平是否成熟的重要标志，也是良法善治的外在表现。

大学律令的普遍实效与一般性是和谐一致性、程序正当、权利诉求通畅性的保证。大学共同体成员的权利行使与义务履行、权力使用与责任承担、结果与问责、程序正当使用等方面如果脱离了大学律令的普遍有效性和一般性，其在制定过程、实施过程中就会偏离方向，脱离平等性和公正性，大学共同体成员的权利诉求通畅性也无从谈起。

在大学律令的制定和行使过程中，权利行使与义务履行、权力使用与责任承担、结果与问责等程序正当是律令和谐一致、普遍实效、实施一般、诉求通畅的实践标准。事实上，合理的法律只能从合理的程序中产生，没有合理的程序作为保障，合理的法律只是一种期望和愿望。

权利诉求通畅是大学律令的和谐一致、普遍实效、实施一般性、程序正当的目的所在。首先，只有科学的大学法治实施体制环境才能保证大学律令制定者的合理性，也才能保证大学律令规范实施的普遍有效、人人平等，程序正当的实现，而上述各特征的实际展现如果脱离了权利诉求通畅的目标，也就少了其附着点。其次，大学律令是对大学共同体成员人与人之间的关系通过具有强制执行力的权利和义务的形式进行调控规范的。大学的律令因人的存在而存在，也必然因人而发生相应变迁。大学律令制定者、执行者、共同体成员权利维护者的独立地位和法治素质无遗会决定大学的律令在制定和实施过程中的实质正义和程序正当，不论实质正义还是形式正义，大学共同体成员的权利诉求通畅又恰恰是其目的之一。

第四节　大学法治文化

大学法治文化是一种共同体文化，是法治文化在大学内部的延伸。

具体来讲，大学法治文化是法治意识、法治观念、法治精神、法治原则、法治逻辑在大学社群中的推衍和具体化，表现为大学共同体成员的法治理念状态以及以大学章程为核心的大学律令及其制定、修改、废除和实施的组织、行为模式和基础架构。

大学法治文化对于大学的优良秩序的形成、社会法治化水平的提升具有重要价值。第一，大学法治文化有利于大学的优良秩序的形成。一方面，良法产生善治，法治文化造就制度科学理性。而科学合理的制度作为物质性因素，影响着大学成员的精神层面。它使得大学共同体成员在制度的框架内思想办事，其价值准则、思维方式也会因为制度的影响而改变。另一方面，法治文化造就法治思维和方式的生活化，习惯成自然。大学共同体成员按照法治思维和方式，按照大学章程和律令思想办事，渐渐将其内化为深层意识，且作为生活的常态呈现出来。这样，大学法治文化精神理念到制度完善，再到行为规范，最终有利于大学的优良秩序的形成。第二，大学法治文化有利于社会法治化水平的提升。"大学要成为代表先进文化前进方向的中坚力量，大学文化要引导地方社会文化的发展方向。"① 大学依靠人才培养、科学研究、社会服务和文化引领，将大学法治文化传播到社会中，引领社会法治文化向前发展。

一　大学法治文化的要素分析

第一，大学共同体成员的法治理念状态。大学法治理念是大学共同体成员关于大学法治的思想观念、价值判断的总和。从结构上讲，大学法治理念包括关于大学章程和律令及其运作的专门性知识、对大学章程和律令实践所持的态度及所作的价值评判、对大学章程和律令遵从的意愿以及思想意识和行为习惯、对大学章程和律令及其实施的信仰程度。

第二，大学章程和律令的制定、修改、废除。法治精神的注入，

---

① 侍建旻：《论大学对地方社会文化发展的引领》，《当代教育科学》2013 年第 17 期。

首先要有物质性的展开与承载，而大学章程和律令就是法治注入的基础。大学章程和律令的制定、修改和废除要考虑到如何使法治融入大学的制度、精神和行为文化中。这样，法治才能在注入大学刚性的制度后，内化在大学共同体成员的精神中，并作为一种大学文化的组成部分来传承和影响后人，最后从大学共同体成员的行为中体现出来。

第三，大学章程和律令实施的基础架构、组织行为模式。法治文化可以划分为显性的法治文化和隐性的法治文化。隐性的法治文化是法治文化的深层结构，是法治意识、法治观念、法治精神、法治原则及其价值追求。[①] 而显性的法治文化则通过制度、组织、设施、行为表现出来。[②] 大学的显性法治文化要求大学在其大学章程和律令实施的基础架构、组织行为模式上下功夫，这主要包括大学章程和不同层级的律令实施的文本依据、涉及的主体、行为规范和必要设施的完善。

二　大学法治文化要素关系分析

首先，大学共同体成员的法治理念是法治文化的核心和源泉。文化作为上层建筑产生于实践，同样，大学法治文化产生于大学实践。大学共同体成员在实践中不断总结推衍，将法治精神纳入大学治理当中，形成法治理念，并以大学章程和律令的形式呈现出来，大学共同体成员秉持法治理念，依照大学章程和律令思维、办事，逐渐积淀成大学法治文化。在这过程中，法治理念已经内化为大学共同体成员的思维方式、价值准则和行为模式的内核。

其次，大学章程和律令是法治文化的载体和保障。人类精神层面的文明成果只有在物质性的载体上才能呈现出来。大学的法治文化只有以大学章程和律令为载体，才能发挥其作用。更为重要的是，大学章程和律令也作为法治文化的文本根基，有利于抵制外部不利因素对大学法治文化的冲击，对大学法治文化的坚守起到保障作用。

---

① 刘斌：《当代法治文化的理论构想》，《中国政法大学学报》2007 年第 1 期。
② 同上。

最后，法治实施的基础架构和组织行为模式是法治文化的基础和表征。法治的实施在大学中具体表现为大学章程和律令的实施，这就具体涉及大学的机构设置、各种事项的分工与主体责任、成员的办事准则，以此为中心的组织建设和物质建设就是法治文化的物质基础与载体。另外，法治意识、法治观念、法治精神、法治原则会在大学共同体及其成员身上打上烙印，以个体法治行为和组织法治行为模式的形式呈现出来，它们共同构筑法治文化的基础。

综上，大学法治是由大学法治思维、大学法治方式、大学法治形式和大学法治文化四者构成的统一体，四者各有侧重又紧密相连。大学法治思维强调思维方式要符合法治的理念、精神、原则和逻辑，着眼于思想；大学法治方式强调各种措施、方式、方法和行为要符合法治的规定性，着眼于行动；大学法治形式强调大学法治要有具体、客观、可见、可操作的性质，着眼于形态；大学法治文化强调大学法治的理念、载体、行为的稳定性，着眼于模式。大学法治思维决定和支配大学法治方式和大学法治形式，大学法治形式体现法治思维和法治方式，三者的稳定化和模式化成就大学法治文化，大学法治文化折射和反映大学法治思维、大学法治方式和大学法治形式。

第三章　法治荷担:大学发展的秩序使命

大学发展越来越强调法治,是大学发展的秩序使命。大学在发展过程中,民主的治理方式、和谐的治理氛围、治理的文明程度和治理效益与大学发展息息相关,是大学善治秩序的逻辑标准,大学法治化是大学发展秩序使命的必然选择。

第一节　大学法治的民主使命

大学的治理方式不外乎两种,即民主与专制。这里的民主是指在大学场域内,按照平等和少数服从多数原则来共同管理学校事务的方式,如民主协商、民主决策和民主监督等。这一方式的采用过程是一种由大学共同体全体成员参与的、以保护成员自由利益为目的的、由多数决定同时尊重个人与少数人的权利为原则的行使权力和履行责任的过程。民主方式最大的优点就是,权力归于共同体的全体成员,而不是归于某一个人或团体,大学的管理者时刻受到共同体成员的监督和制约。

法治与民主存在互为基础、互为制约的关系:一方面,法治的实行必须以民主为基础;另一方面,法治为民主的实行提供了保障,没有真正的法治就没有稳固的民主。在大学治理中,法治作为大学治理控权方式,其治理思维、治理程序、治理方式、与治理形式的特性与民主的价值追求不谋而合,这一控权方式按照律令规定保障大学的民主管理。大学法治的民主使命主要体现在以下三个方面。

第一，大学法治为大学的民主治理提供规则。大学治理是多元利益主体为实现一定的利益而影响、控制或行使大学管理权力的活动。大学治理本身也是在大学共同体各个主体之间权力制衡的产物。民主治理要求以和平、协商的方式处理这些各个主体出现的权利与权利之间以及权力与权利之间的冲突。大学的民主治理同样如此，其所遵循的规则和程序包括大学多元利益主体权利的分配和运行方式、大学各个主体纠纷解决等。这系列规则和程序要想变得有约束力就必须制度化、法律化，从而上升为具有稳定性和强制力的"达摩克利斯之剑"①。基于此，大学法治是大学民主的制度化和法律化，从而避免大学人治所带来的专制风险和朝令夕改的机会风险，确保大学民主治理的真正实现。

第二，法治为大学民主共治确立平等前提。一方面，大学民主治理的基本原则是共同体成员共同参与治理，这要求每一成员能够平等地参与治理过程。同时，还要坚持少数服从多数，如果权利不平等使得"数"的统计在计量单位上出现困难，那样就难以实行少数服从多数，不能根据多数人的意志来进行大学治理。虽然大学管理赋予不同的岗位具有不同的职权，但是，大学法治却可以赋予每位共同体成员相等的权利，要求在规则面前人人平等，从而为民主治理的运转提供前提。另一方面，大学民主治理的最终目的是培养学校全体成员的主人翁意识。汉，桓宽《盐铁论·贫富》有论："善为人者能自为者也，善治人者能自治者也。未有不能自治而能治人者也。"如果脱离了自治来谈民主治校，无异于回到了专制的治理状态。在法治保障之下，大学治理目的明确，使得师生们具备更强的主人翁意识，更加珍惜自己的权利和责任，认识到自己是共同体改革发展的一分子，积极主动地参与到学校民主治理的实践中来，努力贡献个人价值。

---

①　张贤明、张喜红：《试论法治与民主的基本关系》，《吉林大学社会科学学报》2002 年第5 期。

第三，法治为大学民主治理提供权力制约机制。"衡量一种民主制的发达程度，主要就是看被管理者多数人对管理者少数人的制约状况。"① 权力制约是法治的核心，法治大学与非法治大学的主要区别在于：在非法治大学中，被管理者必须遵守规则，当权者可以遵守规则；在法治大学中，共同体成员都遵守规则。法治保障全校师生的民主权利，师生可以以公平公正、透明公开地行使监督权，广开言路，为大学建设提供意见和建议，改进决策，推动大学改革发展，促进"共同参与""决策透明"善治目标的最终实现。

第二节　大学法治的和谐使命

大学治理氛围有两种表现，即和谐与冲突。大学和谐是指在大学治理的过程中，逐步形成的一种相对融洽、统一、协调的状态，各利益主体之间无根本利害冲突并处于一种相互尊重、相互信任、团结互助的关系。和谐的大学治理氛围有利于实现共同的奋斗目标和发展方向，也有利于各利益主体的利益和权利得到最大化的保障和维护。

法治所维护的大学秩序与和谐的性质是相契合的，和谐必然建立在法治的基础之上，只有把法治作为大学治理的坚强后盾，才能确保大学和谐样态的实现。同时，和谐与法治的目标都是追求在规则和秩序范围内的文明与进步，都是为了保障人权、实现公平正义、维护大学"宁静"、防止公共权力的滥用，两者具有内在一致性。学界认为，和谐大学具有民主法治、公平正义、充满活力和安定有序四大特征，② 从这四大特征与法治价值的一致性上判断，唯有法治可以担当大学和谐秩序构建的使命。

第一，法治实现大学权力与权利之间的平衡。首先，法治可以通

---

① 李景鹏：《权力政治学》，黑龙江教育出版社 1995 年版，第 230 页。
② 宋富军、顾协国：《走向和谐：一种新的大学发展观》，上海三联书店 2007 年版，第31—34 页。

过对大学私权利的确认与公权力的限定来实现两者的平衡。大学章程和大学律令作为大学基本法明确规定了大学各成员所拥有的权利。同时，大学章程和大学律令限定权力的行使范围，划定权力的合理边界，明确权力的运行程序。从而，法治使大学公权力具有可预期性，排除随意性，进而达到公权力与私权利的平衡。其次，法治可以通过大学内部权利的行使来控制与约束权力来实现两者之间的平衡。大学章程和律令规定大学的主权属于大学共同体成员，可以确立权力的组织基础与合法性依据。大学多元利益主体可以通过参与行使选举权、监督权、申诉权与罢免权等各项权利，来制约大学的公权力。再次，法治可以通过大学内部权力与权利之间确立不同的行使原则来实现两者之间的动态平衡。一般来说，越权无效是法治权力行使的基本原则。而大学共同体成员权利行使上奉行的是法不禁止即自由的原则，它意味着共同体成员的权力相对更为宽泛，有利于大学内部权力与权利之间的平衡。最后，法治可以通过对大学内部权力必要性与自主性的确认以及权力的正当、积极行使来约束与保护权利，实现两者的平衡。①"权力与权利应当平衡发展，而不是只通过制约去削弱一方，'淡化'一方。"②借助于权力，法治可以有效地遏制个体的私欲膨胀，抑制、制止与惩罚侵权行为，保证大学共同体成员的合法权益，促进大学的和谐与进步。

第二，法治实现权力与权力之间、权力与责任之间的平衡。权力的分化与制约是实现权力之间平衡的根本方式。这种按照大学章程所实现的分化与制约既体现为大学内部权力的横向分立与制衡，也表现为大学内部权力的纵向分立与制衡。权力之间平衡的程度是考量大学法治进程的重要尺度。权力与责任的平衡是民主授权的必然要求，是权力有效行使的约束机制，有利于大学内部关系的和谐。这种平衡的实现，首先要做到赋予某一主体一项权力就要设定相应的责任。同时，

---

①　李海青：《现代法治的逻辑：一种政治哲学的视角》，《中共天津市委党校学报》2015 年第 1 期。

②　郭道晖：《法的时代精神》，湖南出版社 1997 年版，第 205 页。

责任的轻重与权力的大小相适应，确保权责一致。其次，规定严格、高效的程序及时追究违规行使权利的责任，做到责任必究。① 有效的问责制可以为权力与责任平衡起到关键作用。

第三，法治实现权利与权利之间、权利与义务之间的均衡。一方面，就权利之间的平衡而言，首先是确立规则面前人人权利平等的原则。大学章程赋予拥有大学共同体成员资格的人，享有平等的大学公共设施的使用权以及被公正对待的权利等。在承认大学共同体成员个体权利的基础上，对权力行使进行理性约束，维持了大学共同体成员之间享有权利的整体平衡。其次是对弱势群体的特别保护。如在大学里面，对残疾人使用车位和其他设施给予特殊待遇，"正是这些特权使弱势群体得以与正常共同体相抗衡，从而实现弱势群体的权利与正常共同体成员权利之间的平衡"。② 另一方面，就权利与义务的平衡而言，首先，是权利与义务在大学共同体成员个体或组织自身之间的平衡，大学共同体成员权利的实现要以其他成员或组织履行义务为前提，即"赋予一个人的权利在逻辑上至少需要有一个对他负有义务的他人存在"③。其次，权利与义务在大学共同体成员个体或组织自身的平衡，即大学共同体成员在享有个人权利的同时也要履行自己相应的法定义务。避免个体或组织只享有权利不承担义务，或者只承担义务而不享有权利这些不良现象的存在。最后，法治通过追究大学共同体中个体与组织违背法定义务的责任，使相应权利损害得到补偿，实现权利与义务的平衡。

第三节　大学法治的文明使命

大学治理进步程度显然存在着"野蛮"与"文明"的两种秩序状

---

① 谢维燕：《从宪法到宪政》，山东人民出版社 2004 年版，第 250、252 页。
② 同上。
③ ［美］范伯格：《自由、权利和社会正义》，王守昌译，贵州人民出版社 1998 年版，第 87 页。

态。大学治理文明是大学进步的象征，是指大学共同体成员凭借人类理性和自由平等原则所建立起来的以平等、合作、共赢为价值特征的共同体秩序性状。它意味着普遍认同的公共权威的确立、合理的制度与规则的形成、公共权力的合理规制以及个体权利的切实保障。

大学法治与大学治理文明两者具有不可分割的内在联系。一方面，两者在价值观上是统一的，都是以正义为宗旨，以民主为核心，以公平为原则，以理性为根本。另一方面，法治是大学治理文明的本质要求和集中体现。文明的内在品质，归根结底就是民主。民主要发挥其功效，达成文明所追求的品质，就必须以制度化、法治化为前提，缺乏制度化和法治化的民主往往会走向独裁或无政府主义。因此，法治不仅是大学文明丰富内涵的集中体现，而且承载着大学治理的文明成果。

第一，法治为文明治理提供理性规则。建立和维护良好的大学秩序、确保大学发展的正确价值取向、公正而合法地解决大学共同体成员之间的纠纷都离不开法治。大学章程和律令的颁布是大学法治的基础，一方面，法治崇尚合法性、公平公正和责任后果思维，公权力的使用在法律规范框架内，大学决策的制定和执行都有着严格的程序和规范。利用合法程序规制大学政策、把握大学政策、解决大学纠纷和控制大学权力，可以有效避免个人独裁，拍脑袋决策的状况。另一方面，大学章程和律令为大学共同体成员设定了义务，划定了权利边界，大学共同体成员在行使广泛的自由权利同时，使用合法性思维思考问题，用法治方式处理问题，保证了大学秩序的稳定性。因此，我们说，大学治理文明所必需的规则和程序的稳定性确保了大学治理的先进性。

第二，法治为大学文明治理提供权力制约机制。没有权力制约就没有治理文明，衡量治理文明的进步程度，主要就是看权利对权力的制约状况，法治的核心正是权力制约①。在通往善治之路的大学内部，法治所依之法是良法，体现大学所有共同体成员的意志，维护大学所

---

① 王洪才:《大学治理的内在逻辑与模式选择》,《高等教育研究》2012 年第 9 期。

有成员的利益，要求规则至高无上，用法治对权力进行制约，确保把权力关进笼子里。法治有着规范的制度和严格的程序，规定了领导者的权力与责任，不会出现人治般的权责模糊，相比人治的"野蛮"，法治更凸显"文明"。

第三，法治为大学文明治理提供民主依托。大学文明治理的价值核心为民主，法治主要以严格的程序来实现民主。其一，法治以程序正义彰显具有民主内涵的制度价值，从而自由、平等、公正地保障师生员工的民主权利得以实现；其二，法治以已有的法律法规为依据，在制定治理制度的程序上充分体现民主的原则；其三，大学以法治的程序来处理学校各种事务，防止在公权力使用时出现不平等对待的权利滥用现象。

第四，法治为大学文明治理提供分配公正。分配公正是指权责一致、机会均等及利害分配公正。在法治的框架内，治理制度并不单纯只为了"管"而"管"，而应有公正合理的权责分配与利害分配：一方面，为了合理地分配与使用共同体资源，实现大学共同体的任务和目标，大学章程对各个层级部门机构的权责以及共同体内所有成员的权益进行合理分配，正确处理各个利益主体的相互关系；另一方面，惩罚作为保证大学律令规范实施的强制措施，通过对违反律令者实施制裁，并通过这种惩罚修复大学共同体内部成员所破坏的权利义务关系，从而保证大学共同体所需要的秩序。

第四节　法治的高效使命

大学在治理成效上存在"低效"和"高效"两种秩序状态。大学治理成效应该分成三个层面来理解，第一个层面是指大学治理效率，其核心就是行政效率，是指大学所投入的行政资源与所取得的行政行为速度和行政行为的正确度之间的比例关系，包括组织效率（高级决策层所表现的效率）、管理效率（中间管理层所表现的效率）和工作效率（基层工作人员所表现的效率）。第二个层面是指大学治理效益，这包括两个方面：一个是经济效益，即实现资产的良性运行，保障学生学习资源的配置和教师劳动的合理回报；另一个是社会效益，即要按社会需求培养人才，为社会发展提供人力资本和知识产品。① 第三个层面是大学治理效能，此概念是从大学的功能推衍出来的概念，是指大学人才培养、科学研究、服务社会三个方面的成效。

大学法治与大学治理高效关系密切。一方面，大学治理高效是大学法治的目标，大学法治是大学治理成效的工具与手段。法治作为一种控权方式，也是一种管理的手段，所有的管理手段都是为大学发展目标的达成而服务，而大学治理高效是向大学发展目标努力的实然结果，因此，法治是大学治理高效的工具与手段。另一方面，大学法治是大学治理高效的内容与标准。大学的效益取得离不开大学的民主、和谐、文明的秩序状态，这些秩序离开法治是不可能取得的；而且，大学的法治秩序的形成也是大学社会效益的体现。因此，大学法治是大学治理高效的工具和手段，也是大学治理高效的内容和标准。

第一，大学法治提升大学治理效率。大学治理效率取决于大学行政管理组织结构的合理性、行政管理活动流程的顺畅性和行政管理活动结果的合目的性。其一，法治控权下的大学治理遵循法治精神与法律规则，按章程与律令规定，根据大学的需求来设置职级和岗位，科学、合理地安排学校的各类工作，并使之顺利与成功地运行，这样避免了因人设事，因人设岗，因此保证了大学行政管理组织机构的合理性。其二，在法治秩序下，大学注重以合法的章程及程序来处理各类事务，做到有法可依，并防止权力滥用，可以提升行政人员工作行为的合理性、稳定性和及时性。其三，法治控权下的大学治理要求大学行政人员以合法性思维、权利义务思维、责任后果思维来思考和办事，按照大学章程和律令来行使权力，服务教学科研，法治化的管理工作注重权力的制衡和约束以及问责制度，这对学校管理程序、管理工作

---

① 徐同文：《经营大学：借用企业管理理念提高管理效益》，《教育研究》2005 年第 6 期。

的运行以及议事机制的规范等具有不可或缺的作用，保证了大学行政行为的正确性。总之，法治控权下的高效率大学与机构臃肿、人浮于事、办事拖拉、效率低下，是格格不入的。

第二，大学法治保证大学治理效益。其一，大学法治通过章程和设施管理办法、设备及物资采购办法、房产管理规定等系列律令，可以明晰产权关系、合理配置和利用资产，同时大学法治通过问责制、权力制约平衡机制等控制资产腐败，可以实现在为教学、科研以及各项教育、管理、服务工作提供必要的物质保障基础上，保障大学资产的安全完整。其二，大学法治在公平正义原则之下，通过章程和教职工工资福利律令以及权利受损后的救济机制保证了教职工劳动工资、福利与社会保障以及校内收入分配公平。其三，大学法治讲求按照章程和律令规定的人才规格标准来培养合格人才，从而为社会发展提供人力资本和知识产品。

第三，大学法治提升大学效能。其一，大学法治有利于人才培养。法治控权的大学明确师生权利义务，明确各机构职能和权限程序，容易形成权责明确、相互监督的运行机制；在此基础之上，教师能够言传身教，履行自己的职责，获得经济和精神的满足；学生才能获得自由而全面的发展。其二，大学法治有利于科学研究。法治通过大学律令规则、责任后果追究机制等公平有效配置高效科研资源，通过大学律令计划、组织、激励、协调、控制科研活动，从而提升大学的科研水平和质量。其三，大学法治有利于社会服务。法治控权的大学依照章程自主管理，依法依规行使权利，履行义务，积极主动地去理顺校际关系以及与政府、企业、社会组织关系，通过教学项目、科学研究和技术援助等互惠合作甚至人才培养手段来满足社会需求。

综上，民主、文明、和谐与高效是大学善治秩序的逻辑标准。法治控权在治理方式上所表现的民主性、治理程度上所表现的文明性、治理氛围上所表现的和谐性以及治理效益上所表现的高效益秩序特征有着高度契合性。由此，在大学走向善治的道路上，法治控权方式承担大学发展的秩序使命应该成为大学的必然选择。

第四章 从人治到法治:大学发展的秩序逻辑

大学的秩序需求决定了大学需要治理,而大学治理的控权方式不外乎两种,抑或人治,抑或法治。人治和法治在思维、程序、方式、表征上的迥然相异决定了大学在"自由"与"宁静"的秩序张力中的方式选择、进步程度、氛围状态、权威主体和效益程度及其稳定性截然不同。研究上述不同,对大学治理控权方式的选择和大学的"善治"秩序的最终达成具有重要的理论意义和实践价值。

第一节 民主与专制:大学治理的方式选择

大学的治理方式不外乎两种,即民主与专制。这里的民主是指在大学场域内,按照平等和少数服从多数原则来共同管理学校事务的方式,这里的专制可以理解为掌握大学权力的管理者或组织机构,凭意识和思想管理一切学校事务的方式。民主和专制两者各有优势和短板。民主方式最大的优点就是,最高权力归于学校的全体成员,不是归于某一个人或团体,学校的管理者时刻受到学校成员的监督和制约;其局限性表现为在关乎危机事件处理的时候,由于民主思维和注重程序等方面的特点使其往往不能快速做出有效的决策来化解危机,而导致学校在危机事件中处于被动地位。专制方式的最大特点就是权力高度的集中,使整个大学可以像机器一样有条不紊地快速运转,如果大学的管理者或居于领导地位的组织机构领导有方,这个大学就会健康发展;然而一旦学校的管理者或居于领导地位的个人或组织机构昏庸无能或者刚愎自用,大学发展就会受到严重阻碍。

一 人治与大学治理的专制风险

老子在《道德经》中有云:"政善治,事善能,动善时。"这里的"政善治"说的是从政管理柔和有序,德惟无私。可见,在人治为主流秩序的大学之中,"以德服人"的德治思维会占据重要地位。显然,大学治理中的人治秩序离不开德治的辅理,也表现出既有民主的一面也包含着专制的特点。人具有主观能动性,个人对群体变化的反应总是敏感而迅速的,能够及时因时因地制宜,最大限度地保持认识与现实的一致。充分发挥人的主观能动作用可以针对现实生活的千变万化和适用对象的不同特点,最大限度地实现个别正义,从而使规范所追求的正义获得有效分配,有利于缓解规范稳定性和适应性之间的内在紧张关系而使规范更具活力。然而由于个人的意志的高度集中,人治的治理方式就偏向于专制的性质而成为风险来源,即藏在民主面具下的对权力控制的专有,导致了大学专制化的治理方式,这种治理方式具体表现为领导绝对权威、盲目崇拜权力和治理结构封闭而集中等三个方面风险状态。

第一,领导具有绝对权威。法治之法,以权利本位,而"人治"之法,以义务本位。人治的大学治理,强调上下级之间的等级管理,强调下级对上级的服从和上级的绝对权威,崇尚付出、高效,决策体制容易掺杂个人利益和功利主义的因素,使科学与否的决策皆可贯彻下去,监督和纠错机制容易失灵。久而久之,也很容易造成对上级和权力的盲目服从,既不利于相互监督,更不利于决策的科学化、民主化,甚至产生下级明明知道是违纪违规,但只要领导说了、安排了就执行办理的现象。① 专制的大学治理方式,不利于大学的长足发展。

---

① 李正元、付鹏、胡德鑫:《廉政建设视域下的大学内部治理》,《国家教育行政学院学报》2015 年第 7 期。

第二,盲目崇拜权力。"行政权力在推动组织运转的同时,也使人们对这种权力的依赖越来越强,并逐渐形成对权力的崇拜。"① 这种治理模式的主观性强,导致权力很难得到公正公平的使用,权力与利益的价值观念有失偏颇。这一治理方式使得大学行政人员甚至于学术研究人员和教学人员皆注重权力获得,学校事务缺乏民主健全的决策机制,学校人员参与学校管理的渠道不畅通,权力集中于少数人之手,极易引发权力滥用问题。为获得利益满足,专制的治理方式强调权力拥有,权力越大,越能实现利益目标,不愿分权,在学校治理中,盲目崇拜权力,易滋生治理的腐败问题,更不利于大学治理的科学化。

第三,治理结构封闭而集中。"从制度的决策机制来说,权力过分集中的领导决策机制直接影响'高校消极腐败'的产生与盛行。"② 大学的这种权力集中而封闭的治理结构很容易造成唯上、唯官,造成官本位、行政化的加剧,容易导致监督缺失、监督失灵,形成个人"一言堂",造成决策上的失误,不利于廉政建设。③ 专制的治理方式还易使得管理者过度追逐个人利益而弃集体利益于不顾,偏重经济价值和政治价值,不注重学术价值,忽略人文精神,导致大学精神和大学内在价值的缺失,使大学偏离追求科学与学术的本原,淡化了育人功能。总而言之,封闭而集中的专制式的治理方式不利于大学的长足发展。

二　法治与大学治理的民主使命

在法治的社会里,法律至高无上。法治为民主的实现提供了保障,没有真正的法治就没有稳固的民主④,法治的实行必须以民主为基础,法治体现着正义、公正与平等。因此大学法治必然体现民主的方式。

---

① 杨移贻:《借学术自由之火建现代大学制度——大学去行政化的思考》,《高等理科教育》2011 年第 2 期。

② 田建伟:《论高校廉政治理对策》,《国家教育行政学院学报》2012 年第 9 期。

③ 李正元、付鹏、胡德鑫:《廉政建设视域下的大学内部治理》,《国家教育行政学院学报》2015 年第 7 期。

④ 张贤明、张喜红:《试论法治和民主的基本关系》,《吉林大学社会科学学报》2002 年第 5 期。

在大学治理中，法治是大学治理的民主方式，它是按照政策规定对学校进行民主管理。法治的治理思维、治理程序、治理方式与治理形式的特性与民主的价值追求不谋而合，因此可以判定，法治秩序下，民主是大学治理的主体方式。然而，仅仅强调民主并不能期待其自然地实现法治。雅典的民主时期，个体非鬼即兽，"人民"的意志和利益高于一切，"人民"可以牺牲任何"人"。于是，"苏格拉底之死"告诉我们，不是民主保证自由，而是法律保证自由。德国著名法哲学家拉德布鲁赫有句名言："民主的确是一种值得赞美之善，而法治国家则更像是每日之食、渴饮之水和呼吸之气。"① 这就是说，要实现大学的有效治理，需要在民主的基础上全面推进法治，以法治的手段达到善治的标准。现代民主的含义是，享有主权的是"人"，而非"人民"，"人"从属于"人民"，但享有作为个体的"人"的自由、独立和尊严，这才是达到大学治理"善治"目标的民主要求。

大学治理实行民主的基本表现形式包括自治理念深入人心、制度建设广泛参与以及多元利益主体校园共治三个方面。第一，自治理念深入人心。治校的对象是学校的管理权力和公共事务，而绝非大学的主体——教师和学生。大学民主治理的最终目的是培养学校全体成员的主人翁意识，调动学校各群体成员积极参与大学治理，促进学校各项事业又好又快发展，从而实现为大学共同体成员服务的目的。汉·桓宽《盐铁论·贫富》有论："善为人者能自为者也，善治人者能自治者也。未有不能自治而能治人者也。"如果脱离了自治来谈民主治校，无异于回到了专制的治理状态。民主治理目的的明确，使得师生们具备更强的主人翁意识，会更加珍惜自己的权利和责任，认识到自己是学校改革发展的一分子，积极主动地参与到学校民主治理的实践中来，努力贡献个人价值。另一方面，学校尊重全校师生的民主权利，公平公正、透明公开地行使决策权和监督权，广开言路，听取他们的意见和建议，改进决策，推动学校改革发展，促进"共同参与""决

---

① 王利明：《善治是法治之目标》，《北京日报》2015 年 6 月 8 日。

策透明"善治目标的最终实现。第二,制度建设体现广泛参与。大学民主治理的价值的核心为民主,即围绕"自由、平等、公正"进行制度建设。一是彰显民主内涵的制度内容:自由、平等、公正,保障师生员工的民主权利得以实现。二是以已有的法律法规为依据,在制定治理制度的程序上充分体现民主的原则。三是制定治理制度时多渠道征求学校各方面人员的意见,既听取民主党派无党派人士、青年教师、学生代表等各群体人员的建议,也听取来自学校领导、高学历高职称人才的意见,平衡、整合、协调各群体人员的利益需求。① 制度建设体现民主原则是大学民主治理方式达到善治标准中"达成共识""平等和包容"的一个重要表现。第三,无利益主体校园共治。由在传统的科层模式下"追求效率"的管理思想转变为"民主治校"的治理思想,治理方式由"人治"变成"法治"。这种以"多元共治""复合治理"和"多中心治理"为关键内核的学校治理从强调权力主体的主观行政意志灌输转变为倚重多元利益主体的协商协调;从决策下行管道转变为上行管道;从教条式的强制约束转变为多元民主和学术自由的精神追求。② 要实现善治,必须保持权力和权利的协调性,管理者与被管理者的合作,让所有利益相关者共同参与、共管共治,以实现公共选择和公共博弈的有效性,学校决策层和基层师生的互动性。民主治理恰巧将教职工及学生的政治利益纳入治理手段,为学校所有利益相关方都提供个人自由发展的机会和空间,可以激发其参与学校治理的积极性,从而有利于发展学科专业和学校建设,促进学校的长远发展。

第二节 文明与野蛮:大学治理的进步程度

大学治理进步程度显然存在着"野蛮"与"文明"的两种状态。

---

① 张利:《现代大学民主治理途径探析》,《人民论坛》2012 年第 8 期。
② 同上。

文明是大学进步的象征，也是社会发展到较高阶段所连带产生的大学的表现状态，它以追求道德完善、维护全体成员的根本利益及公共秩序为作用点，是符合大多数人认可的精神理念。野蛮的大学治理表现为：领导者法律规范意识淡薄，管理缺乏科学性和灵活性，易因制度不健全、不合理导致营私舞弊。文明的大学治理表现为：学校决策的制定和执行都有着严格的程序和规范，大学章程在大学管理中发挥重要作用，大学严格按照法律规范和学校章程治理学校。

一 人治与大学治理的野蛮属性

在人类的封建史上，王权高于法律，因此，人治有着久远的传统文化的根基，如孔子作为人治的代表，主张"为政在人"，这种以专制为主的人治治理方式对社会的稳定有着积极的意义。但对大学的发展来讲，人治的控权方式会阻碍大学的发展，促使大学治理呈现出一种趋于退化的"野蛮"状态。原则上，人治的存在并不意味着逻辑上反对法治。孔子有云："礼乐不兴，则刑罚不中，刑罚不中，则民无所措手足。"同样主张人治的墨家在《墨子法仪》中记载："天下从事者，不可以无法仪，无法仪而其事能成者无有也。"可见，走向进步的大学治理需要逐渐褪去人治的褴褛而披上法治的新衣，人治中管制、特权暗箱、权力至尊和权力无限的思维越强烈，在这种思维方式影响下，在处理学校包括规制大学政策、把握大学决策、解决大学纠纷事件以及控制大学权力等方面各项事务的方式和程序就越具有专制统治性，大学治理程度就越表现得野蛮与无序，危机就越容易爆发。如若人治的糟粕成分在与"法与德"的博弈中获胜，就意味着权力丧失了制约，人治的"野蛮"本性会暴露无遗。此时领导者普遍追求当权者手中的权力，满足自己的权力欲望，能够为自己和他人谋私利，无法保证大学得到有效管理，更不用说大学治理会走向文明。

我们可以从两个维度来分析大学所面临的人治控权所导致的野蛮风险。一方面，大学面临权力职能结构的无限扩张风险、权力运行的非科学化风险、权力监督机制的非实效化风险等现实危机，这些危机会带来权力无限的臃肿化、商品化趋势，即大学机构臃肿，人浮于事，"权钱交易"等腐败因子渗透到校园，教育资源的严重浪费和效率降低；权力运行的隐蔽性、随意性、超前性风险，导致违法违规行为会超越法定的标准和范围这些不可逾越的"红线"；监督机构独立功能性的弱化、监督机构形态功能性蜕化、监督手段有效性的虚化、惩治性监督严肃性的软化等严重后果。从另一维度看，首先，在观念上，人治崇尚的是不受制约的使用权力，忽视法律的存在。大学治理中领导者法律规范意识淡薄，家长制作风盛行，行政命令的绝对服从，官僚气息浓重。其次，在管理上，由于权力的不受约束，政策和措施朝令夕改亦容易出现，行政命令的绝对执行虽然令行禁止，办事效率高，但是也容易导致大学的管理死板，决策的制定缺乏科学性，决策的执行也会过于一板一眼，执行人员的自主性和执行决策的灵活性严重缺乏，领导者根据自己的意愿或者是因为某种利益关系随意使用手中的权力，自由度非常大，无论是学校管理、科研创新、教育教学、学生管理还是后勤保障都无法得到有效保障。简而言之，人治的官僚氛围易导致管理的低效和无序。最后，在制度规范上，人治治理下的大学规章缺乏规范性和权威性，制度缺乏合理性，法律规范不健全，法治精神遭到践踏。孟德斯鸠说过权力有腐败的趋势，绝对的权力会导致绝对的腐败。人治治理方式下，贪污腐败、营私舞弊现象会更易于发生。①

二　法治与大学治理的文明属性

法治是现代国家治理的基本方式，实行法治是国家治理现代化的内在要求。在高等教育领域，大学行政控制的治理模式体现了高度行政化的大学治理体系特征，从根本上会制约大学的整体治理能力，因此，法治是实现大学治理进步的科学途径。在大学内部，法治所依之法是良法，体现大学所有成员的意志，维护大学所有成员的利益，要

---

① 任丽梅：《强化制度育人　高教综合改革推向纵深》，《中国改革报》2013年12月2日。

求规则至高无上，用法治对权力进行制约，确保把权力关进笼子里。法治有着规范的制度和严格的程序，规定了领导者的权力与责任，不会出现人治般的权责模糊，相比人治的"野蛮"，法治更凸显"文明"，促进大学治理科学而有效，推动大学发展。在人们的固有思维里总有着这样的误区："民主是一个普世追求的价值观念和一种政体，专政代表的永远是落后和野蛮。"然而，没有法律保障的"民主"与"落后""野蛮"并非毫无瓜葛，只有依法治校才是大学持续发展的保障。

在法治秩序下，利用民主的方式规制大学政策、把握大学政策、解决大学纠纷和控制大学权力，如决策的制定寻求学校相关利益者的意见，可以有效避免个人独裁，拍脑袋决策的状况。大学法治秩序下，学校可以利用法治的程序来处理学校各种事务，防止出现权力滥用的现象和保证决策的合理性，同时也保证权利和义务的实现和解决学校纠纷有着正当程序，树立规则权威。法治的形式是和谐一致性的，具有普遍实效性和一般性，能够保持权利诉求通畅，法治同时也坚持以人为本，学校可以有效地协调相关利益者的利益，维护教师和学生的正当权益，有效地降低各权利主体间的交易成本，实现公共利益最大化，最终推动大学治理实现质的进步，达到大学善治。

在法治控权状态下，大学治理文明的特征体现于观念、管理和格局三个方面。首先，从观念上，法治推崇的是合法性、公平公正和责任后果思维，大学领导者权力的使用在法律规范框架内，学校决策的制定和执行都有着严格的程序和规范。这一层面重在强调善治标准中"厉行法治"的"厉"。其次，在管理上，法治会确立学术权利本位的观念，并把思想自由设定为一种神圣不可侵犯的权利，从而为学术自由奠定法理基础。① 大学章程作为学校的"宪法"，将发挥着重要的作用，学校日常事务或重大紧急事件的处理将按照学校规章制度来运行。这一层面重在强调善治标准中"厉行法治"的"法"。最后，在格局

① 王洪才：《大学治理的内在逻辑与模式选择》，《高等教育研究》2012 年第 9 期。

上，在法治的框架内，各高校在政府的管理下，依照法律、法规以及章程自主办学，创新办学理念，规范学校办学与管理行为，健全和完善学校内部管理制度，落实学校的法人地位，依法接受政府的监督，形成依法治校的新格局①。这一层面重在强调善治标准中"厉行法治"的"行"与"问责"。大学严格按照法律规范和学校章程治理学校，在法治的推动下，大学治理将会取得长足进步，大学也将会呈现生机勃勃之文明景象。

第三节 和谐与冲突:大学治理的氛围状态

大学治理氛围有两种表现，即和谐与冲突。和谐是指在大学治理的过程中，逐步形成的一种相对融洽、统一、协调的状态，各利益主体之间无根本利害冲突并处于一种相互尊重、信任、团结互助的关系。和谐的大学治理氛围有利于实现共同的奋斗目标和发展方向，也有利于大学的领导者与各利益主体建立友好的关系，从而使各利益主体的利益和权利得到最大化的保障和维护的大学治理氛围。冲突的大学治理氛围是权力泛滥引起相关利益主体利用不满的态度和行为来表达自己的利益诉求，从而加剧负面情绪的环境氛围。

一 人治与大学治理的冲突诱因

虽然人治具有极大的机动灵活性，能够使校内治理力量与校外治理力量在大学治理过程中形成良性的互动态势，其秉持一致性与无纠纷目的的权力权威促使大学治理氛围表现出和谐的一面，然而人治下的"和谐"并非真正的和谐，今天的"和谐"极可能会因控权者的错误决定而被彻底剥夺，冲突在所难免，且具有极大的破坏性。冲突是指在大学治理的过程中，由于各利益主体之间存在意见、利益、价值

---

① 周雄文、吴四江:《论高等学校的依法治校》,《湖南科技大学学报》2013 年第 2 期。

取向等的对立和分歧，由此导致各方的矛盾激化和直接对抗，是在大学的存续和发展过程中不可避免的现象①。大学利益主体表现出完全不同的利益诉求和价值观时，利益取向的排他性和复杂性使各利益相关者间产生无法共融的趋势，大学治理的氛围变得紧张或是引发冲突，阻碍大学治理的顺利进行。② 当道德的善治失效时，人治的最大弊端就显露出不可避免的偏私与不公，因为在人治下的大学治理中领导者拥有绝对的、不能被有效监督和约束的权力，以权谋私、因私废公的情况就必然会经常发生，导致大学各利益主体之间矛盾、冲突不断，大学治理氛围呈现出不和谐的现象。③ 另外，人治的思维使现在大学的领导者为了自身的利益，完全以自己的意志、愿望为主，利用手中特权进行暗箱操作，打压民主法治气息，这种带有很大的随意性和很强的专横性的治理方式，就是造成破坏性、不和谐的大学治理氛围的一个重要原因。

　　具体来看，人治控权埋藏着大学冲突氛围的三大诱因。第一，人治不公平的特点是冲突性大学治理氛围的首要原因。受人治思维影响的大学领导，在处理事务时，不可避免地会对那些建言献策的、不同意自己观点的人，常常认为他们不拥护不支持自己，以致打压、遏制他们的发展，造成人际关系紧张，导致矛盾。第二，人治权力至上、专制的特点是冲突性大学治理氛围形成的重要原因。在人治的大学治理中，领导者按照自己的意志、愿望来治理大学，不受其他外在条件的约束和规范，这种权大于法、权力至上的专制观念，使得官本位观念盛行，人们普遍地崇拜权力，漠视法律，大学治理变得杂乱无章。第三，人治变数多的特点是冲突性大学治理氛围的激发因素。即使一位卓越、高瞻远瞩的领导也不免因个人一时喜怒改变原本正确的大学治理模式，这种突然的决定最终会激发冲突和矛盾。

---

① 肖帅：《组织冲突与组织认同的关系》，《青年文学家》2010 年第 18 期。

② 谢凌凌、张琼：《大学组织冲突的诠释及冲突管理研究》，《煤炭高等教育》2010 年第 4 期。

③ 胡波：《法治乃国家善治之基》，《光明日报》2015 年 1 月 14 日。

大学中各利益主体的利益诉求不同,不同的角色往往基于自身的需求来考虑在大学治理过程中的收益,而需求之间的差异是各利益主体之间冲突的根本原因。① 在人治观念左右下,大学领导为了自身的利益,滥用手中权力推行专制、独裁的治理方式,把学校的各种规章制度或要求等强加于其他利益主体,这就会引起其他利益主体的不满,如各种抵制、反抗、拒绝、不合作、消极应付等态度和行为来表达自己的利益诉求,容易导致他们产生负面情绪,如疏远、冷淡、漠不关心、挑衅等,过度权力化或强制性推行,容易使大学治理的氛围变得乌烟瘴气、犹如一盘散沙,冲突就在所难免,可想当领导者失信于他人,这怎会带来和谐的大学治理氛围? 所以,现代意义上的大学治理必然需要预防或去除人治中的糟粕风险,减少或解决冲突,使大学治理氛围表现出融洽民主和谐的气息。

二 法治与大学治理的和谐构建

法治对建设和谐的大学治理氛围至关重要。当今社会,因全球化的推进和社会经济生活的发展变化,大学治理理念也在发生深刻的变化,逐渐从单纯依赖政府的管理转向多种治理方式结合的治理理念。大学的持续长久发展需要各种社会治理方式和大学内部治理机制的有效衔接与配合,为此,大学治理中出现的各种复杂的、综合性的问题,需要通过规则共治才能解决,而大学治理的和谐氛围有助于共治的实现,以法治带动共治是促进大学发展的必经之路。

依法治校对构建和谐的大学治理的和谐氛围起着重要作用。首先,大学治理氛围和谐与否,不仅关系到高等教育的质量和大学生的综合素质,而且影响到全社会的和谐。在法治大学中,法律为大学提供了明确的行为规则与指向,因而严格地遵守法制最显著的效果是大学中的矛盾和冲突可以最大幅度地降低或者减少。所以我们可以说法治为

---

① 孙翠香:《学校变革中的利益冲突:表现、成因及化解》,《教育理论与实践》2012 年第 4 期。

构建和谐的大学治理氛围创造条件、指引方向。法治的意义在于可以有效地减少矛盾,有效地解决矛盾,使已经产生的纷争能够得到及时处理与解决,将不和谐转化为和谐。从减少、解决大学中的矛盾这个意义上讲,法治就是达成和维系和谐大学治理氛围的关键手段与途径。其次,现在大学的发展呈现出利益主体多元化、利益主体的诉求多元化、不均衡以及内外环境、关系的复杂多变等趋势,需要公正的、合价值的、规范的法律来约束权力,保证各利益主体的正当权利和合法利益。从他们的根本利益和长远利益出发,需发挥法治在营造和谐的大学治理氛围中的基础性作用。最后,建设和谐的大学治理氛围需要发挥法治的保障作用。各利益主体之间难免会有意见、利益、价值观的不一致而引发矛盾、冲突,法治无偏私公正性的巨大优点,在保障大学治理氛围和谐时有着人治所无法比拟的优势,成为构建和谐的大学治理氛围的共识。从这个意义上说,没有法治,就没有大学治理的和谐氛围。

和谐的大学治理氛围主要表现为运用依法治校的指导原则和运作机制来进行大学治理的一种状态。第一,和谐的大学治理氛围可以让各利益主体找到共同的奋斗目标和发展方向,即"达成共识"的善治理念。为了实现共同的奋斗目标和发展方向,大家团结一致、相互帮助、充满活力,把团队战斗力发挥到极致,实现"战无不胜,攻无不克"的效果。第二,在法治的保障下,可以使大学的领导者与其他利益主体建立友好的关系,即"平等和包容"的善治理念。领导和各利益主体之间虽然会有不同的意见和看法,但在经过商议、民主表决后,能够听取正确的意见。这样不仅大学治理氛围健康和谐,而且大家在不同的角色各司其职、各尽其能、同心协力。第三,强调依法拥有和行使权力,绝不允许任何人以任何借口、任何形式以言代法、以权压法、徇私枉法,即"厉行法治"的善治理念。特别是对防止或制止大学领导者集权、篡权、越权,利用手中的权力为自己谋取福利的错误倾向具有纠偏功能。法治下的大学治理,各利益主体的利益和权利得到最大化的保障和维护,减少了他们之间的争端和冲突,使他们能够相互信任、相互支持、平等友爱，共建和谐的大学治理氛围。

第四节　"人威"与"制威"：大学治理的权威主体

马克斯·韦伯认为，任何组织的形成、管治、支配均建构于某种特定的权威之上，适当的权威能够消除混乱、带来秩序；而没有权威的组织将无法实现其组织的目标。大学治理的权威有两种形式：一是传统的领导型权威——"人威"；二是以法律制度为基础行使的权威——"制威"。大学"制威"的"制"是大学按照自身的意志建立起来的法律和制度。

一　人治与大学治理的"人威"趋势

在人治控权下的大学治理使领导者的权力权威能够得以实现。这个实现的过程，首先是由人治的思维决定的。人治治理下的大学管理者通过自己的主观意志来处理大学治理中的一系列问题。其次，由人治的形式决定。人治在规制大学政策、把握大学决策、解决大学纠纷和控制大学权力等方面使用专制权力的方式。最后，人治的目的决定了治理权威的实现。大学治理的目的，就是使其管制有效，权力发挥其效力，保证其决策无阻，大学无纠纷。权力权威是人治的操作形式。在人治的过程中，决策和执行等一系列环节都需要权力的实现和保障，权力权威得以淋漓尽致地体现。因此，人治秩序中位于顶层统治地位的管理者的个人素质就显得极其重要：当其自身素质位于一个道德高度时，会达到良好的治理效果，当其个人素质低于法律（大学章程）的基本约束时，会产生恶劣影响。

人治秩序下，大学治理权威的表现状态可以分为以下两个方面。第一，行政权力主导。在大学内部权力结构中，行政权力长期处于中心地位，并借助等级森严的科层制执行体系行使权力，具有极大的刚性。大学与校内各个单位（例如学院、校属经营实体）之间，大学管理者与教师、学生、职工之间，都是一种纯粹的行政关系，没有法律界定各自的权利和义务，即使有什么规范加以调整，也不具有权威性、稳定性。大学治理权威是在大学管理者集权管理下实现的，人治主导的大学治理没有明确的制度规定来保证治理的科学性和民主性，那种与计划经济体制相适应而建立起来的传统办学体制的模式和影响依然存在，"官本位"思想和行政集权的倾向严重。① 学校事务由领导一把手管理，学校行政事务、师生管理及教育教学处于领导者的掌控之下，权力高度集中，学校组织等级森严，师生参与学校事务度低。第二，缺乏制度约束。传统的人治思维把教师和学生当作管理的客体而非管理的主体来看待，这也是人治逻辑和法治逻辑的截然不同之处。法治是众人之治，人治是少数人之治，大学目前在这方面还存在很多的问题，管理失之于简单和粗放，规则缺失，手段单一等，人治的成分和色彩很重。② 人治下的大学治理权威没有规则和制度的约束，即使有规章制度存在，人治下的治理在依法执行学校制度上也存在偏差，管理者根据主观意识结合自身具备的权力管理学校事务，不是制度约束管理者，而是管理者决定制度的执行、时效甚或是变更方向。学校工作人员没有明确的规则意识，决策遵循领导意见，管理粗放。大学治理权威只有权力，而没有规则，导致管理不民主，决策盲目等。

二　法治与大学治理的"制威"诉求

法治是大学治理的法制权威的实现路径。换而言之，法制权威是通过法治来实现的。在法治的过程中，治理的一系列问题，都是依据大学的制度来处理的。制度在使用的过程中，在用于大学治理的过程中才得以实现其价值，才体现其治理的权威。在法治的大学里，一定要通过法治的程序来办事情，依法治校。法治与大学治理权威是唇齿相依、互相依存的关系。法治的形式就是大学法制，是一种法制权威。

---

① 童猛:《大学依法治校论析》，硕士学位论文，吉林大学，2004 年。
② 同上。

法治的形式与人治的形式不同，法治实施的是一般性的法制，秉持了权利诉求通畅性的法制，而不是权力。现代大学的法制方式主要通过章程来实现。章程，是组织、社团经特定制定的关于组织规程和办事规则的法规文书，是一种根本性的规章制度。现代大学章程的共同特质有：第一，大学章程规定大学的使命是追求公共利益和学术真理；第二，大学章程规定大学权力主体是大学利益相关者；第三，大学治理是大学章程的核心内容；第四，大学章程的主要功能是规制大学权力的运行①。然而大学治理仍然不可忽视"礼法合治"的重要意义。一方面，具备预防和引导功能的大学章程等法律法规能够有效地实施需要道德发挥教化的作用，只有大学全体成员诚信尚德、遵规守矩，才能体现出法治的规则之治，奠定良好的法治基础。另一方面，法律和道德并非相互孤立而处，以法治体现道德理念、以道德滋养法治精神，强化法律和道德建设的相互促进与相互支撑，实现法律和道德相辅相成、法治和善治相得益彰。

在一所法治的大学里，大学治理"制威"的表现状态有以下两点。第一，以"制"保"治"。大学善治必须以良好的现代大学制度为基础。制度是经济或法律领域正式和非正式的系列规则，拥有高度发达而成熟的制度文明是现代化国家必备的本质特征和重要体现。法治下的大学治理法制权威是靠学校章程制度保证学校的运行和治理，依法治校的应有之义是大学照章办事，这里的"章"，即大学自身符合法治精神和逻辑的自治性规范。大学的制度一经制定，对大学的所有主体都具有约束力，大学依照规章制度处理与教职员工、学生的关系，产生外部法律效果，如公立大学的自治性规范也是其依法治校的一种依据，其性质类似于政府制定的规章。② 第二，开放多元的权力体系。大学追求善治，就要使大学内外部包括行政权力、学术权力、市场权力等在内的权力集团建立和形成一整套完备有效的法律监督机

---

① 朱家德:《现代大学章程的共同特质》,《复旦教育论坛》2013 年第 5 期。
② 童猛:《大学依法治校论析》,硕士学位论文,吉林大学,2004 年。

制。多元开放权力体系的形成,能够有效地克服学术权力、行政权力以及市场权力的局限。行政权力的局限在于它容易产生垄断与专制,市场权力的局限在于它容易产生游离与失控,学术权力的局限在于它容易产生无助与虚空。一旦多元开放的权力体系形成以后,行政权力就能够克服学术权力的无助与虚空,克服市场权力的游离与失控。而学术权力与市场权力就能够克服行政权力的垄断与专制。[①] 同时,行政权力容易被乱用,市场权力与学术权力也有被乱用的可能性,所以,需要建立一种能够对三者权力恰当行使进行有效监督的网络化运行机制。实现法治,需要对大学治理权力进行制衡,用相应的制度,规范权力的范围和"边界",不得让其越"界"或越"位"。规范、完善和优化大学各项法定权力运行机制,也是大学内部治理走向法治的必然道路。

第五节　低效与高效:大学治理的效益标准

效益就是指效果与利益,大学治理效益就是指大学治理的效果与利益,一方面要取得显著积极的学校改善效果,另一方面也要使得大学能够获得一些利益,包括物质和精神上的。高效益水准反映了大学作为独立社会部门的经济、行政等管理水平,同时也是大学绿色循环持续发展和光明前景的物质保证。大学治理效益高效主要指的是学校能够依法治校,法律之上,公正公平地,最大程度上保障教师和学生的利益,学生能获得德智体美劳的全面发展,教师能够言传身教,履行自己的职责,学校能够正常运转,健康发展;大学治理效益低效则是相反,学校管理各方面效率低,学生受不到正常健康的教育,教师也履行不了自己的职责,权力机构人员冗余,以权谋私,不公正公平,

---

① 史利平:《大学治理的内在逻辑及其生态构建——从人治、法治到善治的历史演变》,《大学教育科学》2015 年 9 月 28 日。

较大程度上是阻碍了学校的健康积极发展。大学被看作是一个利益相关者组织，所以，大学治理的效益问题是大学治理中的一个重要问题，效益越高，利益相关者所得利益就越大，反之，效益越低，利益相关者所得利益就越少，因此，选择合适的、科学的治理方式来治理大学，是非常重要的。

一　人治与大学治理的低效风险

辩证地看，人治秩序对大学治理效益确实具有一定的积极作用，通过少数人的决策对整个学校利益相关主体进行管理，具有直接、快速、强制和权威的特点，被管理者服从这种依据权力建立起来的权威，基于这种权威，任何制度都能高效率地下达和执行，对大学的运转速度会有积极帮助。然而，少数人的决策权力决定了这些少数人的地位和权威，通过这些高地位和高权威来统治或管理其他多数人，这种管制和权力至尊表明人治更注重少数人手中所掌握的决策权力，为了保证这种权力能够使多数人服从，管理者必须要树立属于决策主体的权力权威，通过这种依据权力建立起来的权威，才能够管理好被管理者。于是，这种高效率也只能表明制度执行的速度很快，而不能真正反映政策执行的落实程度和满意度。因此，从某种意义上说，人治不仅不能够提高大学治理效益，反而会降低大学治理效益，人治与大学治理效益是成负相关关系的。

人治下的大学治理的基本表现状态存在两方面风险。首先，从思想上来说，大学管理层不崇尚规则。某些大学的高层管理者容易觉得自己就是土皇帝，"法治"观念极其淡薄，中层管理者主要依靠官本位思想和长官意志管理学校，缺少规则意识。其次，从利益相关者来看，大学是一个典型的利益相关者组织，其利益相关者包括教师、学生、管理人员、政府和社会。人治采取的是专制的治理方式，只注重少数具有决策权力的人。因此，人治控权方式不仅不能保障甚至会损害绝大多数人的利益。实际上，作为核心相关者的学生由理论意义上的学校教育的服务对象演变成了实际的弱势群体，主要是由于学校对学生的话语权的尊重丧失所引起的；而作为重要利益相关者的政府，对大学的控制过多而缺乏对大学的监督，也降低大学发展效益的有力论证。

二 法治与大学治理的高效荷担

一般认为，大学善治是在大学利益主体多元化以及所有权与管理权分离的情况下，协调大学各利益相关者的相互关系，降低代理成本，提高办学效益的一系列制度安排。[①] 换句话说，大学治理的实质是"大学内外利益相关者参与大学重大事务决策的结构和过程"[②]，是各种决策权力在利益主体之间的调配运行，包括权力分配结构和权力行使过程两个相互匹配的方面。由于大学本身组织复杂、当下面临诸多挑战，不仅要靠政府管控也需要社会合作，做到行政权力与学术权力相匹配。而善治恰巧是一种以互动合作为方式，旨在追求效率的管理模式。大学治理的高效益可以从两个方面来加以评估和要求。一方面，大学内部治理应当有很高的行政效率，包括行政管理机构设置的合理，管理程序的科学，管理活动的时效。高效益大学与机构臃肿、人浮于事、办事拖拉、效率低下，是格格不入的。另一方面，大学治理应当最大限度地降低管理成本。大学不是企业，不应当有企业获利的动机，但大学也应当像企业一样有低成本、高效益的行为准则。与此相适应，以善治为目标的法治手段能够提高大学治理效益，与大学治理效益形成正相关关系。依法治理大学就是要通过确立相关主体的权利和义务，通过规章制度来确立这些权利和义务的合法性，最大程度上使每个个体的权益得到公平公正的保障。首先，从思想意识上看，在法治框架之下，大学管理者更容易认识到依法治校的重要性、必要性和紧迫性，遵从"及时"与"厉行"的善治原则，树立以人为本、法律至上权力本位的观念，积极运用法律手段管理学校，把依法治校纳入教育工作

① 李福华：《大学治理的理论基础与组织架构》，教育科学出版社 2008 年版，第 17 页。
② Gayle, Dennis John, Tewarie, Bhecndradatt, *Governance in the Twenty-First-Century University: Approaches to Effective Leadership and Strategic Management*, ERIC Digest, ED4825601.

的重要议事日程。其次,从利益相关者来说,法治控权下的大学治理会更倾向于使学生和教师能够民主地参与到学校的管理中,调动学生和教师的积极性和创造性,充分保障学生和教师的利益,从而保证"实效与效率"的善治标准的达成。

法治控权下的大学治理效益具有两大基本特征。从内部秩序上看,法治控权的大学治理更容易理顺学校内部存在的各种关系,明确师生权利义务,明确机构名称、具体职能、权限程序,岗位职责,推进决策民主化、公开化、科学化,就必然容易形成权责明确、相互监督的运行机制;① 在此基础之上,学生能获得自由而全面的发展,教师能够言传身教,履行自己的职责,获得经济和精神的满足,学校能够正常运转,健康发展。从外部秩序上看,实施法治大学治理的政府更容易放宽对大学的管理与约束,让大学依法自主管理。如此,大学更容易释放出自身的创造力、活力,积极主动地去理顺校际关系以及与政府、企业、社会组织的关系,开展互惠合作,依法依规履行义务、行使权利,从而在法治轨道上实现大学的可持续发展。

综上,大学的独立自主,需要在其内外部都要追求最大化自由和最小化控制的秩序逻辑。为此,民主、文明、和谐、法治与高效应该成为大学善治秩序的逻辑标准。人治控权在治理方式上所表现的专制性、治理程度上所表现的野蛮性、治理氛围上所表现的冲突性、治理权威上表现的权力至上性以及在治理效益上所表现的低效益特征,与法治控权在治理方式上所表现的民主性、治理程度上所表现的文明性、治理氛围上所表现的和谐性、治理权威上所表现的法治至上性以及治理效益上所表现的高效益特征即具有本质区别。不可否认的是,在大学发展走向善治的道路上,人治控权风险的确定性和风险程度的不确定性决定了大学治理转向法治控权方式的必然性。

---

① 顾莹:《论法治思维和法治方式在高校治理中的运用》,《科教导刊》(下旬)2015 年第5 期。

中 篇

———————————

走向法治：沈师治理的成就与经验

第五章 以法治思维引领大学发展

德国作家多普勒在《变革管理》一书中说："我拿着一把枪对准你的脑袋，逼迫你改变行为，但我把枪拿开时，你就可能会故态复萌，对此我不会觉得惊奇。假如我真的想要你彻底改变，我就必须从你的价值观、偏见和信心着手，因为把持你行为的本源是它们。"人的思维决定人的行为，而影响人的行为最根本的方法就是改变人的价值观。沈阳师范大学在发展中采用的治理方法就是能够将法治信仰和法治意识等法治思维外化于行，并逐步使之成为引领大学发展的关键因素。

第一节 合法性思维引领大学发展

法治概念的最高层次是一种信念，是相信一切法律的基础，也是对于人的价值的尊重。沈阳师范大学将合法性思维作为法治思维的重要根基，是因为合法性思维并非一日而成，它源于中国古代的政治合法性认识和西方传统合法性理论三形态，在二者漫长发展与结合中逐步形成并稳固下来。

在中国古代社会，这种合法性认识初始于非理性的原始崇拜。《礼记·表记》中："殷人尊神，率民以事神。"① 由于中国古代社会君主政治环境的影响，趋于迷信的原始崇拜占据了"祭祀"这种形式的

---

① 孙希旦：《礼记集解》（下册），中华书局 1989 年版，第 1310 页。

思想内核。然而，举国的大规模"祭祀"仪式和"拜神"行为，已然演变成一种能够体现统治阶级意志的政治活动，统治者正是需要利用相关的仪式，以神之名对自己的政治合法性予以不断的证明，在人民大众的思维中烙下深刻的印记。由此看来，我国古代的政治合法性呈现出鲜明的特点：统治者利用原始崇拜的浓重"信仰"形式完成了政治合法性的论证，所谓的"合法性思维"来自统治阶级日益培养与熏陶下的"天神"的庇佑，而不是天然的、真理的逻辑论证，在这种政治合法性发展中，其权力正当性确实不断融入，但是仍然无法完全取代早期"天神"庇佑的固有思维，理性—神性二者融为一体，成为中国化信仰理性形成的原点。

在西方传统中，逐渐形成了三种合法性文化形态。一是规范主义范式："在从柏拉图、亚里士多德到启蒙思想家一脉的古典政治哲学传统中，正义、善、公共幸福等规范概念居于核心地位，规范主义是当时合法性思想的基本范式。"二是经验主义范式："随着19世纪末以后传统规范哲学的衰落，以及现代政治科学的兴起，合法性概念的提出者韦伯所开创的经验主义就成为合法性研究的主流范式。"三是程序主义范式："20世纪七八十年代以后，西方先后出现了规范政治哲学和审议民主理论复兴的热潮。这两股浪潮为合法性理论开启了一种新的范式图景——程序主义合法性。程序主义合法性模式的特点是既重视传统政治哲学中的价值规范，同时更注重价值规范形成确立的实践过程——公共审议；其实质是主张经由审慎理性的辩论协商程序以达致一种'辩论的共识'。"① 三种范式各有千秋，规范主义范式着眼于将理想化愿景融入政治合法性中，经验主义范式更聚焦于实际生活和现有事实，程序主义范式在关注事实的基础上，向前推进，注重考察事实的具体操作步骤与达成过程。可见，三种范式所反映的西方政治文化传统的合法性思维主要基于规范与事实，而这些规范与事实

---

① 张娟：《规范主义、经验主义、程序主义——西方合法性理论的范式演变》，《甘肃理论学刊》2008年第3期。

是经过了对于现世的政治事实的认知、想象、推理和确认一整套过程后的理性思维的结果。①

中西方传统的合法性思维验证了马克斯·韦伯的合法性判断，他认为："合法统治有三种纯粹的类型：①合理性的性质：建立在相信统治者的章程所规定的制度和指令权利的合法性之上，他们是合法授命进行统治的（合法型的统治）；②传统的性质：建立在一般的相信历来适用的传统的神圣性和由传统授命实施权威的统治者的合法性之上（传统型的统治）；③魅力的性质：建立在非凡的献身于一个人以及由他所默示和创立的制度的神圣性，或者英雄气概，或者楷模样板之上（魅力型的统治）。"② 与此类似，哈贝马斯认为合法性的根本标准是政治领域是否反映了社会的共同性标准。

根据以上历史渊源的传承和推演的阐释可知，合法性概念被广泛用于讨论社会的秩序、规范或者规范系统。总体来说，合法性包括两层意思：一是符合法律规则；二是符合法律的价值追求和法治精神。按照合法性的内涵和理论观点，大学的合法性包括实质合法和形式合法两个方面，也就是合乎法则和合乎法规构成的价值和工具的二维向度。那么，大学发展要以合法性思维为基础，指的就是大学组织和组织成员按照大学法则和大学法规开展各项实践活动，活动的过程必须遵循大学发展的实质性合法所依赖的"大学法则"和形式性合法所依赖的"大学法规"的统一原则。

下面我们从沈阳师范大学与沈阳市经济社会发展研究所发生的一起委托合同纠纷来看合法性思维的具体体现。

【案例】沈阳师范大学与沈阳市经济社会发展研究所委托合同纠纷一案

2015 年 11 月，沈阳师范大学因委托合同纠纷问题，将沈阳市经

---

① 葛荃：《传统中国的政治合法性思维析论——兼及恩宠政治文化性格》，《文史哲》2009年第 6 期。

② ［德］马克斯·韦伯：《经济与社会》（上卷），林荣远译，商务印书馆 1997 年版，第 241 页。

济社会发展研究所告上沈阳市皇姑区人民法院。

经审理查明,1999年10月29日沈阳师范大学与沈阳市社会事业管理学校(原沈阳市社会事业管理学校经批准撤销,其现有人员和资产划归沈阳市经济社会发展研究所,其债权债务由沈阳市经济社会发展研究所承担)之间签订了《沈阳师范学院新校园北部生活区建设与管理协议》,该协议约定:沈阳市社会事业管理学校保证按沈阳市师范学院发展建设计划要求,将北生活区建设成为现代化的学生生活区。按时提供使用并保证其正常运转。生活区内的安全防范设施及管理措施健全到位,保证学生在本区内的人身及财物安全。生活区建设具体项目包括:学生公寓、学生食堂、浴池、蒸汽锅炉房。生活区实行现代公寓制物业管理,由沈阳市社会事业管理学校成立专业管理机构,接受甲方(沈阳师范大学)对生活区物业管理的指导、监督与检查,甲方配合做好安全防范及操行教育有关工作。

2001年11月20日2时30分许原沈阳师范大学化生学院学生张宏波从学校宿舍床上摔下受伤,经诊断为"中度颅脑损伤",伤残等级为一级。为此张宏波曾起诉,沈阳市中级人民法院分别作出(2004)沈民(1)权终字第408号、(2006)沈民(1)权终字第1043号及(2009)沈民(一)终字第2994号《民事判决书》,确认对于张宏波的损失,应由沈阳师范大学承担80%的赔偿责任,张宏波自行承担20%的责任;沈阳师范大学向张宏波支付人身损害赔偿款至2011年4月。张宏波起诉沈阳师范大学要求支付的相关费用,沈阳师范大学另行向研究所提起诉讼,沈阳市于洪区人民法院判决研究所承担了上述相关费用。

2014年6月30日,沈阳市皇姑区人民法院作出(2014)皇民一初字第627号民事判决,判决沈阳师范大学向张宏波支付药费4039.2元、护理费141478.8元,并承担诉讼费801.6元。该份判决已生效,沈阳师范大学已支付张宏波上述款项共146319.6元,沈阳师范大学向沈阳市经济社会发展研究所催要上述款项未果,故于2015年10月诉至皇姑区人民法院。经法院审理,依照《中华人民共和国合同法》第三百九十六条、第四百零六条,最高人民法院《关于民事诉讼证据的若干规定》

第二条之规定，判决沈阳市经济社会发展研究所向原告沈阳师范大学支付赔偿款人民币 145517.4 元，诉讼费 801.6 元。

在上述案例中，沈阳师范大学的合法性思维就体现了对法律实质正义的执着追求和合理诉求。合法性思维首先要求尊重宪法和法律权威，在解决纠纷中合法性思维的外表与行为，对自我利益的探求也不可离开法律的框架。在法律规范体系中，合法性思维就是符合法律规定的规范性思维。在上述法律实践中，沈阳师范大学与沈阳市社会事业管理学校之间签订的协议系双方在自愿、平等、协商一致的基础上达成的，是双方的真实意思表示，依照该协议约定，原沈阳市社会事业管理学校有做好学生安全防范工作，并保证生活区内的安全防范设施及管理设施健全到位，确保学生在本区内的人身及财物安全的义务。张宏波在学生公寓的床上摔下受伤与原沈阳市社会事业管理学校在履行委托合同的过程中未对学生公寓内的相关设施尽到合理的管理与维护义务具有因果关系，原沈阳市社会事业管理学校应对其行为给原告造成的损失承担相应的责任，沈阳市社会事业管理学校不愿意支付医药费，则对沈阳师范大学的利益造成了损害。沈阳师范大学需要通过合法范式得以伸张正义，于是将沈阳市经济社会发展研究所上诉至法院。通过法院判决，特别是法院在司法和执法中，依照《中华人民共和国合同法》等法律文件给予公判，这种依据合法的形式逻辑的方式来判决诉讼案件和行政纠纷，使利益得以归属的方式，是形式合法思维的表现；在审判的内容中，合法性思维也同样体现在法律价值和法治精神的实质合法，原告与被告之间签订的协议属有偿的委托合同，协议已经约定了各方的义务范围，因此当出现的事实涉及协议中的内容时，相关方理应承担相应的责任。这种合乎法律制度的统一性、清晰性、可遵守性以及充分的稳定性的法治精神实质可概括为：权力的法定性、有限性与程序性，权力服务于权利。① 因此，

---

① 周金堂：《法治思维：治理能力现代化建设的基础》，《南昌大学学报》（人文社会科学版）2015 年第 4 期。

合法性思维是建立在各种行为主体都遵守法律的基础上的，权利和权力都必须接受法律的约束。在这样的权利与权力相互之间存在着一种平衡制约关系。法治社会最重要的就是在切实保障公民的自由和权利的同时，当公民权利受到侵害时，提供更为科学的救济手段，而合法性思维需要在人们利益遭受侵害时发挥作用，使得人们有一种法律意识、维权意识，能够为维护自身的合法权益寻求救济途径。沈阳师范大学在自身发展中的合法性思维为自身利益的伸张发挥了基础性作用。

　　沈阳师范大学为发展学校的合法性思维，进一步提升依法治校能力和水平，深入推进依法治教。2015 年初，学校从以下三个重点方面着手。第一，认真贯彻教育部全面加强依法治教的总体要求，按照《辽宁省高等学校规章制度建设指导目录》，以学校章程为依据，全面做好各项管理制度的"立、改、废"工作，逐步构建根本制度、基本制度和具体制度互相支撑的制度体系。第二，加强干部遵守制度、严格按制度办事的教育，加强组织监督与群众监督，强化考核、考评、督查、奖惩和问责，保障各项制度的真正实施。第三，根据省教育厅工作部署，在全面总结和评估学校"十二五"规划实施情况的基础上，组织启动学校"十三五"发展规划的起草工作，通过规划纲要的制定和实施，科学引领学校未来发展，进一步提高办学质量。[1] 在当前的情况下，走依法治校的道路是各个高校的必然选择，随着国家法制体系的健全，个人法律意识的增强，依法治校越来越成为支持学校稳定和谐发展的坚实基础。依据相关法律，切实维护好学校、教师、学生的权利，明确其职责，督促其积极履行好义务，这是依法治校工作的关键，同时也是更好地实施教育教学，促使教育健康发展的根本。十八届四中全会聚焦依法治国和推进国家治理体系和治理能力现代化建设，具有深远的历史意义。针对高等教育的法治化发展，近些年，我国施行了许多重大举措，并已有 32 所高校完成大学章程的制定，为推动依法治校和现代大学制度的建设奠定了坚实的基础。大学章程是

---

① 《沈阳师范大学 2015 年重点工作及保障措施》，《沈阳师范大学学报》2015 年第 1 期。

大学依法治校的法律基础和重要途径，是构建中国特色现代大学制度的重要载体，是"依法治国"基本方略在大学治理中的具体体现。[①]沈阳师范大学认真按照《辽宁省高等学校规章制度建设指导目录》，以学校章程为依据，完善各项管理制度体系，致力于法治校园、和谐校园的建设。

不仅高校如此，人类社会的变革也经历了从专制到民主、从人治到法治、从限权和特权到维权和平权的发展轨迹。因此，高校的发展要适应时代要求，必须注入合法性思维。合法性思维要求高校在行使权力的时候，必须尊重法律、法规，严格依法（规）办事。可以看到，沈阳师范大学在学校建设和发展中坚持了合法性思维，用思维带动规划，用思维引导行动，只有合法性思维，才能有合法行为。在推进依法治校的今天，强调高校利用合法性思维，对加速法治化进程将产生重要的推动作用。

第二节　权利义务思维引领大学发展

权利与义务，划分开来，实则是"权""责""利"，即权力、责任和利益。责任、权力与利益是现实社会一个永恒存在的话题，是社会、团体与家庭都普遍存在的和需要不断地加以解决的问题。责任、权力与利益不可分割，不可脱节。人们在日常的活动的各个领域都需要面对责任、权力与利益。在当今社会人们在谋求个人利益的最大化和追求个人权力最大化的同时需要更多地肩负起社会的责任、家庭的责任与团体的责任。权力、责任、利益三者之间不可分割，必须是协调的、平衡的和统一的，这是组织工作中的责权利相结合原则。在一切管理系统中，权力、责任、利益是管理者实施管理的"三要素"，缺一不可。大学内部是一个复杂的组织系统，是由政治权力、行政权

---

① 张杰：《依法治校与世界一流大学建设》，《光明日报》2014 年 12 月 12 日。

力、学术权力构成的一个多元权力结构组织,多元权力结构组织往往容易在相互作用中产生矛盾冲突,从而导致各权力主体责、权、利纠缠不清。三者之间呈现出以下关系特点:没有权力的管理是空泛的,没有管理的权力是虚构的,权力与管理从来都是紧密相关的。责任既是权力实现的过程,也是管理呈现的过程;利益既是权力实现的结果,也是管理实现的目标。管理的过程,实际上也就是责、权、利结合与统一的过程,当然也是责、权、利使用与实现的过程。责任是传导层次,也是关键环节。离开了责任,权力就会落空,利益就会丧失。因而,现代管理理论强调"责任绝对性",高层领导者无论采取分权或授权的权力行使方式,都要对分权与授权的结果负最终责任,即大学的校长负责制。本级管理者当然更要为自己的权力行为负责。责任的结果或形式,可以是"正利益"的奖励,或者是"负利益"的处罚,奖罚分明,方起作用。因此,在大学内部管理中遵守权、责、利原则就是将权力、责任、利益三者相互结合,使其相互作用。在沈阳师范大学权衡处理权、责、利的过程中,其成功之处在于利用大学章程对大学内部治理涉及的各主体间的关系给出了明确的规定,使其相互之间的关系法律化、规范化。

2014 年 12 月 31 日,根据《中华人民共和国高等教育法》《高等学校章程制定暂行办法》(教育部令第 31 号),《沈阳师范大学章程》经辽宁省高等学校章程核准委员会评议,并经辽宁省教育厅厅长办公会审议核准通过。沈阳师范大学始终以章程作为依法自主办学、实施管理和履行公共职能的基本准则和依据,按照建设中国特色现代大学制度的要求,完善法人治理结构,健全内部管理体制,依法治校、科学发展。

【案例】沈阳师范大学章程(节选)

第二章 教职员工

第十二条 教职员工除享有宪法、法律、法规及相关规章规定的权利外,还享有下列权利:

（一）按工作职责使用学校的相关资源。

（二）公平获得自身发展所需的相应工作机会和条件。

（三）在品德、能力和业绩等方面获得公正评价。

……

第十三条　教职员工应履行下列义务：

（一）遵纪守法，为人师表。

（二）遵守学校规章制度。

（三）遵守职业道德和学术规范。

……

第三章　学生

第十九条　学生除享有宪法、法律、法规及规章规定的权利外，还享有下列权利：

（一）公平接受学校教育，平等利用学校公共教育资源，获得增强实践与创新能力的基本保障。

（二）在思想品德、综合素质、学业成绩等方面获得公正评价，达到学校规定学业标准时获得相应的学历证书、学位证书。

（三）按规定条件和程序重新选择专业，跨学科、学院选修课程。

……

第二十条　学生应履行下列义务：

（一）遵守宪法、法律、法规。

（二）遵守学校章程和其他管理制度。

（三）尊敬师长，努力学习。

……

大学章程要凸显自身特色，应从学校自身的背景等出发，明确差异，避免雷同，凸显特色。同时，又要明确教职工、学生的权利与义务，使教育教学工作顺利开展，一旦出现失误时，教职工与学生能够有有效的救济渠道，使他们的切身利益受到保护。其中，大学章程最重要的莫过于规定教职工的范围、权利义务、聘任考核、分配发展机制以及权利救济制度;学生范围及权利义务、保障救济机制和大学的组织机构、管理机制等。

第四章 管理体制与组织结构

第一节 管理体制

第二十五条 学校实行党委领导下的校长负责制,学校党委是学校的领导核心,履行党章等规定的各项职责,把握学校发展方向,决定学校重大问题,监督重大决议执行,支持校长依法独立负责地行使职权,保证以人才培养为中心的各项任务完成。

学校党委的主要职责是:

(一)全面贯彻执行党的路线方针政策,贯彻执行党的教育方针,坚持社会主义办学方向,坚持立德树人,依法治校,依靠全校师生员工推动学校科学发展,培养德、智、体、美全面发展的中国特色社会主义事业合格建设者和可靠接班人。

(二)讨论决定事关学校改革发展稳定及教学、科研、行政管理中的重大事项和基本管理制度。

(三)坚持党管干部原则,按照干部管理权限负责干部的选拔、教育、培养、考核和监督,讨论决定学校内部组织机构的设置及其负责人的人选,依照有关程序推荐校级领导干部和后备干部人选。做好老干部工作。

……

第二十八条 校长是学校的法定代表人,在学校党委领导下,贯彻党的教育方针,组织实施学校党委有关决议,行使高等教育法等规定的各项职权,全面负责教学、科研、行政管理工作。

校长的主要职责是:

(一)组织拟订和实施学校发展规划、基本管理制度、重要行政规章制度、重大教学科研改革措施、重要办学资源配置方案。组织制定和实施具体规章制度、年度工作计划。

(二)组织拟订和实施学校内部组织机构的设置方案。按照国家法律和干部选拔任用工作有关规定，推荐副校长人选，任免内部组织机构的负责人。

（三）组织拟订和实施学校人才发展规划、重要人才政策和重大人才工程计划。负责教师队伍建设，依据有关规定聘任与解聘教师以及内部其他工作人员。

……

实行党委领导下的校长负责制。要根据《章程》的规定，进一步健全和完善党委领导下的校长负责制，理顺学校党委与行政的关系，科学决策与有效监督的关系。进一步优化学校内部组织结构，明确内部组织职责，建立有效的管理体制和运行机制，确保学校各项办学活动依法有序开展。近日中央颁布的《关于坚持和完善普通高等学校党委领导下的校长负责制的实施意见》强调，要坚持党委的领导核心地位，保证校长依法行使职权，建立健全党委统一领导、党政分工合作、协调运行的工作机制；认真贯彻执行民主集中制，坚持集体领导和个人分工负责相结合。这里，党委领导是核心，校长负责是关键。坚持党的领导，实行党委领导下的校长负责制，是中国特色现代大学制度最重要的特征，也是建设中国特色现代大学制度必须坚持的前提和方向。

在大学中实行的是党委领导下的校长负责制。要不断健全和完善大学校长负责制，必须要依据《章程》的规定，理顺学校党委与行政的关系，科学决策和合理监督的关系。同时要有效优化学校内部各组织结构，明确内部组织各自职责，建立效率与质量并存的管理体制和运行机制。这样才能确保学校各项办学活动依法、有效、有序地开展。中央颁布的《关于坚持和完善普通高等学校党委领导下的校长负责制的实施意见》中提到，要始终坚持党委的领导核心地位，监督保证校长依法行使其职权，在大学中建立党委统一领导，党政分工合作，协调有序的运行工作机制。其中，核心是坚持党委的领导，关键在于校长的负责。在中国特色现代大学制度中，始终坚持党的领导，实行党委领导下的校长负责制，是其最重要的特征，也是建设中国特色现代大学制度所必须坚持的前提和不变的方向。

第二节　学术组织

第三十一条　学术委员会是学校的最高学术机构，由学术委员会主任主持开展工作并依据相关规定和章程组建、运行。学术委员会主任一般由不担任行政职务的资深教授担任。

学术委员会的主要职责是：

（一）严格遵照教育部《高等学校学术委员会规程》（教育部令第35号，2014）开展工作。

（二）学术委员会是校内最高学术机构，统筹行使学术事务的决策、审议、评定和咨询等职权。

（三）对学校学术发展规划、科学研究和学科建设中的重大问题提出建议和意见。

……

第三十三条　学校设置学位评定委员会，由学位评定委员会主席主持开展工作。

学位评定委员会的主要职责是：

（一）审查通过各级学位（包括硕士、学士等）获得者的名单。

（二）讨论及批准各级学位（包括硕士、学士等）的获得。

（三）制定研究生指导教师遴选标准和办法。

……

在大学设立学术委员会以及学位评定委员会，要合理地安排科研工作与教育教学的关系。一个卓越的大学不仅要有前沿高端的学术科研成果，更要有优秀的教学水平作为坚实的基础。促进大学规范和加强学术委员会的建设，完善其内部治理结构，合理保障学术委员会在教育教学、科研工作等学术事务中有效发挥作用。高等学校是一个学术机构，它应该坚持"学术立校""教授治学"的办学理念，把大学的学术事项，比如学科专业建设、科研方案、教学计划、学术评价等，交由学校的教授委员会和学术委员会去审议或决策，充分发挥由教授组成的教授委员会、学术委员会在学校学术建设和发展中至关重要的作用。学术委员会是大学法人治理结构的重要主体，大学学术治理体系是大学法人治理结构不可或缺的内容。①

第三节　民主管理制度

第三十四条　学校教职工代表大会（以下简称学校教代会）是教职工依法参与学校民主管理和监督的基本形式，行使下列职权：

（一）听取学校章程草案的制定和修订报告，提出意见和建议。

（二）听取学校发展规划、教职工队伍建设、教育教学改革、校园建设以及其他重大问题解决方案的报告，提出意见和建议。

（三）听取学校年度工作、学术工作、财务工作、工会工作报告以及其他专项工作报告，提出意见和建议。

……

第三十五条　学生代表大会、研究生代表大会是学生会、研究生会的最高权力机构，是学生参与学校民主管理和监督的基本组织形式，行使下列职权：

（一）听取并审议学生会、研究生会领导机构工作报告。

（二）选举产生新一届学生会、研究生会领导机构。

（三）制定及修订学生会、研究生会章程以及其他重要规章制度。

……

大学始终承担着人才培养、学术研究、社会服务和文化传承的重要任务，无论是教育教学秩序的正常维护，还是学术研究的有序组织、社会服务的有效实施，都离不开高效便民的民主管理。大学民主管理

---

① 黄进：《坚持教授治学　充分发挥高校学术委员会的作用》，《中国高等教育》2014 年 4 月 18 日。

包括三个方面的内容:一是师生以一定的方式直接参与学校的决策与管理工作;二是以一定的方式直接对学校工作实施群众性的监督;三是在对学校管理参与决策和实施监督的过程中,表达和维护自身的合法权益。① 大学民主管理制度建设进一步健全党委领导下的校长负责制,提高决策的民主性和科学性,以及执行的程序性与自觉性。同时又是强化学术民主,健全学术委员会和教授委员会制度的有效举措,能够确保专家学者参与学术事务决策的权力落到实处。

《章程》的确立更加证明了权利义务思维在沈阳师范大学发展中的存在性和指导性意义。首先,领导体制更加科学。《章程》中明确规定了学校党委及校长的主要职责,有效界定了"党委领导下的校长负责制"中具体关于党委领导和校长负责的关系,使得党委决策的内容与程序以及校长管理的权能与程序更加清晰,这样就避免了原领导"双首长制"体制中主观随意性大,常发生党委包办行政,党委话语权丢失等情况。党委领导与校长负责两者之间相互支持、相互尊重,既保证了党委的政治核心地位,又充分尊重了校长的行政管理地位,从而促进了学校各项工作的顺利进行。其次,行政权力和学术权力各司其职。《沈阳师范大学章程》通过法律的形式明确行政机构和学术机构的权力和行使范围,从而将两者的关系以法律的形式作出规定,两者按章程行事,互不干扰。在制度安排和设计上,学术权力与行政权力相对分离、学术事务与行政事务相对区分。一是在权力主体上,行政身份和学术身份严格分开,这样就阻断了"利用行政手段获取学术资源,利用学术成就为行政加分"的情形。② 二是在权力事项上,分清了各自的势力范围和权力空间,形成了"学术归学术、行政归行政"的有机分工、相互制约的态势。最后,师生权利得以保障。学校的一切活动都是围绕教师与学生这两大主体开展的,处理好大学师生关系是大学治理成功的最关键因素。在我国现行体制下,师生与高校

---

① 王枬:《大学章程对于我国现代大学建设的意义》,《科技日报》2014 年 11 月 24 日。
② 郑毅等:《组织结构视角下的中国大学行政权力泛化》,《高等教育研究》2012 年第 6 期。

之间存在着两种关系：一是行政的隶属关系，高等学校可以依据法律、法规的规定对师生行使高校自主管理权；二是民事的平等关系。现实中，师生往往处于弱势地位，从而影响到其权利和义务的正常行使。《沈阳师范大学章程》是依据《教育法》《教师法》等法律的规定，将大学内部各主体间的关系都纳入法律调整的范围，明确了大学与教师、学生之间的管理与被管理的行政法律关系，大学与教师、学生之间平等的民事法律关系等。①《沈阳师范大学章程》详细规定了学校师生作为一名国家的普通公民应享有的宪法所规定的权利义务，作为民事主体在民事活动中享有或履行的民事权利或义务，作为教育者和受教育者，分别享有或履行的法律、法规、条例等所规定的权利或义务，以及其他具体的权利义务。与此同时，《章程》也规定了教代会、学生会等利益主体的权利义务职能范围，确保了大学治理的顺利实现。

　　校长林群同志在"践行三严三实推进内涵发展"专题教育会议的讲话中指出，我校认真贯彻中央和省委要求，紧密联系学校实际，坚持将专题教育与推进学校内涵发展相结合，以严的精神和实的作风推动学校中心工作开展，取得了显著成效。具体体现在，在全省第三轮本科专业综合评价上取得优异成绩，在省级科技大平台和国家级科研项目申报上取得突破，教育硕士综合改革持续深化，继续走在全国前列。林校长指出，通过这三方面工作取得的成绩能够看出，我校把"三严三实"专题教育与促进内涵建设紧密结合，切入点准，富有成效，在全校党员干部从严要求、务实工作方面，产生了积极的推动作用，党员干部对自身要求更严了、工作标准更高了，完成任务举措更实了、改革创新能力更强了。林校长还对今后继续深入开展专题教育，促进学校内涵发展提出了具体要求。

　　于书记在总结讲话中对此次会议给予高度评价，认为形式规范，内容翔实，富有内涵很有意义，有利于促进"三严三实"专题教育的

---

① 敖翔：《章程视角下大学治理问题研究》，博士学位论文，西南大学，2011 年。

深入开展和学校内涵建设的提升。他指出，践行"三严三实"要求是推动学校内涵发展的强大动力，要通过"三严三实"专题教育推动内涵发展，以内涵发展的新成果来体现"三严三实"专题教育的实效。他强调，要继续按照中央和省委的要求，以严的作风和实的精神来解决工作中的浮躁和"不严不实"问题。于书记要求广大党员干部要自觉树立"三种意识"：一是危机意识，在推动高等教育内涵发展的新形势下，时刻保持危机意识，敢于面对工作压力和挑战，不断激发创新动力；二是责任意识，要以高度的责任感肩负起学校事业发展的使命，要用较高的工作标准时时反省自己、鞭策自己，不为自己的懈怠寻找借口，及时了解国内外同行的发展状态，不断激励自己赶超同行的热情；三是竞争意识，在高等教育内涵发展的大趋势下，面临的竞争越来越激烈，我们要面向市场、面向社会、面向世界，树立强烈的竞争意识，打造自己的办学优势和特色。①

6月12日上午，我校社会学学院创办的"青杨社会工作服务中心"揭牌仪式在我校举行。这是辽宁省首家由高校教师领办的社会工作服务机构。青杨社会工作服务中心是由沈北新区民政局主管，辽宁省首家由高校教师注册登记的体制完备的非营利性专业社会工作服务组织。中心以社会学学院师生资源为依托，立足沈北，以社区为本，为老年人、残疾人、妇女、儿童青少年以及其他弱势人群提供专业化的社会工作服务。自今年年初开办以来，秉承着扶老幼、助病残、携青幼、建社区的服务理念，依托道义街道地雅新居社区开展"社区学堂"、"康乐汇"老人服务、"馨乐汇"残疾人社区康复服务等项目，充分发挥社会学学院社会工作专业师生的专业资源与优势，先后有4名教师、15名硕士研究生、30多名本科生参与到服务项目中来，直接服务社区人群1000多人次，得到街道、社区和居民的欢迎与赞誉。②

---

① 《我校召开"践行三严三实推进内涵发展"专题教育会议》，《沈阳师范大学学报》2015年第9期。

② 《社会学学院成立我省首家由高校教师领办的社会工作服务中心》，《沈阳师范大学学报》2014年第10期。

除了在行为发生前利用权利义务相关规则预先指导行为，在行为发生之时，沈阳师范大学也始终坚持了权利义务思维，认真贯彻中央和省委要求，紧密联系学校实际，坚持将专题教育与推进学校内涵发展相结合，体现了严格精神和实干作风的责任观；利用学校相关专业师生的资源与优势，在社区中开展老人、残疾人等服务项目，体现了服务师生、服务学校、服务社会的义务观。权利、义务思维相辅相成，共同引领大学朝着"有责任、敢担当"的方向发展。随着我国社会经济的高速发展，在社会主义市场经济浪潮的冲击下，国内经济社会发展的战略转型与世界经济政治格局发生了深刻变革，这也对大学改革提出了新的挑战和更高要求。现代大学与社会发展关系日益密切，因此，大学始终肩负着社会使命和社会责任。大学的责任与担当首先体现在人才的培养与输出。现代大学有责任把学生培养成为有文化、有公民道德、社会责任、文化价值、生存能力并能够为国家与社会的发展做贡献的合格公民；其次是大学的学术研究成果的产出。学术成果就是大学作为高等教育阶段最重要的实现目标，学术成果也越来越成为衡量一所大学质量的重要指标；最后为大学引领思想的能力。大学要做到"有责任，敢担当"，必须立足于为学校服务、为师生服务、为社会服务。沈阳师范大学利用学校相关专业师生的资源与优势，在社区中开展老人、残疾人等服务项目，正是弘扬和谐社会的重要体现，服务于社会，有助于形成和谐助人的社会氛围，引领正确的思想走向，为社会营造正确的价值观念。

第三节　公平正义思维引领大学发展

在宏观的社会层面上，公平是指一种合理状态，具体包括社会或组织成员之间的权利公平、机会公平、过程公平和结果公平，也就是说，社会或组织成员的合法的生存、居住、迁移、教育、就业等权利必须得到相同的保障与尊重；社会或组织成员能够普遍地参与相关社会实践和分享成果；社会或组织成员在参与社会各项实践的过程中能够公开透明，而不是暗箱操作或受到不利对待；社会或组织成员在分配上兼顾全体利益，指向共同富裕。正义更趋向于一种人的主观认知，是人们在实践过程中，对实现方式方法的正面的、积极的、肯定的价值观，正义是对社会现象的反映、评价与呼唤。因此，自古以来，公平正义就是人们衡量理想社会的一项重要标准和走向"善治"的重要价值取向。

党的十八大报告提出公平正义是中国特色社会主义的内在要求，更强调我国社会的发展成果"更公平"惠及人民，提出"权利公平、机会公平、规则公平"等要求。自十六届四中全会提出构建和谐社会目标以来，国家也逐渐把保障社会公平正义摆到了更加突出的位置。温家宝总理曾经说过："公平正义比太阳还要有光辉。"① 一个国家应该把所有的规则都建立在公平的基础上，才能真正让公平正义的阳光普照神州大地。沈阳师范大学一直坚持以公平正义思维引领大学发展，无论是在日常校务工作中，还是思想教育大会上，都始终坚持虑之公正，言之公正，行之公正。

【案例】

（一）为建设国内知名的省内一流师范大学而奋斗
——在中国共产党沈阳师范大学第一次代表大会上的报告

（2002 年 12 月 4 日）于文明

深化内部管理体制改革，提高了办学效益……二是深化分配制度改革，实行了新的校内津贴分配制度。新的分配制度坚持效率优先、兼顾公平的原则，体现了以岗定薪、按绩取酬、多劳多得、优劳优酬、向一线教师倾斜的政策，使我校教师的校内津贴在省内高校中处于中

---

① 周小毛：《公平正义比太阳还要有光辉》，http://theory.people.com.cn/GB/14081504.html。

上游水平，干部、工人的津贴也有一定程度的提高，调动了教师教书育人和广大干部职工管理育人、服务育人的积极性、主动性和创造性。

（二）党委书记于文明在申报竞聘基层单位
领导干部人员大会上的讲话

2003 年 12 月

竞聘是我们国家干部人事制度改革的方向，它的目的是使我们干部管理工作更加民主，更加科学。现在我们国家正在深化改革，从干部人事制度改革方面来看，就是一步步地走向民主、公开、公平、竞争，实施干部竞聘制就是要做到这一点。所以现在不论是从中央还是省、市各级党组织都要求基层单位在换届的时候实行任期制、竞聘制。前一天我看了一张报纸登载一条消息，有的学校在干部人事制度改革方面迈的步子比我们学校还大，已经进入了在竞聘的基础上群众直选，就是竞聘对象发表竞聘演说之后，群众投票直接公布票数，宣布谁当选与否。我们学校由原来干部完全是由组织部考核，党委讨论、任命，逐步进入考核、竞聘、演讲、推荐，党委再讨论，然后实施任命和聘任。在改革的力度上我们基本上是居于其中，所以这项工作是我们国家干部人事制度改革的方向，对这一点我们每个同志必须有一个清楚和明确的认识。

（三）党委书记于文明同志在基层单位领导聘任大会上的讲话

2004 年 1 月

我们一定要公平、公正、廉洁、自律。公生明，廉生威，这是我们大家经常讲的。我们一定要在思想上过一过，真正做到这一点，不要当局者迷，道理是道理，做是做……我想我们的同志们都要有一种民主意识，规范地办事。什么叫公平，就是我们工作必须是公正的，党的"三个代表"代表群众的根本利益，首先看群众喜欢不喜欢，群众答应不答应，这要作为工作的第一信号，不要自以为是，这是我的一个基本原则。

（四）推动学校发展再上新台阶

——在中国共产党沈阳师范大学第二次代表大会上的报告

（2008 年 10 月 8 日）于文明

进一步强化民族管理作用。扩大师生的知情权与参与权。要认真听取师生员工对学校教学、科研、日常管理等方面的意见与建议，建立信息反馈机制，完善校务公开制度。坚持公开、公正、透明的原则，正确处理事关师生切身利益的重大事务。推动学生参与学校管理的经常化、制度化和规范化。

（五）推动学校内涵发展再上新台阶

——在中国共产党沈阳师范大学第三次代表大会上的报告

（2013 年 11 月 6 日）于文明

一是通过加强大学文化建设促进和谐校园建设，注重文化内涵的培育与积淀，通过开展丰富多彩的学术、科技、体育、艺术等校园文化活动，弘扬主旋律，增强感召力、促进优良校风、教风和学风的形成。二要通过调动一切积极因素推动和谐校园建设。充分发挥工会、共青团等群众组织的桥梁和纽带作用，充分发挥各民主党派和无党派人士，各级人大代表、政协委员和人民团体负责人以及广大校友的积极作用，形成人人为学校发展献计、人人为学校建设出力的良好局面。三要通过改善民生保障和谐校园建设。将学校事业发展与维护师生员工的根本利益相结合，努力解决攸关广大师生员工切身利益的突出问题，千方百计改善教职工的福利待遇，切实落实离退休老同志的相关待遇，为师生员工创造良好的学习、工作和生活环境，建设美丽和谐校园。

以上五段会议讲话内容从各个时期、各个方面反映出沈阳师范大学对于公平正义观念和思维的理解和坚持。"新的分配制度坚持效率优先、兼顾公平的原则，以岗定薪、按绩取酬、多劳多得、优劳优酬"体现了结果公正原则；"从干部人事制度改革方面来看，就是一步步地走向民主、公开、公平、竞争，实施干部竞聘制就是要做到这一点"体现了权利公正原则；公开了竞聘的详细流程，呼唤在制度中持有正义，"我们一定要公平、公正、廉洁、自律。公生明，廉生威，这是我们大家经常讲的。我们一定要在思想上过一过，真正做到这一点，不要当局者迷，道理是道理，做是做"，这是要求在思想上、行为上都要公平正义，做到虑、言、行统一，"完善校务公开制度。坚持公开、公正、透明的原则"体现了过程公正原则。"调动一切积极因素推动和谐校园建设。充分发挥工会、共青团等群众组织的桥梁和纽带作用，充分发挥各民主党派和无党派人士，各级人大代表、政协委员和人民团体负责人以及广大校友的积极作用，形成人人为学校发展献计、人人为学校建设出力的良好局面"体现了机会公正原则。

要实现社会的公平正义，一个国家应该把公平正义理念贯穿于社会发展的各领域，把所有的规则都建立在公平的基础上，如公平的资源分配、公平的考试机会、公平的收入分配，公平的竞争机制等，这样才能真正让公平正义的阳光温暖民心。高校作为社会的组成部分同样如此。在高校的治理中，公平正义也应体现在高校管理各个环节。如何推动学生平等接受教育、如何让每个学生平等地享用学校资源、如何保障每个学生与教师的合法权益、如何实现机会公平、过程公平和结果公平等一系列问题都需要高校管理者思考并研究，努力修正高校的管理模式中不合理的地方，构建完善的管理系统。

公平正义应该体现在高校的各个领域。以沈阳师范大学为例，在高校图书馆界，王宇馆长早已声名远扬。在国内，图书馆是除北大清华之外，率先施行学科馆员服务的高校图书馆，也是施行大流通改造的成功范例。王宇从 2004 年任馆长 10 年时间里，把图书馆建成了一个环境优美、资源丰富、开放现代、省内领先、国内知名的现代化大学图书馆。正是在公平与正义思维的引导下，沈阳师范大学图书馆实行精细化管理和服务。图书馆如何与时俱进，通过有效的管理和服务，持续满足读者日益增长的需求，是王宇不断思考的问题。2010 年之前，经过十年实践，图书馆在科学管理、队伍建设、优质服务等工作中已经迈出坚实步伐。但王宇坚持把创新作为图书馆发展的动力，她广泛借鉴，精心设计、大胆实践，以超前的理念和实干精神推动了图书馆日新月异的变化。一是服务管理模式体现精细化。2011 年起的两个寒假，图书馆全面实施大流通改造，实现了空间全开放、功能现代化、借阅一站式。这是图书馆与当下国际开放式服务管理模式接轨的历史性跨越。走进如今的图书馆，读者明显会感觉到，充满现代气息的巨大变化。二是管理制度建设达到精细化。大流通运行后，图书馆对管理制度全面修订。在环境建设中实施了以整理、规范、素养、安全等为主要内容的 6S 管理；在人员管理中，创新实施 360 度全方位考核；在科研工作中实行资助和奖励制度，鼓励以科研促服务；在涉及馆员利益的高级职称评定中，制定详细量化考核指标，保证公平公正。图书馆将所有制度细化落实到位，形成严格的制度管理机制。三是服务体系和服务行为力求精细化。2013 年面对借阅量大幅下降的现实，图书馆打造了创新服务体系：通过创建信息共享空间，成立学科服务、信息素养教育、人文拓展三个中心，开展创新服务。新服务体系的核心思想，是以大型文化活动和创新服务为纽带，立足对大学生引导阅读、提升能力、开阔眼界。每年的读书文化节，图书馆都组织开展专家讲坛等 20 余项活动。五届读书文化节共邀请了几十位国内名家、学者，做了几十场精彩报告，给予大学生的是启迪和动力，改变的是他们的理想和人生，以此为支撑我校今年获得沈阳市"书香校园"称号。①

因此，高校的各类行政人员和领导干部在掌握一定权力的同时，更需要树立公平正义的价值取向，在决定高校各项事务政策、制定规则、裁定是非等方面，应依法治校、依法治教，维护高校公平。

公平正义对于大学系统内部各利益主体之间的诚信友爱、安定有序、充满活力，以及构建和谐的大学环境起到了关键的基础作用，是大学善治的重要标志。值得注意的是，公正要高于个人自由，但是却

① 《用实干和创新筑现代化图书馆之梦》，《沈阳师范大学学报》2014 年第 10 期。

不能凌驾于人类的自由之上，公平正义是为大学自由服务的。一方面，自由需要公正的限制和调节，公正的作用就在于协调人们之间的关系，是对自由的一种相对限制，倘若失去公正的调节，就会导致个人主义泛滥等冲突，大学秩序就会荡然无存；另一方面，公正观念下自由必须要求人人都拥有同样的自由，个人的自由不能损害到其他人的自由，公正为整个人类自由的实现创造条件，① 正如马克思恩格斯所讲，"代替那存在着阶级社会和阶级对立的资产阶级旧社会的将是这样一个联合体，在那里，每个人的自由发展是一切人自由发展的条件"。②

维护社会公平正义，是党的十八大的庄严承诺。如何使公平正义成为现实，则需要社会各个领域的共同努力，高校作为培养人才、传播知识以及服务社会的主体，更应做好榜样，以实现广大学生、教职工的根本利益为目标，努力建构高校公平正义的氛围。实现公平正义不可能一蹴而就，这是一个长远的社会目标。做好实现社会的公平正义，需要全社会所有人的共同努力。高校需要起着引领的作用，积极解决现实当中存在的问题，那么在今后实现公平正义的道路上就越走越好，为建设社会主义和谐社会添砖加瓦。

第四节　责任后果思维引领大学发展

法治不仅包括行为之治，也同样包括后果之治，有行为必定会产生后果，行为者要对其行为导致的后果承担相应责任。在党的十八届四中全会上，提出了要建立重大决策终身责任追究制度及责任倒查机制。这项决策的提出尤其是针对领导者和决策者而言的，这在本质上是一种责任后果思维。同时，责任后果思维不仅仅局限于对于决策人的作用范围，所有权力拥有者和执行人都要对权力的行使和职责的履

---

① 李冬梅：《马克思正义观及其当代意义》，博士学位论文，辽宁大学，2014年。
② 《马克思恩格斯选集》第1卷，人民出版社1995年版，第294页。

行承担责任后果,使权利能够得到保障和救济。同样,大学法治也要树立责任后果思维,问责制是这一思维在制度上的表现形式。所谓"问责"就是追究没有履行好分内之事的公共权力行使者的责任,使其承担接受谴责、处罚等消极后果。问责制的核心在于要求行为主体必须对其行为负责。它虽外化为具体的责任形态,但其实质却是通过各种形式的责任约束,限制和规范行为主体的行为。问责制的相关内涵主要包括以下几个方面:问责主体(谁来问)、问责客体(向谁问)、问责内容(问什么)、问责方式(怎样问)和问责结果(问什么责)五个方面。问责主体和问责客体是指问责关系的双方当事人,也就是问责方和被问责方,双方之间一般存在着任命、委托授权、管辖等关系。问责方式包括同体问责,即同一权力系统内部上级对下级的问责;异体问责,即外界公众对行使公权力者的问责。问责内容是指问责包括哪些范围。问责结果是指问责主体经过一系列程序之后对问责客体的处理,如承担法律责任、政治责任、行政责任和道德责任等结果。

【案例】

沈阳师范大学领导班子"三严三实"专题民主生活会实施方案
中共沈阳师范大学委员会文件

沈师大委〔2015〕44号

认真撰写材料,进一步明确"严、像、准、深、实"原则。

学校领导班子及成员都要按照衡量尺子严、对照自己像、查摆问题准、原因分析深、整改措施实的要求,认真撰写对照检查材料。党委书记要亲自抓领导班子对照检查材料的撰写,班子成员要亲自撰写发言提纲。内容包括:自身存在的修身做人、用权律己、干事创业等方面的不严不实问题;遵守党的政治纪律、政治规矩和组织纪律方面的问题;落实党风廉政建设主体责任和监督责任方面存在的问题。要从理想信念、党性修养、权力观、地位观、利益观和道德品行等方面,对查摆出的问题进行党性分析，深入剖析根源，认清问题实质，提出整改的具体措施。

落实责任，加强指导。

党委书记要切实履行第一责任人的责任，加强对专题民主生活会各个环节的督促指导和严格把关，以身作则、示范带动，为班子成员树立标杆。班子成员要积极参与，主动配合，落实相应责任，做好分管单位中层领导班子民主生活会的指导工作。发挥好班子的集体力量，坚持集体议，互相帮，重点从思想教育、用人导向、日常管理、制度执行等方面，把存在的问题议深议透，把问题归纳到人，把责任落实到人。防止就事论事、浮在表面。

紧扣主题，保证质量。

专题民主生活会要紧扣"三严三实"主题，聚焦"对党忠诚、做事干净、敢于担当"，突出政治纪律和政治规矩，要运用好批评与自我批评武器，真正找出自身存在的不严不实问题。同时，还要以领导干部严重违纪违法案件为反面教材，受警醒、明底线、知敬畏。要坚持实事求是、从严从实要求，严格按照中央和省委的工作安排，以交流思想、促进团结、转变作风、促进工作为目的，会前充分沟通，会上充分交流，高质量开好专题民主生活会。

我们可以从上述有关"三严三实"的会议内容中看出沈阳师范大学的责任后果思维体现在责任人的精准定位，权力行使前的严格要求，权力行使中的责任监督，以及责任后果的自查、互查、警示。另外，案例一中有关沈阳师范大学与沈阳市经济社会发展研究所委托合同纠纷的民事判决书中也呈现了沈阳师范大学责任后果思维的法理运用，即学生与学校出现纠纷，学校在承担了相应责任时，也要充分考虑、精准定位到所应追求责任后果的具体行为人。在案例一中，沈阳师范大学在承担了自身责任后，将沈阳市经济社会发展研究所在法律上应该承担的责任予以控诉，并最终得到法律的支持。我们也可以就此案例，深度分析沈阳师范大学的责任后果体系各要素。

　　第一,大学问责主体是大学的利益相关者,包括高校教职员工、社会企事业用人单位、学生及其家长、社会大众、政府、教育行政管理部门(高校主管部门)、高校所在社区、举办者、投资者等。高校的利益相关者基于自身的需求和权利关注高校的一举一动,监督和把握大学的发展。

　　第二,大学问责客体是高等教育公共权力的使用者,包括:①个体:即高校的书记、校长等领导干部,以及一切被授予公共权力的人,如教师、管理人员和工勤人员。②学院(单位):这是高校公共权力的执行层,他们在人财物的调配、各种计划的制订和执行、教学科研质量的管理、学校安全的保障、校内外关系的协调等方面,担负着重要的责任。凡学院(单位)发生失教、失管、失为、失察、擅权,就应当落实到"人",对该学院(单位)负责人及当事人追究失职责任或滥用职权责任。③学校:是依法成立的教育公共权力主体,行使有关法律、法规授予的公共权力。如果高校在自身发展或追求经济效益过程中损害了相关问责主体利益或有过失,就应当被问责。

　　第三,大学问责内容是高校的利益相关者的利益诉求,包括高校的办学指导思想、学科、课程设置,办学特色,人才培养质量,与学生利益密切相关的规章制度,学生获得学位的时间或信用度,学生考试考核成绩,教职员工考核指标体系,招生就业情况,高校各种经费使用情况,教师接受培训、进修制度等。

　　第四,大学问责方式应该包括同体问责和异体问责两种方式。高校的同体问责主要是指上级教育行政管理部门(高校主管部门)对高校领导的问责,高校领导对于下级管理人员的问责,以及党委对于学校管理层的问责。高校的异体问责主要是指高校的外部利益相关者对高校的问责,如学生(家长)和教师对高校的问责、高校投资者对高校的问责、民主党派对高校的问责、新闻媒体对高校的问责、当地政府和社区居民对高校的问责等。

　　第五,大学问责结果是问责的对象承担哪些责任及问责产生的后果。高校的责任主体(问责的对象)承担的责任可相应地分为四个层面。①法律（刑事）责任，指高校责任主体必须在宪法和法律允许的范围内开展工作，依法行政，维护法制的统一和尊严。②行政责任，主要指高校及其各级领导成员因其公权地位和公职身份而对授权者和行政法规所承担的责任，具体指高校责任主体向高等教育行政系统内部负责，接受行政责任的追究。③政治责任，是指高校应履行制定符合民意的公共高等教育政策，推动符合民意的高等教育政策执行的职责，以及没有履行好这些职责时高校责任主体应承担的谴责和制裁。④道德责任，指高校责任主体的行为必须符合社会要求的基本道德规范，不仅不得违反社会道德和职责道德，并且还有义务倡导一种良好的道德风范。高校问责的后果是高校责任主体承担相应的责任，承担责任的主要方式有：公开道歉、责令作出书面检查；通报批评、公开谴责、诫勉；引咎辞职、责令辞职、免职、撤职；给予行政处分、承担法律责任等。① 问责制的推行意义重大，但问责制的合理构建更为关键。不管具体情况、不分原因地一味追究责任，将问责制简单化、扩大化，则有可能挫伤高校教职工的工作积极性，背离问责制的初衷。

责任后果思维的应用范围应该包括教职员工群体、学生群体以及学校事务。

2014 年 10 月 9 日，教育部首次划出师德禁行行为"红七条"，并建立问责机制，强调对教师严重违反师德行为造成不良影响或严重后果的行为，追究高校主要负责人责任。"红七条"具体包括，损害国家利益，损害学生和学校合法权益的行为；在教育教学活动中有违背党的路线方针政策的言行；在科研工作中弄虚作假、抄袭剽窃、篡改侵吞他人学术成果、违规使用科研经费以及滥用学术资源和学术影响；影响正常教育教学工作的兼职兼薪行为；在招生、考试、学生推优、保研等工作中徇私舞弊；索要或收受学生及家长的礼品、礼金、有价证券、支付凭证等财物；对学生实施性骚扰或与学生发生不正当关系，

---

① 陈冰玉：《论高校问责制》，硕士学位论文，中南民族大学，2007 年。

以及其他违反高校教师职业道德的行为，并被收录在 9 日正式出台的《关于建立健全高校师德建设长效机制的意见》中。① "红七条"虽然是规范教师行为的规则，同样也是问责制的一种表现，严格规范教师的行为，能有效促进教师做好身为教职人员的本职工作。

　　除了对教师的规范，学生也是大学的成员群体之一，在对学生的管理中也要秉持责任后果思维。请参见沈阳师范大学〔2013〕22 号文件给予周高晟等三名同学以处分的决定。

　　学校各有关单位：

　　周高晟，男，系法学院 2012 级法学专业本科生；朱逸然，女，系法学院 2012 级法学专业本科生。在 2013 年 1 月 8 日进行的《宪法学》科目考试过程中，两名学生携带与考试内容相关的材料抄袭，被监考老师发现。事后他们认识到自己的错误行为，并做出深刻检查。

　　李萌，女，系法学院 2012 级法学（律师法学专业方向）本科生，该生在 2013 年 1 月 6 日进行的《中国法律制度史》科目考试过程中，使用通讯工具作弊抄袭，被监考老师发现。事后李萌同学认识到自己的错误行为，并做出深刻检查。

　　为严肃校风校纪，教育本人，根据《沈阳师范大学学生违纪处分细则》第三章第二十二条和《沈阳师范大学学生考试违规处分细则》第二章第五条第四款的规定，经学校研究决定，给予周高晟、朱逸然两名同学记过处分。根据《沈阳师范大学学生违纪处分细则》第三章第二十二条和《沈阳师范大学学生考试违规处分细则》第二章第五条第七款的规定，经学校研究决定，给予李萌同学记过处分。

二〇一三年三月五日

沈阳师范大学校务办公室

2013 年 3 月 5 日印发

---

① 《教育部划师德禁行行为"红七条"》，《沈阳师范大学学报》2014 年第 15 期。

高校对不良行为学生的惩罚是不可或缺的教育方式之一。惩罚有利于个体养成遵规守纪的习惯，每一个社会都有适应其发展的制度，无规矩不成方圆，高校同样如此，学校通过合理的惩罚告诫学生，学校中有自己的规章制度，而学生要遵守学校的规章制度，这样学校这一共同体才能继续发展。而社会和国家则有自己的法律规范，违反规章制度、违反道德和法律规范，就会受到相应的惩罚。合理的教育惩罚是实现个体社会化的重要手段，也是学术养成科学的纪律观、道德观、法律观的重要方式。最重要的是惩罚使学生学会对自己的行为负责。合理的惩罚是使学生学会负责的重要手段。学生由于自己的错误言行而受到了惩罚，能有效教育学生反思自己的行为，从错误的行为中吸取经验教训，从而真正学会对自己的言行负责，在今后的学习与工作中养成责任后果思维。

学校各种事务的管理工作更需要以责任后果思维进行统领，例如自 2012 年 9 月 17 日至 12 月 21 日，辽宁省审计厅派出审计组对我校进行审计，并于 2013 年 3 月给我校下达了《辽宁省审计厅审计报告》（辽审外报〔2013〕10 号）和《辽宁省审计厅审计决定书》（辽审外报〔2013〕8 号）。我校认为审计结论客观、公正。学校高度重视审计中查出的问题，为此，学校于 2013 年 3 月 23 日召开教职工代表大会，对审计情况进行通报。之后，又召开相关职能部门主要负责人会议研究整改工作，按照《辽宁省审计厅审计报告》和《辽宁省审计厅审计决定书》的要求进行认真整改，整改情况如下。第一，私设"小金库"整改情况。按照《辽宁省审计厅审计报告》和《辽宁省审计厅审计决定书》的要求，学校现已将继续教育学院、辽宁古生物博物馆、软件学院实验中心和原职业技术学院违规资金形成的"小金库" 13.82 万元全部纳入学校财务账内核算，要求软件学院实验中心收取的考试保证金如数退还给交款人。学校对继续教育学院主要负责人调离原工作岗位，并对之进行了严肃的批评教育。学校高度重视该项整改工作，于 2013 年 3 月 22 日召开专题会议对上述单位进行通报批评，要求各单位、各部门要引以为戒，避免违规收费，坚决制止和杜绝各种形式的"小金库"行为。2013 年 4 月 15 日,按照《辽宁省审计厅审计决定书》的要求,学校已将继续教育学院违规收取的毕业证工本费余额 58254 元和对学校罚款 10000 元上缴审计罚没专户。第二,财务管理中存在问题整改情况。1. 应计未计收入问题;2. 虚列教育事业支出问题;3. 未上缴土地出让收入问题;4. 从零余额账户向基本账户转款问题;5. 跨年度收取研究生学费问题;6. 长期投资损失财务处理问题;7. 科研项目结题未结账问题;8. 未执行政府采购问题;9. 无证收费问题;10. 科研费列支不合理费用问题;11. 往来款清理问题。学校按照国家相关规定办理各种经济事项,健全内部管理制度,确保学校各项工作在健康轨道上运行。

第五节 治官治权思维引领大学发展

在马克思主义哲学中,抓住事物发展的主要矛盾和矛盾的主要方面,采取一般与特殊点面结合的思路推进工作,往往能达到事半功倍之效。根据这一原理,依法治校首要的就是治理权力及权力的执行者——大学官员,即高校领导,关键在于做到有效地制约和控制权力。根据党的十八届四中全会的精神,高校领导干部要"带头依法办事,带头遵守法律,牢固确立法律红线不能触碰、法律底线不能逾越的观念"。就此而言,沈阳师范大学在发展中强化依法治官治权,等于把握住了依法治校的重点脉络,并具体以制度建设和廉政建设两个方面作为着力点。

一方面,搞好制度建设,建立规范有效的工作运行机制。

科学管理的理论与实践表明,一个高效的管理系统,决策、执行、监督、反馈一个环节也不能少。在沈阳师范大学章程的内容中,高校党委领导与校长负责作为中国高等教育特有的办学形式明确了党在高等学校中所占有的主体领导地位,保证了高等院校的长期政治稳定,为高等教育进行科学的决策提供了体制上的保障,使高等院校能够沿着党指引的正确方向发展。以下表格为沈阳师范大学章程中对于学校党委和学校校长职责的规定。

学校党委的主要职责	校长的主要职责
（一）全面贯彻执行党的路线方针政策，贯彻执行党的教育方针，坚持社会主义办学方向，坚持立德树人，依法治校，依靠全校师生员工推动学校科学发展，培养德、智、体、美全面发展的中国特色社会主义事业合格建设者和可靠接班人。 （二）讨论决定事关学校改革发展稳定及教学、科研、行政管理中的重大事项和基本管理制度。 （三）坚持党管干部原则，按照干部管理权限负责干部的选拔、教育、培养、考核和监督，讨论决定学校内部组织机构的设置及其负责人的人选，依照有关程序推荐校级领导干部和后备干部人选。做好老干部工作。 （四）坚持党管人才原则，讨论决定学校人才工作规划和重大人才政策，创新人才工作体制机制，优化人才成长环境，统筹推进学校各类人才队伍建设。 （五）领导学校思想政治工作和德育工作，坚持用中国特色社会主义理论体系武装师生员工头脑，培养和践行社会主义核心价值观，牢牢掌握学校意识形态工作的领导权、管理权、话语权。维护学校安全稳定，促进和谐校园建设。 （六）加强大学文化建设，发挥文化育人作用，培育良好校风学风教风。 （七）加强对学校院（系）等基层党组织的领导，做好发展党员和党员教育、管理、服务工作，发展党内基层民主，充分发挥基层党组织的战斗堡垒作用和党员的先锋模范作用。加强学校党委自身建设。 （八）领导学校党的纪律检查工作，落实党风廉政建设主体责任，推进惩治和预防腐败体系建设。 （九）领导学校工会、共青团、学生会等群众组织和教职工代表大会。做好统一战线工作。 （十）讨论决定其他事关师生员工切身利益的重要事项。	（一）组织拟订和实施学校发展规划、基本管理制度、重要行政规章制度、重大教学科研改革措施、重要办学资源配置方案。组织制定和实施具体规章制度、年度工作计划。 （二）组织拟订和实施学校内部组织机构的设置方案。按照国家法律和干部选拔任用工作有关规定，推荐副校长人选，任免内部组织机构的负责人。 （三）组织拟订和实施学校人才发展规划、重要人才政策和重大人才工程计划。负责教师队伍建设，依据有关规定聘任与解聘教师以及内部其他工作人员。 （四）组织拟订和实施学校重大基本建设、年度经费预算等方案。加强财务管理和审计监督，管理和保护学校资产。 （五）组织开展教学活动和科学研究，创新人才培养机制，提高人才培养质量，推进文化传承创新，服务国家和地方经济社会发展，把学校办出特色，争创一流。 （六）组织开展思想品德教育，负责学生学籍管理并实施奖励或处分，开展招生和就业工作。 （七）做好学校安全稳定和后勤保障工作。 （八）组织开展学校对外交流与合作，依法代表学校与各级政府、社会各界和境外机构等签署合作协议，接受社会捐赠。 （九）向党委报告重大决议执行情况，向教职工代表大会报告工作，组织处理教职工代表大会、学生代表大会、工会会员代表大会和团员代表大会有关行政工作的提案。支持学校各级党组织、民主党派基层组织、群众组织和学术组织开展工作。 （十）履行法律法规和学校章程规定的其他职权。

高校党委与校长作为高等学校的两大权力主体，分别承担着不同的使命：党委对学校的发展拥有领导决策权，而校长对学校的发展拥有业务执行权。通过党委领导下的校长负责制规则的建立进而实现权

责划分，明确了党委在高等院校的政治核心地位以及权威的领导决策权力，校长是在党委领导下的学校行政权力的具体执行人和责任人。"党委领导下的校长负责制"虽然清晰明了，但在施行初始，有很多方面存在着交叉和重叠，而且监督与反馈系统的作用往往发挥不出来。在这几年工作中，沈阳师范大学经过总结和探索，尝试性也带有一定创造性地制定了一系列的文件，如《党委议事规则》《校长办公会议规则》《教职工代表大会制度》等，逐渐把党委的工作定位在决策层面，校长的工作定位在执行层面，教代会的工作定位在监督与反馈层面。对于关系学校发展建设的重大事项，都是由党委会集体谈论作出决策，决策作出后主要由校长组织实施，由教代会进行民主监督和反馈。这样的做法，较好地发挥了党委集体领导作用，也比较好地发挥了校长在学校管理中的智慧作用，教职工代表大会的地位与作用也显现出来。正是这个运行机制的逐步确立与明晰，成为学校工作健康发展的有效保障。

另一方面，采取积极措施，大力加强廉政建设。

随着社会经济的发展，在市场经济的冲击下，高校出现的腐败案件逐渐增多，引起了全社会的普遍关注。我国高校承担着加快推进教育现代化、为社会发展进步提供人才和技术支撑的重要责任，迫切需要一个凝心聚力、风清气正的良好环境，因此，高校的廉政建设工作迫在眉睫，这也是我国目前反腐倡廉建设的重要组成部分。高校要营造廉洁的校园氛围，净化干部以及教师队伍，从体制机制上加强高校管理。

2015 年 12 月 18 日下午，学校在软件学院报告厅召开全校中层干部大会，部署基层单位领导班子换届聘任工作，解读了学校《2015 年基层单位领导干部换届聘任工作方案》。学校党委班子通过认真学习党的十八届三中、四中、五中全会精神，认真贯彻落实习近平总书记提出的"信念坚定，为民服务，勤政务实，敢于担当，清正廉洁"的好干部标准，以中央下发的《党政领导干部选拔任用工作条例》为基本遵循，按照省委关于干部工作的相关要求，在广泛征求意见的基础上，结合学校实际情况，研究制订了本次基层换届聘任工作方案。《方案》坚持党管干部原则，突出德才兼备、以德为先标准，采取民主公开、竞争择优的方式，强化严肃纪律的要求，进一步优化队伍、提升能力、激发活力，努力建设一支高素质干部队伍，为学校全面深化改革，加快促进内涵式发展，提供坚强有力的组织保证。大会上就本次换届聘任工作的机构设置调整、换届范围、任用条件与资格、干部职数与岗位设置、聘任程序、任用与管理、时间安排和有关要求等方面认真作了解读。

党委书记于文明就本次基层班子换届聘任作了讲话。他指出，这次基层换届聘任正处在学校发展的重要时期，正处在学校学科、专业建设攻坚克难的关键阶段，现在全校干部教师团结一心，开拓实干，朝着实现打造一批支柱性、标志性学科和专业的构想已经迈出可喜步伐。由于经济下行压力大，政府投入不足，招生计划缩减等原因，学校发展还存在不少困难、问题和差距。我们要不屈不挠，不急不躁，"咬定青山不放松"，千方百计巩固好学校的优势和特色，把学科专业建设水平提升到新高度。要通过换届聘任，整合办学资源，优化资源配置，完善体制机制，提高办学效益和效果，选好配强基层班子，让干部队伍结构合理，能力匹配，团结协调，同心同德把工作做好。并提出三点要求：一要严格贯彻从严治党要求，营造风清气正的氛围，坚持群众路线，贯彻民主集中制原则，依法依规公正无私地参与干部选拔工作，对组织负责，对群众负责，对党的教育事业负责；二要持续打造一支"精业务、懂教育、会管理、作风正、能开拓、善团结"的干部队伍；三是全体干部要精神更加振奋，工作更加认真，步调更加一致，用脚踏实地的行动，开辟学校美好未来。会议还对基层单位领导班子召开"三严三实"专题民主生活会工作做了部署。①

---

① 《我校召开全校中层干部大会部署基层换届聘任工作》，《沈阳师范大学学报》2015 年第19 期。

廉政建设的前提是分辨清楚权力边界。高等教育举办者、管理者和办学者对应着高等教育的举办权、管理权和经营权,厘清三者之间的权力关系并对其进行配置重塑,是治官治权思维的本质要义。不管是高等教育的举办者,还是高等教育经营者都要在整个高等教育运行体系中摆正位置并发挥相应职能,明确各自的权利与义务,做好相应的资源配置与沟通反馈工作,做到不越权的同时合理并有效地行使自己的权利,全面履行自己的义务,确保高等教育稳健的发展。高等教育的行政管理者作为高等教育举办者与高等教育的经营者的桥梁与润滑剂在高等教育运行体系中起着监督与促进的作用。高等教育的管理者向上按照高等教育举办者的意图和宗旨规范并向下指导高等教育经营者的具体办学措施,对经营者在经营过程中遇到的问题与进展情况向高等教育举办者做相应的反馈。高等教育行政管理者享有对办学进行监管的权力,并对举办者负责。随着学校事业的改革与发展,学校领导干部在一些工作中的权力逐渐加大,各种权力之间界限分辨不清、模糊跃进的情况时有发生,学校可支配的资金迅速增加,而相应的规章制度和管理还没有跟上,稍不谨慎就可能出现问题。因此,必须把廉政建设摆上班子建设的重要日程,防微杜渐、常抓不懈。学校规模的迅速扩大拉动着学校的基本建设。为了避免出现问题,学校党委作出决定:每个项目都要规范管理、按章办事、公开透明,经得起检查与检验,不允许任何违规现象发生。

高校廉政建设是社会主义先进文化建设的重要内容,高校廉政建设的好坏直接影响着我国社会主义现代化建设的进程,关系到中华民族伟大复兴的中国梦能否实现。高校廉政建设对大学生也有着重大意义,因此,全社会一定要营造良好的、廉洁的文化氛围,积极推进高校廉政建设顺利实施。

第六章 以法治程序规范大学发展

胡适曾说："一个肮脏的国家，如果人人讲规则而不是谈道德，最终会变成一个有人情味儿的正常国家，道德自然会逐渐回归；一个干净的国家，如果人人都不讲规则却大谈道德，谈高尚，天天没事儿就谈道德规范，人人大公无私，最终这个国家会堕落成为一个伪君子遍布的肮脏国家。"因此，法治建设一定要兼顾实质正义以及程序正义。

正当程序是大学法治程序的法制化表现，是大学程序现代化的核心和灵魂。正当程序原则初始于英国的"自然公正原则"，仅仅指向一个程序性原则，美国宪法对其规定为：在公民的生命、自由和财产被剥夺之前必须经过正当的法律程序，只适用于法院的诉讼程序，不涉及立法机关的法案的实体内容。随着法治程序的不断完善，使得正当程序的概念不断更新：正当程序原则指行政主体在做出影响相对人权益的行政行为时必须遵循正当的法律程序，包括事先告知相对人，向相对人说明行为的根据和理由，听取相对人的陈述、申辩，事后为相对人提供相应的救济途径，以保证所做出的行为是公开、公正、公平的。可以看出，正当程序原则被赋予了程序正义与实质正义两种内涵。正当程序运行的基本要件应为程序的合法性、主体的平等性、过程的公开性、决策的自治性和结果的合理性。因此，大学决策需要通过程序正当性来实现利益相关者的真实参与，实现决策的科学化、民主化。

因此，在大学治理中，运行信息公开透明、参与者平等、给予表达机会、说明理由的正当程序是保障大学各个主体的合法权益的重要途径，也是保证大学的稳定环境和长远发展的重要推动力。

第一节　以正当程序保证权利和义务的实现

正当程序是权利义务实现的必备要素，它能促使义务尽快履行，权利得到实现。权利义务的实现是大学公正的通道，大学公正要求对大学中处于角色地位的人在法治面前平等，在大学现实中，个体差异性的普遍存在，造就了大学权利义务公正实现的难度，因此，就必须用正当程序以统一的步骤和方法、时间和空间的导向来保证这种权利义务的实现。同时，遵循法治程序，是依法治国、依法治校的重要组成部分。教育部在《关于加强依法治校工作的若干意见》中明确指出，为确保学生的受教育权的实现，对学生的处分必须符合法律规定的程序。学生的知情权、陈述申辩权、听证权、申诉权、司法救济权等权利的保障也必须通过正当程序才能实现。此外，教师、教职工等其他利益主体的权利也必须通过法治程序得以维护。"高校自主管理权能否得到公正、合理的行使必须有与之相适应的正当程序来作保障。在学校的管理工作中坚持正当程序原则，是使学校的管理行为公开、公正、公平的基本保证。"[1] 事实上，正当法律程序在大学中的运用早有先例。著名的田永诉北京科技大学案，刘燕文诉北京大学不授予其博士学位案中，法官创造性地运用了正当程序这一法律原则。在学生对高校的法律案件中，法院通过司法审查的手段，来判断学校的管理行为是否符合正当程序的最低标准。正是法院这一审查方式的介入，使得高校不得不在自己的管理行为中注重程序，因此，可以说法院的行为在一定程度上引起了教育界对正当程序的关注，司法实践是大学在运用正当程序的过程中最大的推动力。[2] 高校虽然对学生与教职工

---

① 侯书栋、吴克禄：《高校学生管理中的正当程序》，教育科学出版社2004年版。
② 白亚静：《我国高校学生管理行为的正当程序研究》，硕士学位论文，安徽大学，2013年。

具有管理和惩戒的权利，但任何权力的行使都必须受到一定规范的约束，必须按照法定的程序进行，这就是正当程序的体现。现如今，较多学生诉高校案件大都由于程序上的缺失导致不公平现象的出现，下面从高燕春与沈阳师范大学的一起劳动争议来分析正当程序的重要性。

【案例】高燕春诉沈阳师范大学劳动争议民事判决书

2015 年 5 月 13 日，高燕春与沈阳师范大学因劳动争议，将沈阳师范大学告上沈阳市皇姑区人民法院。原审原告高燕春起诉称，高燕春于 1980 年 7 月入职沈阳师范大学工作，系后勤集团集体所有制员工。2004 年 6 月 1 日至 2008 年 10 月 31 日，双方签订了书面劳动合同，但自 2008 年 10 月 31 日后沈阳师范大学并未与高燕春签订无固定期限的劳动合同，且于 2010 年 11 月突然将高燕春的工资从每月 2972 元降到了 2055 元。故要求沈阳师范大学支付拖欠的工资 46767 元（自 2010 年 11 月 1 日至 2015 年 1 月 30 日）。

沈阳师范大学称，高燕春是沈阳师范大学集体所有制工人，所有待遇按照集体所有制工人待遇享受，其在后勤集团任所谓的领导职务是由学校制定相关的制度采用聘任的方式到岗工作，聘任的前提是学校先对个人的能力进行考察，由个人填写申请表参与当年的岗位竞聘，通过演讲的形式由职工投票领导审核决定，高燕春在 2010 年学校开展竞聘工作时没有填写申请表，也没有参与学校一直以来实行的竞聘程序，因此，其岗位由其他人员竞聘取得，本人只能由原岗位调离至其他岗位，工资待遇相应做出调整，调整后高燕春在新的岗位长期工作，享受新岗位工资待遇，没有提出任何异议，所以学校对于调岗一事已经与劳动者形成了合议，工资差额是由于岗位变更所必然发生的，所以学校没有赔偿义务；学校认为高燕春与沈阳师范大学之间关系的确立是基于 20 世纪 80 年代高燕春被分配到学校作为集体制工人，双方的关系不应当简单地依据劳动法调整，学校确实超出了现行劳动法规定，在其工作期间发放集体制工人的相关待遇，对于高燕春的岗位学校有 300 多集体制工人，领导岗位有限，必须通过竞聘的形式确定领导人员，学校从未与任何一名集体制工人以劳动合同形式将岗位固定，学校对于岗位的确定有严格的程序，不符合岗位任职的人员调岗后不应当享受原岗位待遇;综上，我方认为沈阳师范大学没有责任，如果高燕春将自己的身份确定为合同制工人，沈阳师范大学将依据劳动法的规定停发高燕春的集体制工人的待遇。

原审法院经审理查明:高燕春于 1980 年到沈阳师范大学处工作至今，先后担任过出纳、会计、财务科科长、劳动服务公司副总经理、劳动服务公司直属党支部书记、后勤集团办公室主任、物业中心主任、党总支委员等职务。2011 年 6 月，高燕春开始到沈阳师范大学图书馆工勤岗位工作。2010 年 10 月高燕春每月的应发工资为 2972 元，由岗位工资和绩效工资两部分组成，2010 年 11 月至 2012 年 3 月高燕春每月的应发工资为 2055 元，2012 年 4 月至 2013 年 5 月高燕春每月的应发工资为 2550 元，2013 年 6 月至 2014 年 5 月高燕春每月应发工资为 2855 元，2014 年 6 月应发工资为 3055 元。上述期限内的工资高燕春均已实际领取。

诉讼前，高燕春曾向辽宁省劳动人事争议仲裁委员会提出仲裁申请，要求沈阳师范大学支付 2010 年 11 月 1 日至 2014 年 6 月 30 日的拖欠工资差额 40348 元。该仲裁委员会认为高燕春的仲裁请求无事实及法律依据，于 2014 年 10 月 28 日出具辽劳人仲字 (2014) 第 503 号仲裁裁决书，对高燕春的仲裁请求不予支持，高燕春于 2014 年 12 月 16 日来院起诉。

原审法院认为:高燕春、沈阳师范大学双方存在劳动关系，双方均应依法履行各自的义务，在合同履行过程中，用人单位与劳动者经协商一致，可以对劳动合同予以变更。本案中，高燕春、沈阳师范大学双方虽未签订书面的变更合同，但高燕春在沈阳师范大学将其工作岗位变更后，实际到变更后的岗位工作，并实际领取了岗位变更后的工资，应视为其对沈阳师范大学将其工作岗位和工资进行变更这一事实的认可。最高人民法院《关于审理劳动争议案件适用法律若干问题的解释 (四)》第十一条规定:"变更劳动合同未采用书面形式，但已经实际履行了口头变更的劳动合同超过一个月，且变更后的劳动合同内容不违反法律、行政法规、国家政策以及公序良俗，当事人以未采用书面形式为由主张劳动合同变更无效的，人民法院不予支持。"高燕春、沈阳师范大学实际履行口头变更的劳动合同已实际超过了一个月，且高燕春未举证证明双方劳动合同的变更存在法定的无效情形，故高燕春的诉讼请求无事实及法律依据，一审法院不予支持。

原审法院依据最高人民法院《关于民事诉讼证据的若干规定》第二条，最高人民法院《关于审理劳动争议案件适用法律若干问题的解释（四）》第十一条之规定，判决如下：驳回高燕春的诉讼请求。案件受理费10元，由高燕春承担。

宣判后，高燕春不服原审法院判决，向本院提出上诉，称：上诉人原任被上诉人单位后勤集团中层干部领导，后被上诉人在上诉人没有任何过错及不胜任工作的情况下将上诉人调整至图书馆工勤岗位工作并调整工资，被上诉人的上述行为应属无效，请求二审法院改判。而沈阳师范大学答辩称：请求维持一审判决。

经法院二审查明的事实与原审法院认定的事实一致。因此，二审法院判决：关于高燕春提出要求被上诉人给付拖欠工资的上诉主张，《最高人民法院关于审理劳动争议案件适用法律若干问题的解释（四）》第十一条规定，变更劳动合同未采用书面形式，但已经实际履行了口头变更的劳动合同超过一个月，且变更后的劳动合同内容不违反法律、行政法规、国家政策以及公序良俗，当事人以未采用书面形式为由主张劳动合同变更无效的，人民法院不予支持。本案中，上诉人自2008年任被上诉人所属后勤集团物业服务中心主任，由于2010年被上诉人所属后勤集团中层干部采用竞聘的方式，而上诉人的原有岗位由其他人员竞聘取得，故被上诉人将上诉人安排到被上诉人单位图书馆工勤岗位工作，工资相应予以调整，调整后上诉人在新的岗位工作并领取新岗位工资，故应视为上诉人与被上诉人就调整工作岗位达成一致，被上诉人无须再向上诉人支付工资。综上，对于高燕春提出的上诉主张，二审法院不予支持，并依照《中华人民共和国民事诉讼法》第一百七十条第一款（一）项之规定，驳回高春燕的上诉，维持原判。

　　通过上诉的完整案例看出，沈阳师范大学在处理学校内部纠纷的过程中合理利用正当程序维护了学校本身以及其他利益人的合法权益。上诉人高燕春先后向辽宁省劳动人事争议仲裁委员会提出仲裁申请，向沈阳市皇姑区人民法院提起上诉，向沈阳市中级人民法院提起上诉，在法律调查过程中，沈阳师范大学予以积极配合，并出示了实证资料，在辽宁省劳动人事争议仲裁委员会与沈阳市皇姑区人民法院先后将上诉人的上诉内容予以驳回后，沈阳市中级人民法院给予了上诉人申辩机会："上诉人原任被上诉人单位后勤集团中层干部领导，后被上诉人在上诉人没有任何过错及不胜任工作的情况下将上诉人调整至图书馆工勤岗位工作并调整工资，被上诉人的上述行为应属无效，请求二审法院改判被上诉人支付拖欠工资46767元。"在经过《最高人民法院关于审理劳动争议案件适用法律若干问题的解释（四）》第十一条规定"变更劳动合同未采用书面形式，但已经实际履行了口头变更的劳动合同超过一个月，且变更后的劳动合同内容不违反法律、行政法规、国家政策以及公序良俗，当事人以未采用书面形式为由主张劳动合同变更无效的，人民法院不予支持"这一正当法律程序审议后，给予案件最终判决。在此过程中，通过正当程序既维护了沈阳师范大学的合法权利，也给予纠纷以公正解决。

　　2015年9月11日，我校"全国教育硕士专业学位研究生联合培养示范基地"授牌仪式暨发展建设研讨会在辽宁省实验中学召开。授牌仪式上，我校副校长李铁君宣读了全国教育专业学位研究生教育指导委员会《关于公布"全国教育硕士专业学位研究生联合培养示范基地"评选结果及有关工作的通知》，并与关俊奇校长共同为示范基地揭牌。李铁君副校长指出，高等教育尤其是传统的师范院校必须积极谋求与基础教育的全面对接。获评"全国联合培养示范基地"，是两校过去几年合作建设的阶段性成果，得到了国家教育部及全国教指委的高度评价。

　　沈阳师范大学非常重视"联合培养基地"的建设工作，辽宁省实验中学在实践基地建设中起到了引领带动的作用。今后，两校之间要进一步密切合作，通过整合优势资源，凝练联合培养特色，把"联合培养示范基地"打造成学生"见习""研习""实习"三位一体的实践平台。学校也将从理论研究、前沿探索、实践导师队伍建设等多方面推动联合培养实践基地的建设和发展。沈阳师范大学"辽宁省实验中学教育硕士培养工作站"获批全国教育硕士联合培养示范基地，是双方多年来建设成果的集中体现，是工作站创新教育专业学位研究生联合培养的新起点；联合发展，协作共赢，既是工作站开展工作的目标，也是工作基础；辽宁省实验中学选拔最优秀的教师参与到工作站教育硕士的指导工作，表现出鲜明的开拓发展意识和严谨务实的工作作风；广大教师必须在观念和意识、情感和态度、知识与技能等方面及时反思，不断学习，自觉提高和完善自身的综合专业素养；教育硕士联合培养工作站的功能指向主要表现在三个方面：一是为教育硕士提供了系统的见习、研习和实习的机会；二是引领、推进了学校教育教学主体工作，并带动部分老师提高了学历层次和专业素养；三是促进了大学的专业发展。[①] 实施科教兴国战略以来，我国的研究生教育高速发展，各校通过各种方式对研究生教育进行改革创新，以提高研究生的培养质量。教育硕士联合培养工作机制，使得本校研究生教育与各个单位机构进行科研合作与技术交流，能够有效培养适应经济建设与发展的高层次人才。

　　除此之外，在大学的人事管理方面，正当程序原则也得以体现。我们强调依法治校，并保障师生的合法权益，高校学生管理按照正当程序进行同样是不可或缺的。为了大学师生的合法权益受到程序保护，高校必须建立、健全相关管理制度中的合法程序规定。

---

　　① 《"全国教育硕士专业学位研究生联合培养示范基地"授牌仪式暨发展建设研讨会举行》，《沈阳师范大学学报》2015 年第 13 期。

沈师大校〔2014〕1 号
关于王学颖等同志职务任免的通知

学校各单位：

经党委研究决定，聘任王学颖同志为计算机与数学基础教学部主任，聘期自 2014 年 1 月至 2015 年 12 月。

同意张岩同志辞去计算机与数学基础教学部主任职务。

二〇一四年一月二日

沈阳师范大学校务办公室

沈师大校〔2014〕2 号
关于聘任张韬等四名同志为教授职务的通知

学校各单位：

根据 2013 年晋升高校系列教师职务评聘工作安排，校教师职务评聘委员会同意，兹聘任张韬、崔玉平、高飞、刘野 4 名同志为教授职务。

以上人员职务聘任时间为 2013 年 10 月。

二〇一四年一月六日

沈阳师范大学校务办公室

从上述通知可以看到，无论是职务任免的通知还是聘任职务的通知，都必须按照正当的程序进行，并及时地给予公示，以便于公众的监督。

美国最高法院大法官道格拉斯曾言："程序分别了依法而治与依意而治，坚定地遵循严格之程序保障是我们在法律之下公平正义之保证。"值得提及的是，程序正当化的基本要求就是要利益相关人最大程度地参与到所关联的事实与过程中，推动民主法治进程。正当程序是大学成员权利义务得以实现的载体。只有得到利益相关人以及社会大众的积极配合，才能使正当程序顺利完成并发挥效力，使程序目标得以实现。因为利益相关人依照正当化程序的步骤、方式、顺序，并在规定的时间内完成的行为，也是认定程序合法有效的重要因素。

第二节 以正当程序约束权利和权力的滥用

正当程序可以制约权利和权力的滥用。自由裁量权的不断扩大，会在一定程度上侵犯相对人的合法权益，因此行政权力应当受到法律的严格制约；一部分人权力的过分膨胀势必要损害到另一部分人的合法权利，因此权力也应被约束在合理范围之内，而正当程序正是一种约束权利和权力的必要手段。美国法学家庞德曾说："程序保障主要具有指导和监督的功能，它的特色是客观地防止行政官员之无知、反复无常及腐化。"① 程序正当化要求行为主体必须依程序法制行事，遵守程序法律所规定的行使权力的步骤、方式、顺序和时限。"阳光是最好的防腐剂。" 所以程序正当化是规范和防止权力和权利滥用的"防腐剂"。

【案例】甘阳事件（以下内容均来自媒体报道）

2016 年 1 月 7 日中山大学博雅学院的年度教职工会议现场，著名新左领袖甘阳院长被"该院一名青年教师"打了几记耳光。消息指，打人事件起因是甘阳"拖延青年教师职称晋升"。该匿名消息同时称，该青年教师"学术成果突出，而且教学有方，但聘期将满，六年晋升无望，面临解聘，且在向校方申诉数次无果的情况下，被迫出手"。消息并称，"该事件是高校广大青年教师艰难处境的折射"。

据了解，打人教师为李思涯，2008 年毕业于香港科技大学人文学部，获人文学博士学位，2012 年 7 月起担任中山大学博雅学院讲师。

9 日，中山大学博雅学院官方网站披露了这一事件原委，全文如下："中山大学人文高等研究院（通识教育部、博雅学院）原定 2016

① 罗传贤：《行政程序法论》（增订四版），五南图书出版公司 2002 年版，第 19 页。

年 1 月 7 日下午 2：30 在东南区 241 栋一楼会议室召开 2015 年度全院教职工年度考核工作会议。但在会议即将开始之际，本院教师李思涯突然冲到甘阳院长座位附近，不由分说即殴打甘院长，直至被强行拉开，而自始至终甘阳院长没有还手。在李思涯动手打人时，本院另一名教师谢肃当场开始散发与会议内容无关的材料，同时有非本院人员到现场进行拍摄。"

"事发突然，我院办公人员立即向校保卫处报警，保卫人员迅速赶到现场，请当事人李思涯往保卫处询问情况，新港街派出所也已立案调查。学院有关人员送甘阳院长往医院检验治疗。同时，我院亦向学校其他有关部门报告此事。但我院 2015 年度考核工作会议因此被迫取消。"

"在场教职工目睹此事，极为震惊，强烈谴责人身暴力攻击之行为，此等行为完全违背了大学教师应有的师德和行为规范，相信并期待学校依照有关规定，严肃处理此事，还大学校园以斯文，保教师人身之安全。"

22 日，中山大学发布《关于李思涯处理的通告》，将解除与李思涯签订的教师职务聘任合同。通告说，李思涯对他人造成伤害，影响恶劣，严重违反高校教师职业道德规范。

据介绍，中山大学通常在每年上半年和下半年各启动一次教师职称评定工作。据知情人士反映，2015 年上半年，李思涯因为申报材料问题没有提出申报。而 2015 年下半年开始，学校把每年两次的职称评定改为每年一次，博雅学院也不例外。"可能就是这个事情让李思涯觉得难以接受"，该知情人士说。"不管出于什么原因，打人肯定是不对的。何况对方是一位 60 多岁的老者。"受访的一位教师愤慨地说。[①]

虽然案件仍在审理之中，案件的最真实原委我们不可多言，然而，"甘阳事件"从侧面反映出了在大学运行与发展中，正当程序的必要

---

① 赵文昌：《中山大学青年教师因当众殴打院长甘阳被解聘》，http：//blog. sina. com。

意义。在我国学校管理教育的过程中，无论是师生实体性权利还是程序性权利，都在很大程度上得不到较好的保障，师生权利受到轻视甚至侵犯的案例不绝于耳。因此，在学校管理中引入正当程序必不可少。实体法对于权利的保障起着很大的作用，但仅依靠实体法的保障却远远不够，实体法赋予了公民的权利，但如无程序法，这些被赋予的权利就无法顺利实现，当其受到侵害时，也无法获得法律救济，这些缺失的地方就需要程序法的补充才得以完善。用法治的正当程序去规制大学师生行为、维护师生权益，可以最大限度地预防权利与权力的滥用，在出现违法违章时能够快速、准确、科学处置。

沈阳师范大学通过正当程序约束权利和权力的滥用，其重点就在于通过制度和规范的制定、落实，防止学校人事混乱、防止学校财产乱用这两项主要的学校管理工作。

一方面，教育部印发《高等学校辅导员职业能力标准（暂行）》，对高校辅导员职业概况、基本要求和各级能力标准进行了规范与要求，将推动高校辅导员队伍专业化、职业化发展。标准从初、中、高三个能力级别，对高校辅导员在思想政治教育、党团和班级建设、学业指导、日常事务管理、心理健康教育与咨询、网络思想政治教育、危机事件应对、职业规划与就业指导、理论与实践研究等九方面辅导员职业功能的工作内容进行了梳理和规范，对辅导员在不同职业功能上应具备的能力和理论知识储备提出了明确要求。标准指出，高校辅导员是高校教师队伍和管理队伍的重要组成部分，具有教师和干部的双重身份，是开展大学生思想政治教育的骨干力量，是高校学生日常思想政治教育和管理工作的组织者、实施者和指导者，应将爱国守法、敬业爱生、育人为本、终身学习、为人师表作为职业守则，不断拓宽知识储备，努力提高职业素养和职业能力。[①] 近年来，我国高校学生合法权益受侵害的事件屡屡发生，权益得不到应有的保障。究其原因，很大部分是因为高校管理者缺乏法制观念以及法制意识的不明确。

---

① 《高校辅导员职业能力标准出台》，《沈阳师范大学学报》2014 年第 7 期。

2012 年 3 月 15 日，党委书记于文明同志在学校领导班子 2011 年度民主测评大会上的讲话中提到："沈阳师范大学的干部制度改革在省属高校当中是实行最早的。从 2002 年起，学校就开始干部竞聘上岗，至今已近十年的时间，而且干部竞聘上岗、任期管理、换届选举等都已形成了制度。学校党委坚持所有的干部上岗必须要经过竞聘，竞聘的过程不仅是一个选择的过程，也是一个教育的过程。在这个过程中，学校领导、相关部门领导以及教师代表都要参与投票，整个程序严谨、严肃、认真。"

另一方面，早在 2005 年，学校在《认真做好新形势下纪检监察审计工作为学校事业健康发展提供可靠保障》中作出如下阐述："高校的纪检监察审计工作要真正取得实效，从而推动党风廉政建设，根本的还是要靠完善各项规章制度，并使规章制度得到很好落实。只有靠制度来规范学校的教育教学和管理行为，规范各项工作程序，工作才有依据，取得的效果才能是长期和广泛的。要通过认真研究出现的问题，广泛征求意见，集思广益，制定具有约束力和可操作性的规章制度，推行全校，严肃执行。以完善的规章制度的施行来防止违纪苗头的发生，消灭违纪问题滋生和蔓延的土壤。"

多年来，沈阳师范大学在财政制度上的坚持落实目标和态度始终如一。2014 年 11 月 3 日下午，学校规范财务收支工作会议在校部四楼会议室召开，会议从公务活动、经营性收入、国有资产使用收益、现金报销、收费入账方式、经济行为的真实性、招标采购等 11 个方面对学校财务收支工作进行了规范要求。王大超副校长在总结讲话中结合国家政策和相关要求，对财务预算、科研经费使用、招标采购等方面的管理工作进行了强调说明。对于学校的财务与资产管理工作，他指出，一要重视学习，增强法制观念。各级干部要不断增进财经管理相关方面的知识，更新管理理念，提高管理水平；学习贯彻党的十八届四中全会精神，提高依法履职能力，遵纪守法，切不可触碰"红线"，在编制 2015 年预算过程中要严格按照《预算法》执行。二要加强沟通。各单位、各部门行政主要负责人在财务收支方面要加强与班子成员间的沟通，充分发挥本单位财经委员会的作用，使财务工作公开、透明；财务与资产管理处的工作人员要强化主动服务意识，在规范要求等方面不断与各单位、各部门沟通，使财务工作合理合法，不出错误。三要强化自律意识。切实加强廉洁自律，对违法违规行为保持清醒认识，洁身自爱，本着对自己、对学院和学校事业高度负责的态度做好工作。四要规范财务，防微杜渐。财务工作不论大小都是至关重要。要严格财务管理，严肃财经纪律，不能突破法律和道德底线，对于"小金库"等问题要有充分认识和高度的警觉，防范财务风险，促进学校事业健康快速发展。[①] 我国强调依法治国，校园强调依法治校。各行各业、各具体单位都应遵循依法治理的基本原则。依法治校是落实依法治国基本方略的具体体现，是教育法制建设的内在要求。财务工作同样需要依法进行，保证财务工作管理严格按规定进行，使财务工作合理合法。

【链接】

沈师大校〔2015〕3 号
沈阳师范大学各类收费收入管理的规定

为加强学校事业性收费管理，规范学校收费行为，保证各项收费行为的合理、合法、合规，根据《辽宁省行政事业性收费管理办法》及有关法规，结合我校实际，特制定本规定。

一　管理范围

凡学校各单位、各部门的各类收费收入都必须纳入本规定的管理范围，即各单位、各部门的所有收费收入全部上交学校财务与资产管理处统一核算，如实入账，纳入学校预算管理。学校各类收费包括：

1. 办学办班事业性收费，如各类学费、住宿费。

2. 科研事业收入，包括横向、纵向课题及专利转让等收入。

---

① 《加强管理　规范有序　学校召开规范财务收支工作会议》，《沈阳师范大学学报》2014年第17期。

3. 管理性收费，如各类报名费、考务费、复试费、竞赛费等。

4. 非盈利性的服务性收费，如学生证工本费（补办）、体检费、上网费、查档费等。

5. 代购代置、代收费，如教材费、军训服装费、耳机费、新生卧具费、生活用品费、各类会费等。

6. 赔偿款及罚没收入，如违反校规罚款、教师违约费等。

7. 各类捐赠款、助学款等。

8. 国有资产租借费、变价收入，如场地门面租金，房屋租借费、仪器设备转让、出租、科研成果转让、固定资产残值变现等。

9. 校医院收入。

10. 符合规定的其他收入。

二　组织实施

学校事业性收费归口财务与资产管理处管理。财务与资产管理处根据国家有关规定，对全校事业性收费的立项、报批、核定、收取、检查、审验等实施管理。

1. 凡属于学校事业性收费（如各类学费、住宿费等）有关业务部门须向学校财务与资产管理处提交收费报告，由财务与资产管理处统一向省物价部门报批，办理收费许可证。收费时必须按物价部门批准的项目、标准持证收费。

2. 凡需收取管理性、服务性、代购代置等类型费用的单位，都必须先将收费项目、收费标准、收费对象报财务与资产管理处审核，经校长办公会议批准后由财务与资产管理处报物价部门审批，能正式办理收费许可证的，办理收费许可证；不属物价部门审批范围的学校又认为确需收费的，需经校长办公会议审批，按校长办公会议相关文件执行。

3. 校内各单位、各部门受校外机关、团体、企事业单位委托，代为收取事业性收费，须将委托书或有关材料报财务与资产管理处备案后方能收取，并且须取得和使用委托单位的合法票据。

4. 学校任何收费均需开具正式收据，按照《沈阳师范大学发票、收据管理办法》的票据使用规定，严格执行票据的领购、发放、登记、使用、保管、核销、检查、监督等制度，加强内部控制。

5. 学校事业性收费的主体为财会人员。所有收费应由财会人员或经财务与资产管理处授权或同意的人员收取。各单位、各部门要指定专人负责各类收费，所收款项必须及时上交学校财务部门。大批量的收费项目应由财务与资产管理处派人直接收取或联系银行人员收取。

三　相关要求

1. 各单位、各部门各项收费收入原则上应在收费当日上缴学校财务与资产管理处。交费方式：现金或存入学校银行账户。不允许各单位、各部门收费人员收取现金后存入个人银行卡中再到学校财务部门刷卡交费（合作方人员直接交费除外）。

2. 所有事业性收费实行"收支两条线"管理。对于收费部门掌握使用的专项收费或代收代缴收费，也必须纳入财务与资产管理处列收列支、统一管理，本着"收支平衡、专款专用"的原则安排支出，由财务与资产管理处办理收支业务。

3. 校内单位、部门间的互相收费，应采取内部转账方式或采用校内结算票据，不得收付现金。

4. 对房屋、设备、设施出租和科研成果转让等所得收益，按学校相应规章制度执行。对在资金支出过程中遇到的一些特殊情况和问题，通过与财务与资产管理处协商，实事求是地加以解决。

5. 任何单位、部门所收取的票款不得以个人名义开设银行账户并存入，也不得以其他名义到银行开设银行账户。资金一律上缴学校财务与资产管理处入账管理，不得以任何名义公款私存。

四　责任追究

1. 未经学校批准擅自设立收费项目收费或不使用正式票据进行收费的，限期取消收费项目，责令将违规收取的款项退回缴费者，无法退回缴费者的，予以没收。

2. 违反"收支两条线"管理规定，自收自支、坐支挪用所收取款项的，追缴所收款项，对所发生的支出事项，学校不予报销。并追查单位负责人和直接责任人的责任。

3. 在学校规定的收费范围内收费，但截留不上缴学校的，全额追缴所截留款项，并由财务与资产管理处直接从下拨的预算经费中扣减截留额的20%；无法追缴的，由财务与资产管理处直接从下拨的预算经费中扣减截留额的150%。

4. 对公款私存或到银行私设账户的，全额没收所存款项。

5. 对以上行为除进行上述处理外，依据有关规定还将对直接责任人和负主要领导责任人员分别给以党纪政纪处分，构成犯罪的，移交司法机关处理。

五　本规定由财务与资产管理处负责解释，自发布之日起执行，《沈阳师范大学各类收费收入管理的暂行规定》同时废止。

二〇一五年一月十三日
沈阳师范大学校务办公室

学校制定的管理规定应向社会及学生公布，让学生清楚地了解。财务管理工作同样需要公开、公正、公平。学校财务工作涉及学生学费、校内资源的利用等问题，是关乎学校师生的切身利益的重要问题，学生的知情权、请求权等权利的保障也必须通过正当程序的过程才能实现。在学校的财务管理工作中坚持保证学校的财务管理行为的公开、公正、公平。

沈师大校〔2014〕48号
关于贯彻落实厉行节约反对浪费有关文件
精神进一步规范公务活动管理的通知

学校各单位：

上年11月份以来，为贯彻落实关于改进工作作风、密切联系群众"八项规定"的要求，中共中央、国务院先后颁布实施了一系列规章制度，对党政机关以及事业单位国内差旅、因公临时出国（境）、公务接待、会议活动等方面的管理作出了具体规定。为贯彻落实上级关于厉行节约、反对浪费有关文件精神，结合我校实际，现就进一步规范我校公务活动管理的有关要求通知如下。

一　严格控制国内差旅活动

（一）严禁无明确公务目的的差旅活动，严禁以公务差旅为名变相旅游，严禁异地部门间无实质内容的学习交流和考察调研，严禁组织无实质内容的培训活动。

（二）国内差旅应严格执行《沈阳师范大学差旅费开支标准及管理办法》中规定的费用开支范围和标准，超范围、超标准部分原则上不予报销，特殊情况需由出差人提供文字说明、单位负责人同意、财务部门负责人审批后方可报销。旅游公司出具的关于交通、住宿、餐饮、会议等费用的票据一律不予报销。

二　从严审批因公临时出国（境）活动

（一）严格控制因公临时出国（境）团组数量和规模，不得安排照顾性、无实质内容的一般性出访和培训，不得安排考察性出访，严禁以各种名义变相公款出国旅游。

（二）校级领导因公临时出国（境）按上级有关规定履行审批程序。中层干部因公临时出国（境）须经外事管理部门、主管外事工作和分管本单位（部门）工作的校领导审核后报学校主要领导批准，并到干部管理部门请假备案；校内其他人员因公临时出国（境）须经本单位（部门）主要负责人、外事管理部门审核并报主管外事工作的校领导审批。

（三）出国（境）人员应当严格按规定标准安排交通工具和食宿，不得乘坐民航包机或者私人、企业和外国航空公司包机，不得安排超标准住房和用车，不得擅自增加出访国家或者地区，不得擅自绕道旅行，不得擅自延长在国（境）外停留时间。

（四）出国（境）期间，不得与我国驻外机构和其他中资机构、企业之间用公款互赠礼品或者纪念品，不得用公款相互宴请，不得接受超标准接待和高消费娱乐，不得接受礼金、贵重礼品、有价证券、支付凭证等。

（五）无预算安排、未经审批的出国（境）费用不予报销，确有特殊原因的，按规定程序报批。严禁违反规定使用出国（境）经费预算以外资金作为出国（境）经费。

三 严格规范国内公务接待活动

（一）国内公务接待应当坚持有利公务、务实节俭、严格标准、简化礼仪、高效透明、尊重少数民族风俗习惯的原则。外宾接待工作应当遵循服务外交、友好对等、务实节俭的原则。外宾邀请单位应当严格按照有关规定安排接待活动，从严从紧控制外宾团组和接待费用。

（二）国内公务接待安排的活动场所、活动项目和活动方式，应当有利于公务活动开展，不得组织旅游和与公务活动无关的参观，不得组织到营业性娱乐、健身场所活动，不得安排专场文艺演出，不得以任何名义赠送礼金、有价证券、纪念品和土特产品等。

（三）接待对象的住宿费应当回本单位凭据报销。确因工作需要，接待单位应当严格按《沈阳师范大学差旅费开支标准及管理办法》中的有关规定接待住宿，不得超标准安排接待住房，不得额外配发洗漱用品。

（四）接待对象应当按照规定标准自行用餐。确因工作需要，接待单位可以安排工作餐一次，并严格控制陪餐人数。接待对象在10人以内的，陪餐人数不得超过3人；超过10人的，不得超过接待对象人数的三分之一。工作餐应当供应家常菜，不得提供鱼翅、燕窝等高档菜肴和用野生保护动物制作的菜肴，不得提供香烟和高档酒水，不得使用私人会所、高消费餐饮场所。

（五）实行公务接待费支出总额与支出标准"双控"制度。机关各部门接待费用支出总额原则上不超过事业维持费的20%，教学及教辅单位公务接待费用支出总额原则上不超过教学辅助经费的18%。公务接待中发生的工作餐标准每人不超过120元。

（六）公务接待费报销凭证应当包括发票、派出单位公函和接待清单，无派出单位公函和接待清单的接待费用原则上不予报销。严禁以公务接待为名报销校内人员互相吃请费用。歌厅、洗浴等休闲娱乐场所的消费票据一律不予报销。

四　强化责任追究

（一）对违反本通知要求的，根据情节轻重，由有关部门依照职责权限给予批评教育、责令做出检查、诫勉谈话、通报批评或者调离岗位、责令辞职、免职、降职等处理；应当追究党纪政纪责任的，依照《中国共产党纪律处分条例》《事业单位工作人员处分暂行规定》等有关规定给予相应的党纪政纪处分；涉嫌违法犯罪的，依法追究法律责任。

（二）违反本通知要求获得的经济利益，予以收缴或者纠正；用公款支付、报销应由个人支付的费用，责令退赔。

本通知自发布之日起执行。其他有关规定，凡与本通知不一致的，按照本通知要求执行。各单位、各部门要将本通知要求传达到每位教职工，并严格按本通知要求开展相关公务活动。本通知未尽事宜，按上级有关要求执行。

二〇一四年四月十日
沈阳师范大学校务办公室

针对近年来出现的党员干部奢侈浪费现象，党中央多次强调，各级党政机关要大兴艰苦奋斗之风，带头厉行勤俭节约、反对铺张浪费。作为高校，同样需要反对奢侈浪费，厉行节约。沈阳师范大学《关于贯彻落实厉行节约反对浪费有关文件精神进一步规范公务活动管理的通知》对校内领导干部的经费管理、国内差旅、出国（境）差旅、公务接待标准、公务用车、会议活动、办公用房、资源节约等都作出全面严格的规范，以严格的制度规范领导的行为，并给以强有力的监督检查，对待违反规定的行为处以严厉的惩戒，切实控制公务支出和公款消费，致力于消除各种违纪违规违法现象，扼杀奢侈浪费的不良风气。

第三节　以正当程序保证决策理性

程序是实体之母。大学治理过程中，如果没有正当程序的保障，利益相关者要么被隔离在决策之外，要么在参与大学发展中不能发表自己的想法，不能影响决策者的抉择，其参与失去了意义，决策也会非常容易失去理性。大学决策过程中，不仅要追求结果的"真"，还要追求过程的"善"。[①] 哈贝马斯认为，程序会对意见形成过程的参与、其中的角色分工、主题范围及整个过程进行调节。正当程序下的大学理性决策应该是一个通过事实、证据以及程序参与者之间平等对话与理性说服，最终做出符合大众意愿的决定的过程，而不是决策者的恣意独断做出决策的过程。无论是大学行政问题还是学术问题，都会涉及相关人员的合法合理利益，有些涉及高度科学知识背景，其因存在不确定性而不可一概而论，因涉及者众多也不可一锤定音，光靠学校最高领导者进行决策是不科学的，应当通过正当程序中的理性将相关专家和其他成员纳入到决策体系中，增加有效解决问题的选项，提供更多决策需要的信息以及意见建议，提升决策者的决策理性，就会减少根据错误的事实或者片面分析而采取行动的可能性，从而保证决策的科学性和理性。[②]

沈阳师范大学正当程序对于决策者的理性决策的维护与规制作用具体反映于以下四个方面。

一　决策信息公开制度的完善

决策信息公开制度是决策程序正当的重要制度和合理要求。第一，依法公开了决策事项、依据和结果，重点公开拟定规划或者攸关师生

---

① 杨金华:《论大学治理与程序正当》，《黄河科技大学学报》2015 年第 6 期。
② 谢海波:《论我国环境行政决策程序正当化》，上海交通大学，2014 年。

重大利益的政策及其解决办法、替代方案等。第二，决策的整个过程公开，包括事前决策事项及原因、事中决策过程的进展、事后的结果、理由及依据。第三，应当保证决策信息公开的范围。除了依法须保密的信息之外，其他信息都必须公开，以消除信息的非对称性。第四，重大行政决策信息统一公布和管理制度的初步建立。建立科学、现代、民主、高效的管理体制和有序、规范的运行机制。沈阳师范大学通过深化校内管理体制改革，建立起职责分明、运行有序、管理有效的校、院、系三级管理体制；通过深化干部、人事制度改革，进一步调动广大教职工的积极性、主动性和创造性；通过对学校业务工作决策模式改革的探索，促进教学与科研工作上质量；通过提高管理工作的现代化水平，提高工作效率；通过建立健全各项规章制度，推进依法治校进程，做到令行禁止，营造规范有序的学习和工作环境。

2016 年 1 月 14 日下午，我校基层单位领导班子聘任（任命）大会在国际商学院二楼报告厅隆重举行。学校领导、全体中层干部、副高级职称以上人员、校级督学、省市区各级人大代表、政协委员、学校各民主党派负责人共 400 余人参加了会议。会议由党委组织部部长许金龙主持。党委副书记贾玉明代表学校党委宣读了基层单位领导班子聘任（任命）的任职文件；党委书记于文明为在此次基层换届中因年龄原因退出领导岗位的 7 名党政正职颁发了荣誉证书；校长林群向各基层单位领导班子成员代表颁发聘书，并向各教学单位行政负责人下达任期工作目标责任书；最后党委书记于文明发表讲话。

于书记介绍了本次基层领导班子换届工作呈现的五个特点：一是优化资源配置，对学校相关办学资源按照学科、专业发展规律进行了整合；二是适应发展实际，对一些单位的运行体制与机制进行新的设计与调整，推进相关学院和研究所融合办学，学报实行编审委员会领导下的主编负责制；三是根据工作需要，在机关和基层之间、基层各单位之间对 9 名总支书记和正职管理干部进行了岗位交流，得到广泛的积极评价；四是体现"严"的要求，在岗位设置、干部提拔尤其是专职党政管理干部的提拔任用上严格把关，在任命的 170 名中层干部中，新提拔 31 名，其中兼职业务干部 27 人，专职党政管理干部只有 4人；五是确保风清气正，在干部教师的积极配合下，换届各环节工作有条不紊，历时三周时间，平稳高效，没有出现选人用人上的不良风气。于书记在讲话中还对因为年龄原因离开中层正职领导岗位的 7 名同志和 11 名离开中层副职领导岗位的同志表达了深深的感谢和崇高的敬意，对他们为学校事业发展做出的积极贡献给予了充分肯定和高度评价。最后，于书记向全体中层干部提出了三点要求。一是在政治上要敏感、坚定、成熟。要深入学习习近平总书记系列重要讲话精神，按照中央、省委对党员领导干部严守政治纪律和政治规矩的要求，保持清醒头脑，避免随意和任性；要坚定理想信念，加强党性修养，站稳党员领导干部的坚定立场，坚守知识分子的良知，弘扬正能量；要时刻以党员、干部标准严格规范自己的言行，树立良好形象，强化纪律约束，绝不触碰底线，在政治、思想、工作和为人处世上都要走向成熟。二是在工作上要投入、进取、开拓。要更加敬业乐业，不辜负组织和群众期望，全身心投入工作，尽心尽力履行职责；要再接再厉，积极进取，在专业建设、学科建设、科学研究、高等教育国际化等方面进一步发挥优势，拓宽途径，拓展发展空间，强化竞争优势；要不断解放思想，开拓创新，力避因循守旧，通过积极"走出去"和"请进来"开阔视野，学习借鉴同行经验为我所用。三是在作风上要踏实、谦虚、清廉。要认真践行"谋事要实、创业要实、做人要实"的要求，脚踏实地，埋头苦干，高质量完成班子的任期目标，推动内涵发展上台阶；要保持谦虚谨慎的工作作风和工作态度，虚心向学，见贤思齐，虚心听取同行同事的意见建议，集思广益，提升能力，改进工作；要按照"严以修身、严以用权、严以律己"的要求，更加规范自己的工作行为，廉洁奉公，一尘不染。①

---

① 《我校基层单位领导班子聘任（任命）大会隆重举行》，《沈阳师范大学学报》2016年第 1 期。

二　集体决策制度的完善

集体决策制度是环境行政决策过程的重要制度。根据正当程序原则，这一制度主要是防止决策者个体的偏私。[①] 目前沈阳师范大学的决策者是大学行政机关的领导者以及各委员会的成员所组成的，这属于内部化的集体决策制度，相信随着学校的逐步发展，社会各界组织代表、公众团体代表、专家代表等都会参与到集体决策中来，成为决策程序中的重要一环。沈阳师范大学积极适应高等教育发展变化的需要，在内部管理体制改革方面按照建立现代大学制度的要求做了一些工作，取得了比较好的效果，推动了学校的发展。例如，学校党委在决策时，注意听取群众意见，集思广益，在充分发扬民主的基础上提出工作方案。党委召开会议讨论时注重领导班子整体统一认识，坚持摆事实，讲道理，以理服人，"择其善者而从之"，形成统一意志。在院系层面实行教授委员会制度，突出和强化了教授在各项业务工作中的权利，使各院系的决策进一步民主化与科学化。学校逐步实行管理重心下移，也收到了比较好的效果，这也是适应了当前学校规模发展和强化基层管理的要求，发挥群团组织的作用。全校各级工会认真学习贯彻《工会法》，维护教职工的合法权益，在党委领导下，围绕学校各个时期的中心工作，积极开展具有工会组织自身特色的活动，引导教职工为学校发展建设做出贡献。共青团立足于激励广大青年学生把胸怀共产主义远大理想同坚定中国特色社会主义信念结合起来，紧紧围绕学校中心工作，引导广大青年学生树立正确的世界观、人生观、价值观，开展有益的文体活动和深入细致的思想政治工作。

沈阳师范大学章程（节选）

第二十九条　校长办公会议是学校行政议事决策机构，主要研究提出拟由党委讨论决定的重要事项方案，具体部署落实党委决议的有

---

① 谢海波：《论我国环境行政决策程序正当化》，博士学位论文，上海交通大学，2014 年。

关措施,研究处理教学、科研、行政管理工作。

第三十一条　学术委员会是学校的最高学术机构,由学术委员会主任主持开展工作并依据相关规定和章程组建、运行。学术委员会主任一般由不担任行政职务的资深教授担任。

学术委员会的主要职责是:

(一) 严格遵照教育部《高等学校学术委员会规程》(教育部令第35号,2014年) 开展工作。

(二) 学术委员会是校内最高学术机构,统筹行使学术事务的决策、审议、评定和咨询等职权。

(三) 对学校学术发展规划、科学研究和学科建设中的重大问题提出建议和意见。

(四) 讨论审议校内科研机构设置,审议科研计划方案,审议推荐科研项目,审查评定科研成果。

(五) 制定学术规范,维护学术道德,处理学术纠纷等事项。

(六) 完成校长委托的其他学术事项及其他需要学术委员会决策的重大事项。

第四十二条　学院(教学部、研究所)实行党政联席会议制度,对本单位的教学、科研、人事、财务等方面的重大决策和重要事项安排进行集体讨论,表决决定或协商确定。涉及学术方面的事项,需提交本单位教授委员会审议。

第四十三条　学院教授委员会是校学术委员会领导下的二级学术组织,学院教授委员会享有学院的学术决策权、学术评价权和学术监督权,向校学术委员会汇报工作。具体议事规则依据学术委员会章程和教授委员会章程进行。

三　调查研究作为决策保障

理性的决策需要科学的正当程序作为保障,深入调查,准确分析,是保证决策依据科学性的有效途径。调查研究是谋事之基、成事之道,在沈阳师范大学生就业工作的调查研究工作中，学校根据当前学生的实际，在活动月的调查与研究环节，学校完成了《新生职业生涯规划测评与研究分析》和《毕业生就业调查与研究分析》。其中，本科毕业生就业状况报告主要对我校毕业生的就业率、就业方式、区域及行业的分布进行了数据分析，对毕业生就业质量进行了评价，同时对市场需求情况进行了比较，希望为今后的工作提供支持和参考；在对大一年级学生进行的大学生职业生涯规划系统测试中，主要是新生对专业的满意程度、自我认知、学业规划、职业生涯规划及对未来职业的思考和学校服务的需求等问题进行调查，旨在为如何根据学生自身特点，尽早地传播和普及职业规划理念，帮助学生建立完整、合理的职业发展规划，激发大学生的学习热情和学习动力，培养良好的就业意识，提高自身就业竞争力提供第一手材料；大四年级进行的毕业生就业意向调查共发出问卷 5303 份，对就业计划和前景、就业观念、就业主要途径、就业障碍、自主创业、学生建议等问题进行客观分析，发现问题并提出了对策和建议，为进一步开展我校大学生就业创业工作提供科学的依据，① 有效推进了学生就业工作，提高了学生就业率。

第四节 以正当程序保证纠纷妥善解决

大学的发展并非一帆风顺，从沈阳师范大学的发展历程来看，呈现出总体向上、平稳发展与颠簸崎岖共同存在的态势。学校为了维护稳定状态，需要与相关人进行沟通，促使其接受学校决定，沟通中难免产生隔阂和纠纷。在正当程序下，提供了诸多有利于消除矛盾和维护社会稳定的纠纷解决方案。诉讼往往是正当程序中最合法理性的一种方式。诉讼在纠纷解决中的中心地位绝非一种理论上的假设，而是

---

① 《传播规划理念 拓展职业空间 提升就业观念 打造锦绣前程》，《沈阳师范大学学报》2014 年第 2 期。

由诉讼的程序性、权威性和最终性所决定的。程序性是诉讼的重要特征,纠纷解决的过程,本身就是一个彰显法律的过程。现代大学不仅要求法律维护公平正义,更要法律以看得见的形式来彰显正义,诉讼的严格的程序性正好满足了这一要求。而诉讼解决的权威性,则是诉讼处于纠纷解决机制中心地位的最重要原因。所谓权威性,就是经过诉讼产生生效法律文书的效力是无可置疑、不可争议的,而其他纠纷解决方式,不管是申诉也好,还是仲裁也罢,它们的效力在法律上往往不如诉讼的效力强大。所谓最终性,是指对于纠纷解决,诉讼是解决手段的极限,通过诉讼解决后,在法律上再不能利用其他手段解决。而其他非诉讼程序,一般都不具有最终性。①

【案例】张宏波与被告沈阳师范大学健康权纠纷一案

原告张宏波与被告沈阳师范大学健康权纠纷一案,于 2014 年 6 月 30 日由沈阳市中级人民法院公开开庭进行了审理。

经审理查明,原告张宏波系被告沈阳师范大学化生学院学生,2001 年 11 月 20 日凌晨 2 时 30 分从宿舍床上摔下,经医院诊断为"中度颅脑损伤",伤残等级为一级。为此原告已经起诉,经沈阳市中级人民法院 2004 沈民 (1) 权终字第 408 号、2006 沈民 (1) 权终字第 1043 号、(2009) 沈民一终字第 2994 号民事判决认定,对于原告的损失应由被告沈阳师范大学承担 80% 的赔偿责任,原告自行承担 20% 的责任。被告沈阳师范大学向原告张宏波支付人身损害赔偿款至 2011 年 4 月 30 日止。

原告张宏波诉称,原告张宏波人身损害赔偿一案于 2004 年由沈阳市中级人民法院以 (2004) 沈民 (1) 权终字第 408 号民事判决书作出终审判决。判决"张宏波所要求的残疾器具费、今后治疗费、今后护理费,可待发生后另案再诉"。关于护理费,沈阳市中级人民法院以 (2006) 沈民 (1) 权终字第 1043 号民事判决书确定由二人

---

① 彭俊:《中国公立高校校生纠纷研究》,博士学位论文,华中师范大学,2011 年。

护理。根据以上已发生法律效力的判决,历年来提起了诉讼,均已得到支持,并且均已执行。沈阳市皇姑区人民法院(2011)皇民以初字第1237号民事判决书,判决截止到2011年4月30日止的赔偿费。从2011年5月至今已逾三年,发生了护理费及治疗费,故原告起诉来院,请求法院判令被告给付2011年5月1日至2014年5月30期间护理费141478.8元人民币,医药费4039.2元,并由被告承担本案诉讼费用。

被告沈阳师范大学辩称,关于原告所主张的护理费由于法院已经判决要求今后的护理费待发生后另行主张,对于本案原告的治疗情况和护理情况原告应提供证据,原告是否还需要一级护理原告需提供相关证据,否则被告不予支付。对于医药费需要根据医嘱确定,原告一次性开具了五十几盒的药物,应有医嘱,否则对于合理性不应予以确认。

法院依据《中华人民共和国民法通则》第九十八条 一百零六条,《最高人民法院关于审理人身损害赔偿案件适用法律若干问题的解释》第十七条、第十九条、第二十一条之规定判决被告沈阳师范大学的赔偿责任,且2004沈民(1)权终字第408号民事判决书中缀文,"关于张宏波所要求的残疾用具费、今后治疗费、今后护理费等,可待发生后另案再诉",故原告张宏波就2001年11月20日从宿舍床上摔下发生的人身损害事宜有再行请求被告予以赔偿的权利。

可见,公民的合法权益受法律保护,实体法规定了公民享有的种种权利,而一个合法依法的正当程序保障了相关人的利益,避免纠纷升级和事态恶化。进入诉讼程序的校生纠纷可以通过民事诉讼和行政诉讼加以解决。

一 民事诉讼与校生纠纷解决

公立高校和学生发生民事纠纷,因其他方式无法解决问题,最终进入民事诉讼程序,因这种民事纠纷是发生在公立高校和学生之间,由于校生关系有一定的特殊性,民事诉讼的处理也有一定的特殊性。

包括侵权型纠纷和违约型纠纷。上述案例中张宏波上诉沈阳师范大学正是一起侵权型纠纷。侵权行为是不法侵害他人应受保护的利益，因而行为人须就发生损害承担责任的行为。侵权行为有它自身的构成要件，一是须有损害存在，二是须损害系被控行为所致，三是须加害行为违法，四是须行为之际有过失。① 对于侵权型的校生纠纷，在什么情形下应该承担责任，要承担多大的责任，教育部的《学生伤害事故处理条例》和最高法院的司法解释都做了明确规定。《学生伤害事故处理办法》第九条：因下列情形之一造成的学生伤害事故，学校应当依法承担相应的责任：

（一）学校的校舍、场地、其他公共设施，以及学校提供给学生使用的学具、教育教学和生活设施、设备不符合国家规定的标准，或者有明显不安全因素的；

（二）学校的安全保卫、消防、设施设备管理等安全管理制度有明显疏漏，或者管理混乱，存在重大安全隐患，而未及时采取措施的；

（三）学校向学生提供的药品、食品、饮用水等不符合国家或者行业的有关标准、要求的；

（四）学校组织学生参加教育教学活动或者校外活动，未对学生进行相应的安全教育，并未在可预见的范围内采取必要的安全措施的；

（五）学校知道教师或者其他工作人员患有不适宜担任教育教学工作的疾病，但未采取必要措施的；

（六）学校违反有关规定，组织或者安排未成年学生从事不宜未成年人参加的劳动、体育运动或者其他活动的；

（七）学生有特异体质或者特定疾病，不宜参加某种教育教学活动，学校知道或者应当知道，但未予以必要的注意的；

（八）学生在校期间突发疾病或者受到伤害，学校发现，但未根据实际情况及时采取相应措施，导致不良后果加重的；

（九）学校教师或者其他工作人员体罚或者变相体罚学生，或者

---

① 张俊浩：《民法学原理》（修订三版），中国政法大学出版社 2000 年版，第 902—908 页。

在履行职责过程中违反工作要求、操作规程、职业道德或者其他有关规定的;

（十）学校教师或者其他工作人员在负有组织、管理未成年学生的职责期间，发现学生行为具有危险性，但未进行必要的管理、告诫或者制止的;

（十一）对未成年学生擅自离校等与学生人身安全直接相关的信息，学校发现或者知道，但未及时告知未成年学生的监护人，导致未成年学生因脱离监护人的保护而发生伤害的;

（十二）学校有未依法履行职责的其他情形的。

二　行政诉讼与校生纠纷解决

运用行政诉讼解决校生纠纷，让校生纠纷进入行政诉讼的程序，首先要解决公立高校的法律地位问题，其次要明确公立高校与学生法律关系。在此基础之上，既要顾及学生权利的保护，还要考量高校学术自由的维护和高校自主权的保障，司法应该谨慎地介入校生纠纷。教育部第 12 号令颁布的《学生伤害事故处理办法》，对学生在校期间所发生的人身伤害事故的预防与处理作出了具体规范。该《办法》自 2002 年 9 月 1 日起施行。我国的大中小学在校学生是一个相当庞大的社会群体，保障在校学生的人身安全是维护学生的合法权益、保障学校教育教学正常秩序的重要方面，长期以来一直受到学校、教育部门和社会各界的关注。《学生伤害事故处理办法》是推动教育领域的法制建设，构建有关学校安全的法律、制度框架的重要组成部分。《办法》共分为：总则、事故与责任、事故处理程序、事故损害的赔偿、事故责任者的处理以及附则等 6 章 40 条。主要目的在于指导和帮助教育行政部门、各级各类学校积极预防、妥善处理学生伤害事故。①

---

① 《〈学生伤害事故处理办法〉解读》，《沈阳师范大学学报》2014 年第 2 期。

第五节　以正当程序树立规则权威

以正当程序树立规则权威，是要在规则制定前的谋划阶段、规则制定过程中、规则公布之时以及规则的适用与遵循的一整套流程都要贯彻程序的正当性原则。高校制定的内部规则可在多大程度上规范内部成员的权利和义务是高校内部规则效力问题的核心。高校制定的内部规则只要有法律依据，并且是根据高等学校的具体情况制定的，体现高校各组群的共同利益和意志，就应当具有一定的效力。实际上，无论是大陆法系的特别权力关系理论，还是英美法系的教育契约关系理论，都承认高校具有制定内部规则对教师与学生进行管理的权利。只要这些规则的制定是通过正当程序而来的。沈阳师范大学也不例外，在遵守宪法、法律法规的情况下，自身制定了一套相对完备的规章制度。

一　教育法律、法规

我国是成文法传统的国家，国家在教育方面制定了诸多的法律、法规。到目前为止，制定了《学位条例》《义务教育法》《教育法》《教师法》《职业教育法》《高等教育法》《未成年人保护法》《预防未成年人犯罪法》《民办教育促进法》《中外合作办学条例》《通用语言文字法》等12部教育法律；国务院制定了16项教育行政法规；各地制定了100余项地方性教育法规。这些法律法规涉及国家对学校活动的一般性规定，是国家宏观调控学校教育的主要手段。因此，国家的法律、法规是学校制定内部规则的主要依据。随着教育法律、法规的不断完善，两方面问题得以改进：一是将那些与实际情况不相符的教育法律、法规及时修订完善；二是对那些尚未有相关法律、法规予以调控的领域及时立法。教育法律、法规在内容上既要保证高校获得足够的办学自主权，又要对一些重要的事项作出明确规定。对关系到教师和学生重大权益的事项，如解聘教师、剥夺学生的学籍，法律、法规具体规定高校行为的实施程序，以确保这种行为的合法性，保护师生的合法权益。对于某些法律、法规尚未规范的领域及重要事项，高校在制定的校规中加以规范，同时赋予相关当事人请求救济的权利。

二　教育行政规章和其他规范性文件

教育行政规章和其他规范性文件也可以作为制定内部规则的依据，但是高等学校应当事先自己"审查"或"考察"这些抽象行政行为的合法性。只要规章及其他规范性文件是合法的，就可以用来作为高等学校内部规则的制定依据。事实上，在我国教育立法尚不完备的情况下，只能通过教育规章及其他规范性文件来进行调整。如为了认定各方在学生事故中所承担的法律责任，只能求助于教育部规章《学生伤害事故处理办法》，这已为最高人民法院所确认。上述案例中学生的权利损害正符合并适用了《学生伤害事故处理办法》。再如，我校现行的学分制缴费政策是从 2009 年开始实施的，2014 年 4 月 14 日，学校本着"以学生为本"的教育教学新观念，为进一步扩大学生学习的选择权和自主权，鼓励学生学习的积极性和自主性，激发学生的学习热情和学习动力，经学校党委会讨论通过，对部分内容做了重新修订。学校下发了《沈阳师范大学学分制缴纳学费实施办法（修订)》的通知（沈师大校〔2014〕49 号)，对学生毕业时超出培养方案规定学分所对应的学分学费收缴及提前毕业、延长学制、休学学生专业学费收缴问题进行了重新地修改，并从 4 月 14 日起开始执行。该《办法》也从程序设立和修订上以更为科学、人性化、平等公正和与时俱进的态度维护了学校规则的权威性，其主要修订内容及相关解读如下：

（1）学费构成：学分制学费由专业学费、学分学费两部分组成，其中主修专业的专业学费与学分学费总额不高于实行学年制的学费总额。每学年专业学费约占物价局批准的学年制学费的 30%，每学年学分学费约占 70%；主修专业指学生学籍所属的专业。

（2）学生每学年缴纳学费时参照学年学费的标准进行缴费。参照学年学费的标准进行缴费，即按每一学年学生专业学费与学分学费的平均值来收取，以方便学生缴费。

（3）学生毕业时超出培养方案规定的学分，不缴纳对应的学分学费。据此，对于学生超出培养方案规定的学分，需要按照本专业学分学费收费标准补交对应的费用。修订后，明确了对于学生超出培养方案规定的学分，不需要缴纳对应的学分学费。

（4）提前毕业的学生，按实际修读学年缴纳专业学费（按修读学分标准补交未缴纳的学分学费）；延长学制的学生，延长学制期间不缴纳专业学费，重修的课程须缴纳重修费；休学等保留学籍的学生，保留学籍期间不缴纳专业学费。据此，如学生提前一年完成学业，需要补交第四年的专业学费及未缴纳的学分学费；学生延长学制或休学（不含参军）期间，需要缴纳专业学费。修订后，学生如提前一年完成学业，学校免收第四年的专业学费，只需补交未缴纳的学分学费；对于延长学制或休学的学生，不需要缴纳延长学制或休学期间的专业学费。

三　大学章程

大学章程经过了教育行政部门的核准，因此该章程在法律上已获得了合法性。大学章程包括下列事项:"（一）名称、住所；（二）宗旨和业务范围；（三）组织管理制度；（四）法定代表人或者负责人的产生、罢免的程序；（五）资产管理和使用的原则；（六）章程的修改程序；（七）终止程序和终止后资产的处理；（八）需要由章程规定的其他事项。"由此可见，大学章程规定的是高等学校最重要的制度和原则，[①] 章程通过政府或教育行政部门批准、发布，取得合法性。从某种意义上，大学章程才是制定高等学校内部规则的更重要的依据。因为教育法律、法规、规章及其他规范性文件是针对所有高校的，而

---

① 周光礼:《高校内部规则的法理学审视》,《现代大学教育》2005 年第 4 期。

大学章程却是针对具体高校的。① 《沈阳师范大学章程》于 2014 年 12 月 31 日经辽宁省教育厅予以核准通过。

【链接】

辽宁省高等学校章程核准书第 4 号

沈阳师范大学：

根据《中华人民共和国高等教育法》、《高等学校章程制定暂行办法》（教育部令第 31 号），你校报送的《沈阳师范大学章程》经辽宁省高等学校章程核准委员会评议，并经辽宁省教育厅厅长办公会审议通过，现予核准。

核准书所附章程为最终文本，即日生效，未经法定程序不得修改。你校应当以章程作为依法自主办学、实施管理和履行公共职能的基本准则和依据，按照建设中国特色现代大学制度的要求，完善法人治理结构，健全内部管理体制，依法治校、科学发展。

辽宁省教育厅

2014 年 12 月 31 日

---

① 周光礼：《高校内部规则的法理学审视》，《现代大学教育》2005 年第 4 期。

第七章 以法治方式推进大学发展

随着依法治国政策的全面深入、依法办学进程的逐渐加快、依法治校体系的日趋完善，大学内部治理的依法治校理念、法治观念、法治意识逐渐形成共识，校园内弘扬理性的法治精神的氛围正深入人心。以法治方式推进大学发展，就是要用法治规范与大学政策、大学决策、大学纠纷和大学权力相关的大学活动，以此引领大学内部治理，促进现代大学健康持久发展。

第一节 用法治方式规制大学政策

新中国成立以后，我国在政治、经济、文化、教育等各领域建立了与计划经济体制相适应的高度集权的管理体制，全部的社会生活都是在严密的计划之下实行的。高等教育作为社会生活中的重要部分，同样被归入政府集权管理下。从大的方面来讲，政府对高等教育的立法、规划、评价等均进行相关规定；从小的方面来讲，政府对高校的办学目标、培养计划、机构设置、人事安排、专业设置、招生就业，也通过各种制度予以指导规划。诚如大学发展历史所告诉我们的那样，大学虽为社会的一部分，但其是一个具有独立性的主体，若长期处于政府的安排及掌控之下，则不能使大学得到充分的发展，因此应通过法治方式实现其科学健康发展。周雪光教授曾指出，合法性机制指的是当社会的法律制度、社会规范、文化观念或某种特定的组织形式成为"广为接受"（for-granted）的社会事实之后，就成为规范人的行为的观念力量，能够诱使或迫使组织采纳与这种共享观念相符的组织结构和制度。① 简单来讲，合法性机制就是组织为了在特定的制度环境中生存和发展，必须满足社会共享观念的要求，做符合社会期待的事情。从一方面来讲，它约束了组织的行为；从另一方面来讲，它为提高组织社会地位做出了贡献，使其得到社会认可，从而促进组织的资源交往，提高组织的生存能力。基于此，大学政策的规制依靠法治方式，且这种法治方式必须在合法性机制的框架内实施。法治方式治理大学，关键在于大学与政府、中央与地方之间关系的处理上。

一　大学与政府之间

政策的目标与政策价值之间的背离，说明了实施政策所需要的制度供给不足而取消大学的等级制，按现代法人制度来改造大学公共资源的边界和有权提取一定资源的单位也需要明确我国大学从形式上讲是法人，但是还未按大学法人制度来运行大学法人地位，等于给政府权力对大学的影响设置了明显的"边界"，这种边界就是政府干预止于大学外部事务，止于教育自由，止于大学自治，止于学术自由。大学自治是中世纪大学以来长期形成的一个重要的传统和惯例，它是联系大学内外部网络关系的非正式制度的长期演进的结果。自治是大学在长期发展中形成的一个基本理念，是影响大学发展的意识形态因素，绝不意味着大学只有权力没有责任，真正意义上的大学自治表现为大学能履行自己的职责和承担相应的责任。② 在管理方式方面，政府在高等教育领域中的角色从控制模式向监督模式转变，实现行政权力的去中心，寻求行政力量与市场驱动的平衡；政府角色应进行转化，实现"掌控人"向"监督者"的转变；"管制型"向"服务型"的转变，主要通过立法、规划、拨款、监督等手段实现

①　周雪光：《组织社会学十讲》，社会科学文献出版社2003年版，第57—61页。
②　郭春发：《大学的多中心治理——以建设世界一流大学政策为切入点》，《自主治理与扩展秩序：对话奥斯特罗姆》2012年11月1日。

对高等教育的管理。①

二　中央与地方之间

在划分中央与地方的教育权时，中央正在逐渐增加地方政府对于投资管理的权限，并且适量减少由其直接进行管理的大学数量，或将其交由地方管理，或中央与地方进行共治，这样的条件下，一是能提高大学投资效率，二是能够使大学公共服务的职能得到更好地行使。提高为所在地区服务的质量。根据奥茨（Oaten）分权定律，在具备相当财政能力的地方，高等教育由地方提供将比由中央提供更为有效率，政府对高等教育的投入不能直接干预高校的治理方式，政府对教育的管理应该是间接的，法治化管理在投入的方式上，例如可以成立相应的高等学校拨款机构，在运作上保持一定的独立性，但在业务上接受政府的指导。② 根据国际上已有的高等教育拨款模式来看，这种"基金制"式的拨款组织具有双重角色特征，作为政府与高等学校间的"缓冲器"，从一方面来讲，它给予政府一定的帮助，为政府将相应的责任施加给高等学校；从另一方面来讲，它又是高等学校的发言人，站在学校的立场向政府提出要求。专门性的高等学校拨款机构的成立不仅能够使高等学校学术自主权得到落实，同时能够确保政府拨款得到有效利用，促使高等学校进行正确的自我定位及更好地履行自身的职责。树立以绩效为导向的投入—产出理念，逐步将财政拨款与高校绩效考核挂钩，促进财政资金使用效率及效益的提高。高等教育投资在不同科类、不同层次、不同教育形式中的分配，应区别对待，突出重点，建立分级分类管理的高等教育投资体制。

通过政府的宏观调控，以知识的传播和应用为中心，以高水平的科研成果的产出和高层次精英人才培养为目标，在社会发展、经济建设、科教进步和文化繁荣中发挥重要作用，"世界一流大学"的美好

---

① 郭春发:《大学的多中心治理——以建设世界一流大学政策为切入点》,《自主治理与扩展秩序：对话奥斯特罗姆》2012 年 11 月 1 日。

② 同上。

愿景就一定会实现。①

12月23日，沈阳师范大学2015年本科教学工作会议暨深化创新创业教育改革工作推进会议在软件学院报告厅召开。聘任了首批20名校内、外创新创业教育导师，党委书记于文明代表学校为受聘导师颁发了聘书。辽宁省就业局局长刘铸，校长林群在会上发表了讲话。会上，副校长、本科生教育部部长夏敏对《沈阳师范大学关于深化创新创业教育改革的实施方案》（以下简称为《方案》）进行了解读。《方案》强化了以"三全三创"为核心的指导思想，确立了"12345"总体目标，推出了"八大任务"，制定了"三项保障"。

《方案》以培养专业基础扎实且具备创新思维和创新创业能力的高素质人才为目标，全面实施创新创业教育系统工程（"12345工程"），即建立"一个体系"——创新创业教育与专业教育深度融合体系；建设"两支队伍"——校内和校外创新创业导师队伍；完善"三个平台"——创新创业文化平台、教学平台和实训平台；促进"四个提升"——创新创业教育受益面、创业项目孵化面、学生自主创业率、创新创业教育影响力全面提升；实现"五个转变"——实现人才培养由关注就业向敬业乐业的转变、实现教育教学由注重知识传授向注重创新精神的转变、实现教学目标由注重项目实施向创新创业意识和能力培养的转变、实现培养机制由创新创业教育与专业教育两层方向，有机融合的转变、实现受益对象由关注有创新创业意愿学生向全体学生的转变。在总体目标下，《方案》还设立了2016—2018年阶段目标。2016年起全面深化创新创业教育改革，分层分类推进创新创业教育与专业教育深度融合；2017年形成分层分类、深度融合、协同推进的创新创业教育新模式，建立健全将课堂教学、自主发展、实训实践、指导帮扶、文化引领融为一体的创新创业教育新体系；2018年形

---

① 郭春发：《大学的多中心治理——以建设世界一流大学政策为切入点》，《自主治理与扩展秩序：对话奥斯特罗姆》2012年11月1日。

成一批可复制推广的成果，力争把沈阳师范大学建设成为区域需要的高素质创新创业人才培养基地。《方案》提出了推进创新创业要完成的八大任务。一是注重理念导向，制定科学全面的创新创业教育发展规划；二是注重需求导向，设计深度融合的创新创业人才培养机制；三是注重分型导向，构建特色鲜明的创新创业教育课程体系；四是注重能力导向，搭建支撑有力的创新创业实践教学平台；五是注重育人导向，形成多方联动的创新创业教育协同体系；六是注重实践导向，建设内外一体的创新创业教育导师队伍；七是注重服务导向，建立全程联动的创新创业实践保障体系；八是注重文化导向，培育维度多元的创新创业教育良好氛围。《方案》还进一步明确了保障措施。一是健全组织领导体制。成立学校创新创业教育工作委员会；二级学院成立创新创业教育工作委员会分委会；组建创新创业教育研究室。二是出台政策保障。完善创新创业教育工作管理机制，启动创新创业实验班项目，探索个性化培养教学管理制度，为有意愿、有潜质的学生制订创新创业能力培养计划，搭建发展平台；允许学生休学创业，可保留1—3年学籍；支持参与创新创业实践并获得奖励或发明专利的学生，优先转入相关专业；建立专业创新课程学分和创新创业实践拓展学分积累与转换制度；首批建成10个左右的示范专业，学校专项经费资助10万元/专业；建设30门左右的校级创新创业教育示范课程，每门资助建设经费0.5万元；设立"沈阳师范大学创新创业教育名师奖"。三是提供经费保障。年经费投入120万元，创业孵化基金每年投入不低于10万元。①

党委副书记贾玉明在2015年继续教育工作会议上指出，继续教育工作具有办学方式和管理方面的复杂性，新时期党和国家对继续教育工作又提出新的更高要求，需要我们在把握好国家政策的前提下，结合我校实际，创造性地把继续教育事业做好。他强调，质量是继续教

① 《学校2015年本科教学工作会议暨深化创新创业教育改革工作推进会议召开》，《沈阳师范大学学报》2016年第19期。

育的生命线，要推进课程教学改革，落实教学督导制，充分利用现代化的教育手段和资源，大力提升继续教育质量；要加强管理，规范办学，严格落实学校党委对继续教育提出的总体要求，维护沈阳师范大学良好的社会声誉。副校长李铁君在总结讲话中对我校继续教育工作提出了五点要求。一是继续强化成教办学的质量意识和责任意识。责任意识具体体现在办学质量上。在继续教育的各个环节中，都要坚守这种质量意识，维护沈阳师范大学的声誉。二是创新继续教育办学的模式。继续教育要加强特色化办学，坚守成人教育职业化理念。不同专业有不同的培养模式，要与相对应的行业和企业对接。要从培养学生的角度去创新和发展新的办学模式。三是加强教学资源建设。要拓展视野，在教学资源共享的前提下，寻求更友好的更广泛的深度合作，实现双赢。四是学校要积极推进改革，建立有效的监督检查机制。五是各学院要与合作方密切配合，不断加强交流与合作。继续教育学院院长华正伟作了题为《更新观念，深化改革，规范管理，提升内涵，进一步推进继续教育稳步发展》的工作报告；王海副院长对即将出台的《成人教育学生成绩互认暂行管理办法》、《成人教育网络课程建设方案》等相关制度进行了解读。①

由以上案例可以看出，沈阳师范大学在对校内事务进行法治管理的过程中处理好了大学与政府之间及中央与地方之间的关系。首先，在大学与政府的关系上，沈阳师范大学在进行相关工作的布置与实施前邀请相关政府部门的人员对政策及指导文件进行解读，并根据政府政策制订本校具体的实施方案，将方案实施的整个过程置于政府的监督之下。既实现了大学的自治，又始终是在政府政策的指引之下前行。其次，在中央与地方之间，地方政府努力扮演好了中央与地方高校之间的中间人关系，在传达中央思想与精神的同时结合当地高校教育发展的实际情况为高校做出指导，并给予地方高校充分的自治权与自治空间。

---

① 《我校召开 2015 年继续教育工作会议》，《沈阳师范大学学报》2015 年第 5 期。

　　首先，从长远来看，法治方式规制大学政策有利于人类的长远发展。高等教育强调要平衡科学教育与人文教育的关系，强调以理想、道德、文化等为内容的素质教育，强调要突破现有专业限制、加强跨学科通识型人才的培养教育，要求为人类社会的未来发展提供新型人才支持。只有在科学合理大学政策引导下的高校才会真正成为世界的科学与文化的创造中心和新思想传播的发源地，这样的大学运用科学与文化最为前沿的理念和综合性知识培养出的学生才会符合整个社会的发展需要。其次，从国防、经济条件来看，法治方式规制大学政策有利于提升综合国力。政府在制定大学政策时，需要充分考虑到国家经济条件与国力要求，对于需要的人才类型要有最清醒的认识。大学是重大科学发明与发现的场所，是高层次专门人才成长的摇篮。衡量一个国家的综合国力的指标包括生产总量、财富状况、自然资源等，但重要的是科技实力与人力资本的状况。由于科技与人才的水平和质量越来越成为推进生产力发展与社会进步的主要力量，特别是在人类即将迈入知识经济时代，知识成为各种生产要素中非常重要的资本，因此法治方式规制大学政策更容易实现有助于国家综合国力提高的人才培养模式。最后，从教育体系来看，法治方式规制大学政策有利于学科整合。学科发展的整合化趋势，使自然科学、社会科学、技术科学所形成的理论和概念向其他学科渗透，逐渐使一个学科的理论和概念变成各门学科通用的理论和概念。学科的整体化发展趋势，突出了具有综合性研究型大学地位的重要性，产生了建设这一类大学的社会需求。学科整合的大学单位，拥有最为先进的实验设施，最为广泛的信息网络，特别是集中了顶级的研究人员和最有创造性的社会青年。因此，在这些大学里最有条件进行学科交叉与融合，最有可能实现学科的创新与发展。这样，就形成了学科整合促进学科创新，学科创新辅助学科整合的相互循环，不断促进大学发展的有力条件。[①]

---

　　① 张春浩：《中日韩建设世界一流大学政策比较研究》，硕士学位论文，东北师范大学，2003 年。

第二节 用法治方式把握大学决策

法治方式把握大学决策最重要的就是要落实党委领导下的校长负责制，这是经过反复探索与实践而形成的我国高等学校的根本领导体制，落实党委领导下的校长负责制是完善大学制度的一项重要内容，也是落实高等学校全面推进依法治校的保证。沈阳师范大学通过多年的实践探索，体会到法治方式把握大学决策需要学科创新发展、处理好行政权力与学术权力、加强领导班子的自身建设，加强制度建设和制度创新，积极推进党务、校务公开等各方面措施的整合作用。

【案例】

在"沈阳师范大学教师教育工作会议"上，校长林群，副校长关松林、夏敏出席会议；校级督学，相关职能部门和学院负责人参加了会议。会议由教师教育处处长刘天成主持。林群校长在讲话中对近几年我校教师教育工作取得的阶段性成果给予了充分肯定，从战略高度分析了我校在国家教师教育改革背景下面临的形势和挑战，对今后的教师教育工作提出了具体要求。一是要统一思想、提高认识，认真学习领会国家教师教育改革文件精神。各单位要深入学习国家教师教育改革相关文件精神，尤其是《教师专业标准》和《教师教育课程标准》等纲领性文件，更新教师教育培养观念，从战略高度认识教师教育改革的必要性和紧迫性。二是要准确把握学校总体要求，落实好学校《教师教育改革推进计划》。承担师范生培养任务的相关单位，要依据学校推进教师教育改革的文件精神，结合学院实际情况，通过优化资源配置、凝练专业特色，进一步论证人才培养目标的指向性和培养规格的特色化，尤其是教师教育类国家级特色专业建设单位，要在新一轮的教师教育改革中发挥辐射和引领作用。三是要明确培养主体，提升培养质量。学院是师范生培养主体，要依据学校文件，认真修订师范生培养方案，发挥学院教授委员会在学科发展、专业建设方面的作用，创造性地开展工作。四是相关职能部门做好统筹协调工作。教师教育部要做好政策研究和统筹工作，为下一阶段教师教育工作的深入开展做好政策引导和统筹协调；本科生教育部、研究生教育部、基教中心等相关职能部门要积极配合，协调资源为教师教育工作的顺利开展提供保障。副校长关松林作了题为《统一思想，明确任务，深化教师教育课程改革，构建 U－G－R－S 协同培养机制，培养和造就引领基础教育改革和发展的优秀教师》的报告。报告回顾了近年来我校教师教育工作取得的成绩；从国家教师教育的战略性转变、同类院校的竞争压力、教育部实施的教师资格考试改革和我省基础教育的发展等方面深入分析了我校教师教育工作面临的形势和挑战；提出了未来三年我校教师教育工作的总体思路和主要任务。会上，教师教育部副部长、教师专业发展学院院长景敏就《沈阳师范大学教师教育课程方案》的相关内容进行了解读和说明。[①]

　　几年来，学校把加强专业建设、全面提升人才培养质量作为本科教育教学工作的重中之重来抓，先后出台了一系列举措。制定了《沈阳师范大学专业建设与发展规划（2014—2018）》，实施"一专一策"，在重点专业建设的基础上遴选具有示范和辐射作用的支柱性与标志性专业，以此带动学校专业水平的整体提升。同时，学校持续加大经费保障力度，专业建设经费和教学仪器设备经费投入累计 3000 万元以上。学校不断深化人才培养模式改革，实施转专业和选课"双放开"，最大限度地满足了学生自由选课和跨专业选课的需求，满足了学生对优质教育资源的渴求，促进了专业之间、教师之间的良性竞争，激发了学生自主学习的浓厚兴趣；先后在通识核心课建设、课堂教学改革、教师教学业绩考核、考试制度改革等方面进行专业综合改革，卓有成效地推进大学生创新创业教育工作。这些举措有力地促进了专业建设整体水平的显著提升，全校上下已经形成了重视教学、潜心教

---

① 《推进教师教育改革，提升人才培养质量》，《沈阳师范大学学报》2015 年第 5 期。

学、研究教学、得益教学的良好氛围。①

结合以上两则案例，归纳来看，沈阳师范大学在运用法治方式把握大学决策时，主要集中于以下五点。

第一，用法治方式把握大学决策，需要以学校科学发展、创新发展为关键点。沈阳师范大学实行学部制改革。学部制改革的重要意义，首先是在学科发展上，会起到很好的协调作用。教育学部组建之后，出台了几个规划方案，其中包括学科发展建设的规划方案，这个方案把我校教育学科的力量整合起来，明确了前进的方向。在此基础上，经过几年的工作，我们就会看到在学科建设方面所取得的成效。除了很好地解决学术发展的协调性作用之外，学部制还比较好地解决了学校管理幅度过宽的问题。从管理学的角度来看，管理有一个合理的幅度，过窄、过宽都是缺乏经济性和效率性的。目前我们国家的大学，普遍存在管理幅度过宽的问题，下设的学院或系一般都在 20 个以上，我们学校的学院也超过了 20 个，通过学部制的改革把相近的学科与专业整合起来，资源优化配置，就能提高质量、水平和效益。（1）迅速出台《沈阳师范大学人才培养模式改革方案》，比如本硕连读问题，吸引优质生源问题，还有其他相关问题的文件都要出台。（2）新学期开学后，我们将要修订《沈阳师范大学专业建设与人才培养方案》，以解决专业建设的一些根本性问题，包括下一步我们要建多少个专业，建哪些专业，都必须要有目标、有规划、有措施。所以在即将出台的发展规划中我们强调，要建设支柱性专业，支柱性专业省内一流，标志性专业全国一流，要建这样的师范大学。

第二，用法治方式把握大学决策，需要正确处理行政权力与学术权力的关系。对学术委员会进行调整更新。在深入学习实践科学发展观的时代背景下，我们重新修订和完善了《学术委员会章程》，进一

---

① 《我校在 2014 年省内本科专业综合评价中取得优异成绩》，《沈阳师范大学学报》2015年第 7 期。

步理顺了党政管理权力和学术权力的关系。教授代表是学术委员会的主要组成部分，以无记名投票差额选举的方式产生主任委员。评定委员会、教师聘任委员会、教学指导委员会、科学研究委员会、学科建设委员会、研训委员会、学术道德委员会等 7 个专门委员会下属于学术委员会。把纯学术事务交给学术委员会决策。在学校层面，认定学术委员会作为学校最高学术决策机构的地位，对学术事务拥有审定权。学校党委对机构调整、干部变动等重大问题进行相应的讨论决定。学术委员会所做出的决定，相关职能部门无条件执行。不断强化院（系）教授委员会职能。自 2004 年起，我校在院（系）一级实行了教授委员会制度。几年来，教授委员会在本学院（系）的中长期发展规划、学科专业建设方案、教学改革立项、重点科研方向、科技开发选题的确立以及教师职务考核聘任等方面发挥了重要作用。[①] 建立起了教授委员会决策、行政班子执行、党总支保证监督，科学高效、运行顺畅的院（系）级工作管理机制。

　　第三，用法治方式把握大学决策，需要关注领导管理层的自身建设。领导班子建设是实现高效党的领导的中心环节，努力建设一支政治坚强、作风过硬、清正廉洁、艰苦创业、群众信任、能适应建设一流师范大学的要求、与时俱进的校级领导班子团队。一是用校中心组学习为载体，加强政治理论学习，坚持用马克思主义、毛泽东思想、邓小平理论和"三个代表"重要思想武装头脑。二是以贯彻执行党的民主集中制的组织原则为核心，增强领导班子的活力和团结统一。三是加强党风廉政建设，进一步落实党风廉政建设责任制，抓好责任追究。在努力成为社会主义"政治家""教育家"要求的指导之下，进一步坚持和完善党委领导下的校长负责制，坚持民主集中制原则，正确处理好"党委决策"与"校长负责"、"集体领导"与"分工负责"的关系，团结合作，增强凝聚力和向心力，使党委成为学校发展建设

---

① 陈小鸿:《关于高校完善党委领导下校长负责制的思考》,《高教与经济》2012 年 6 月 15 日。

事业的坚强领导核心。

第四，用法治方式把握大学决策，需要加强制度建设和制度创新。在管理体制和运行机制方面，建立科学、现代、民主、高效的管理体制和有序、规范的运行机制。通过进一步深化校内管理体制改革，建立起职责分明、运行有序、管理有效的校、院、系三级管理体制；通过深化干部、人事制度改革，进一步调动广大教职工的积极性、主动性和创造性；通过对学校业务工作决策模式改革的探索，促进教学与科研工作上质量；通过提高管理工作的现代化水平，提高工作效率；通过建立健全各项规章制度，推进依法治校进程，做到令行禁止，营造规范有序的学习和工作环境。搞好制度建设，建立规范有效的工作运行机制。科学管理的理论与实践表明，一所高校的管理系统，决策、执行、监督、反馈一个环节也不能少。国家的有关文件对大学党委和校长的职能都有规定，但在实际工作中有很多方面存在着交叉和重叠，而且监督与反馈系统的作用往往发挥不出来。在这几年工作中，我们经过总结和探索，尝试性地制定了一系列的文件，如《党委议事规则》《校长办公会议规则》《教职工代表大会制度》等，逐渐把党委的工作定位在决策层面，校长的工作定位在执行层面，教代会的工作定位在监督与反馈层面。对于关乎学校发展建设的重大事项，都是由党委会集体谈论作出决策，决策作出后主要由校长组织实施，由教代会进行民主监督和反馈。这样的做法，较好地发挥了党委集体领导作用，也比较好地发挥了校长在学校管理中的智慧作用，教职工代表大会的地位与作用也显现出来。正是这个运行机制的逐步确立与明晰，成为学校工作健康发展的有效保障。

第五，用法治方式把握大学决策，需要积极推进党务、校务公开。大力推进现代大学制度建设。扩大师生的知情权与参与权。要广泛听取教职工、学生对学校包括教学、科研、日常管理等各方面的意见与建议，建立健全信息反馈机制，进一步完善校务公开制度。在整个过程中坚持公开、公正、透明的原则，认真处理与师生切身利益相关的重大事务。深入推进学生参与学校管理活动，使其成为经常化、制度化的行为。严格执行校务公开制度的相关举措，使教代会全体会议的召开成为常态，校长在大会上定期做报告工作。在大会上，校长工作报告审议、学校发展规划、年度财务预决算、工资和津贴调整等涉及教职工切身利益的重大事项应进行讨论、决议。学校发展建设的相关事项，除党和国家规定的保密事项以外，原则上都要在一定范围内公开，积极接受广大教职工监督。从体制与机制层面进一步使教职工以及学生民主参与学校管理的权利得到落实。院级层面教授委员会作用的发挥及校级层面上学术委员会作用的发挥，便是教授和教师管理工作参与权的扩大。同时，我们要通过教代会、工会、共青团、学生会等群团组织，通过校务公开等一系列办法来进一步扩大教职工和学生在学校管理工作中的知情权、参与权和决策权，以更好地来强化民主管理，提高办学质量。

第三节　用法治方式解决大学纠纷

高等学校作为一个共同体，因共同道德而赖以存在，共同道德构成了高等学校成员的人权基础，大学纠纷的产生正是由于这种低度的大学基本权利受到了侵害，我们在米尔恩教授提出的作为普遍道德标准中的六项低限人权的基础之上结合《世界人权宣言》及国际人权公约中有关人权的条款对沈阳师范大学组织相关成员应享有的最低限度的权利进行分析。

第一，生命权。它源自敬重人类生命的普遍道德原则，其基本含义是："每个人都享有不遭受任意杀害、不受不必要的生命威胁的权利。"[1] 这是由人类共同体得以存续的必要条件和康德的人性原则所决定的必然道德要求，因其源自人的自我保存的本性且为人享有一切权

---

① ［英］A. J. M. 米尔恩：《人的权利与人的多样性——人权哲学》，夏勇、张志铭译，中国大百科全书出版社 1995 年版，第 156 页。

利的基础而被公认为"第一要义"的人权。

第二，公正权。米尔恩的第二项人权是由"给每个人以其应得"的公正原则推演出的公平对待的公正权，即以公平对待为表现形式的公正权。① 公正权作为现代人权的核心内容，它赋予每个人得到公平对待的资格。由于公正权主要是一项积极的接受权，用霍菲尔德的权利概念分析，它是一项要求权。因此，相对应的高等学校职能部门负有严格实施该原则的义务，以保障要求权的实现，体现在教育法的基本原则上就是教育法治和教育公平两项原则，这项权利的内容包括：（1）不受歧视权；（2）接受正当程序的权利；（3）公正复议与诉讼的权利。

第三，获取帮助及服务的权利。"作为共同体生活的一项原则，伙伴身份要求每个成员不能对其他任何成员漠不关心，并要在需要时提供力所能及的帮助。因此这授予每个处在困扰中的人享有霍菲尔德所说的从其伙伴成员那里获取帮助的要求权。"②

第四，正当校规遵从下的自由权。在米尔恩看来，不受专横干涉的自由既是作为共同体生活的道德原则，也是每个成员享有此项自由的权利。它由霍菲尔德的三项权利构成：豁免权，一般自由权和权力权。豁免权授予权利主体不受任何专横干涉的权利；自由权授予他去做任何他没有义务去做的事情的权利，和不去做任何他没有义务去做的事情的权利，假如他的行为和不行为都不妨碍他履行他所担负的任何其他义务的话，干涉这一自由权利是专横的，除非它具有道德上的正当性；权力授权主体抵抗专横的干涉，但使用的手段不得过度。不受专横干涉的自由权在校规中的体现是学生享有校规遵从下的自由权，具体包括人身自由权、人格尊严权、诚实推定权、法定最低限度的校规遵守权和隐私机密权等内容。（1）人身自由权。《世界人权宣言》第3条即规定，人人享有生命、自由和人身安全。第9条规定，任何

---

① ［英］A. J. M. 米尔恩：《人的权利与人的多样性——人权哲学》，夏勇、张志铭译，中国大百科全书出版社1995年版，第158—161页。

② 同上书，第165页。

人不得加以任意逮捕、拘禁或放逐。（2）人格尊严权。人格尊严是人权的基础，高等学校不得因所涉及主体的争议或纠纷而侵犯或损害当事人的人格尊严。（3）诚实推定权。这是人格尊严权内含的一项权利，意指学校在尚无真凭实据证明某人具有违章违纪事实或行为的存在的情况下，应首先认定当事人是诚实的，是可以信赖的和无过错的，直到有足够证据并由学校来推翻这一认定为止。诚实推定权能有效保证当事人免受学校粗暴无礼的干涉，在人格尊严不受侵犯的同时，利于其经济、高效地参与教育教学活动以及开展自身活动。（4）法定最低义务权。此项权利是指学校主体有权在法律规定的范围内选择遵守最低幅度的义务，是享有教育法遵从前提下的一项极为重要的自由权利，以保证在法律下的自由及合法权利免受非法侵害。（5）隐私机密权。《公民和政治权利国际公约》对隐私权的规定为任何人的“私生活、家庭、住宅和通信不得加以任意或非法干涉”。例如，对于学生而言，其隐私权不仅涉及个人及其家庭重大隐秘事项，还应包括虽不重大却为当事人所不愿为人知晓的个人信息以及与其生存、发展有关的经济信息、经营管理秘密等内容，学校有义务承担保密责任，使学生机密记录免于泄露，并担保只在合法必要的限度内使用有关资料、信息。这项权利对维护学校成员的人格尊严及自由权非常重要。

第五，信息权。诚实行为原则是共同道德原则之一，要求所有的共同体成员在一切交往中，忠诚信诺，无论何时都要在语言和行为上保持诚实。此原则包含的人权便是诚实对待的要求权，即权利人享有被告知与其有关的任何事情的真实情况的权利。诚实对待权在高等学校教育中的体现则是，学校成员据此享有被告知与教育和自身有关的一切信息的要求权，即信息权。信息权对于学校成员合理地预测各种教育活动以及权利危机，以便理性地做出自己的行为决策具有重要的意义，它是进行教育自我预测与筹划的前提和基础。

第六，礼遇权。米尔恩认为“礼貌包含了霍菲尔德所说的关于权利人在一切场合都受到礼貌对待的要求权”。它“要求一个共同体和任何形式的联合体的成员在相互关系中总是彬彬有礼，不仅必须不得为无端的粗暴行为，而且必须表现出对他人情感的尊重"。"不过，倘若基于正义和社会责任的坦诚之言或诚实无欺的行为，使对方感到震惊或苦恼，则不属不礼貌。"① 礼遇权在学校教育管理领域则有了特别的意义，礼遇权可使学校成员免受粗暴、蛮横、漠视等无礼待遇，使其权利主体地位得到应有的尊重。

值得单独提及的是，在高校中，实际与学校间发生纠纷的往往是学校的教师与学生，而相对而言，学生更处于弱势群体地位。为此，基于以上六项标准，沈阳师范大学总结出了高校与学生的纠纷的两大类别：一类是高校与学生之间产生的民事纠纷；另一类是在内部和外部行政法律关系中，高校在教育、管理学生时形成的教育纠纷。对于这两类纠纷，应采取不同的方式解决。

第一类：民事纠纷的解决。结合我国法律规定和高校管理实践，大学生作为完全行为能力人与高校形成的民事法律纠纷有以下几种情况。1. 财产管理或租用财产纠纷。普通高校的校园设施（含学生公寓的租用）、教学设施及其他设施，既是学校的财产，也是学生在校学习所必需的物质条件。如果学生破坏或不当使用这些财产，学校可基于所有权而要求其赔偿。2. 饮食服务纠纷。普通高校或者引入社会资金在校园内提供的饮食服务，遵循等价有偿的原则，属于民事法律关系。3. 损害赔偿纠纷。其实，以上前两种纠纷均可以发展到损害赔偿纠纷，在此把它单列一类，原因是高校与学生之间各种形形色色的纠纷，其最终结果是引发损害赔偿法律关系。这类纠纷大致有如下几种。（1）因高校对其财物管理不善或与之相似的原因而使学生权益受到侵害的事故，如房屋倒塌，因提供的教学设备、生活服务设施等不符合国家有关标准而导致学生伤亡。（2）因饮食服务瑕疵而发生的导致学生人身伤亡，如食物中毒。（3）因制度不健全或措施不到位而造成学生的伤亡事故，如因学生公寓防火安全制度不健全而导致的火灾。

---

① ［英］A. J. M. 米尔恩：《人的权利与人的多样性——人权哲学》，夏勇、张志铭译，中国大百科全书出版社 1995 年版，第 169—170 页。

（4）因教学管理等活动中而致使学生的伤亡事故，如教师因与学生发生人格冲突或身体冲突，而使学生受到精神或身体的伤害等。①

第二类：教育纠纷的解决。高校管理行为哪些属于司法审查的范围（具有可诉性，但实践中法院不一定受理），哪些属于其办学自主权的范围（不具有可诉性，法院不受理）。对此，理论界的认识和现行法律法规的规定相当模糊。因此，在现实中的常规惯例是以是否影响教育法规定的"学生"法律地位、是否涉及学生基本权利为标准，凡涉及"学生"法律地位和基本权利的处分行为属于"基础关系"（可诉），如留校察看，开除学籍，不予发放学历、学位证书等，应纳入司法管辖；为保证高校正常运作的基础，对于非基本权利的事项，即没有涉及学生法律地位的处分行为属于"管理关系"（不可诉），如日常生活的管理、奖学金的评选与发放、警告、严重警告、记过等处分和奖励等。"管理关系"的救济途径是申诉而不是起诉。这样才能在保护学生合法权益和照顾普通高校教育管理这两者的博弈间达到平衡。②

【案例】

沈师大校〔2014〕120 号　　　　签发人：王大超

关于辽宁东佳物业管理有限公司以其在我校

第三生活区公寓宿费收费权质押的函

沈阳恒信担保有限公司：

贵公司与辽宁东佳物业管理有限公司（简称"东佳物业"）签订了委托保证合同，由贵公司为东佳物业向银行借贷 5000 万元事宜提供担保期限三年，同时东佳物业以其基于与我校签订《合作建设与管理学生第三生活区及部分设施协议书》所获得的在我校第三生活区学生公寓宿费收费权向贵公司提供质押反担保。我校现就收费权质押问题向贵公司提供如下承诺：

---

① 丁一：《纳税人权利保护的最低法律标准——一种人权的视角》，《财税法论丛》（第 2 卷）2003 年 5 月 1 日。

② 同上。

1. 我校知晓并同意东佳物业以其在我校第三生活区学生公寓宿费收费权作为唯一权利质押给贵公司，且认可贵公司为该项权利的唯一排他权利人；

2. 我校同意贵公司和贷款银行在收费权质押期间在我校第三生活区代收宿费，所收款项直接存入东佳物业于相应贷款银行所开设账户，用于偿还贵公司所担保的贷款，我校保证不以任何理由加以干涉或阻挠并提供必要的便利；

3. 我校认可贵公司所取得的收费权质押权利存续期间为自担保合同生效起至东佳物业偿还全部贷款止，如贷款担保期限内所收宿费不足偿还贷款出现贵公司代偿贷款事项，贵公司和相应贷款银行有权继续收取宿费，贵公司收费权质押权延续至所收宿费足以抵偿全部贷款本金、利息及因此产生的相关费用和一切损失时为止；

4. 我校保证不因东佳物业与我校因任何纠纷而收取我校第三生活区学生公寓宿费而抵顶任何欠款、费用或损失，且承诺配合贵公司为实现收费权质押及履行该项收费权所需办理的一切手续。

二〇一四年七月七日

沈阳师范大学校务办公室

通过以上案例中的学校事务性纠纷，以及前文案例中教师劳动纠纷和学生管理纠纷得见，作为一个以满足法治要求为基本的和谐社会，实现执法及司法的公正是必须的。因为只有在执法和司法公正的现实条件下，社会公正才能得到维护。案例中的沈阳师范大学便明确地掌握了四项基本要求和原则。第一，高校管理者在管理实践中体现法治精神，注意法律法规与校规的有机统一。第二，高校依法制定管理制度，更多地用契约关系去调整高校与学生的关系。这就是说，高校在制定规章制度时，将之作为合同的主要内容，与学生的代表组织充分协商，违反约定的一方承担违约责任。更多地用契约关系去调整高校与学生的关系，这与未来的发展趋势相吻合。第三，高校正确行使对违规者的处分权，这要求管理者的管理行为必须遵循正当程序原则：

一是处分主体与权限要合法，处分行为必须以学校的名义做出；二是内容要合法，即处分所依据的事实、证据要真实、充分，并且要符合学校的处分条件；三是目的要合法，处分是为了教育违规者和维护学校秩序；四是要有程序保障，在处分时要告知对方处分所依据的事实、法律依据，要听取对方的意见与申辩。第四，主动明确高校管理行为哪些属于司法审查的范围，以方便有关人提起教育行政诉讼。① 只有在四项基本要求与原则之上，才能在执法和司法公正的现实条件下，最大限度地维护社会公正。

第四节　用法治方式控制大学权力

从历史的进展来看，权力与腐败相生相伴，权力的滥用是腐败的根源。要有效遏制和预防腐败现象的发生，必须加大对权力的制约及不断完善权力监督机制。当前，制约权力，遏制腐败，建设廉洁高校已成为每一所高校都重点关注的课题。资中筠曾经表达过："没有法治的反腐难言乐观。当上层采取了高度集权的政治方向，那么改革与权力的矛盾，一定会有一个爆发点，矛盾张力紧张到一定程度时，就会出现究竟谁战胜谁的问题。在政治高度集权的情况下，经济措施每落实一项都必然触动非常强大的权贵既得利益，我对目前这种方式的反腐，无论能揪出几个大老虎，也不抱太大的希望。最重要的我认为还是法治的问题。如果不强化法治，目前实行的大力反腐、反贪官，在另一方面又将民间的健康反腐力量一同压下去。相当温和的、配合正面改革又具有善意的、想让社会和平向前推进的力量，都被当作敌对力量。仍依靠原来的老式反腐办法，就是'包青天'的办法是不行的。而在现有体制下贪官是抓不完的。"② 在高校中对权力的制约离不

---

① 梁述庆、莫庆珍：《依法治校，构建和谐——浅析我国高校与学生的法律关系以及纠纷解决机制》，《长春理工大学学报》2010 年第 10 期。

② 同上。

开依法治校的基本方略。然而，学校是社会组织的一部分，学校的发展和活动与外界政府、社会联系紧密，因此，依法治校落实的前提是依法治国的落实。依法治国在顶层设计上规范了政府行为，为高校行为作出示范与要求，依法治校为高校特别是决策层提供了规约，依法治教在教育教学层面为高校提供了制衡。总的来说，依法治国、依法治教、依法治校的核心都是要求政府的行政管理、学校的自主办学都必须以宪法和法律为最高准则，确保相关权力在法律的框架内运行，只有权力的依法运行才能有效预防腐败的发生。① 教育部 2013 年出台的《全面推进依法治校实施纲要》明确指出"规范和制约管理权力运行"的要求。

大学权力就其本质而言主要派生为行政权力和学术权力两类。大学行政权力是指为了实现高等教育的教学、科研及服务社会的基本职能，大学行政机构及其成员依据国家法律、政府政策法规及高校内部规章制度，对高校内部机构和全体成员的行为进行控制、影响和管理的一种能力。规章制度下等级组织和等级制度的构建及其运行是行政权力实施的前提。"科层化"是其鲜明特征，是一种自上而下的制度化的权力。大学学术权力，是指为了实现高等教育的教学、科研及服务社会的基本职能，大学内部的学术组织和专家教授，依据学术规范对高校内部的教学、科研人员和学生就其关于学科、专业、学术方面的行为进行控制、影响和管理的一种能力。学术权力的实施主要依赖于学科、专业、学术等方面的知识、规范和权威，是一种以学科、专业和学术为基础并依靠于学识的权威性权力。② 行政权力与学术权力的有效协作是大学学术事务和非学术事务有效管理的前提。

法治方式规制权力的要义，自然就是有效控制大学行政权力，保障大学学术权力。沈阳师范大学在法治方式处理行政权力与学术权力

① 王晓兵：《论推进依法治校是强化高校权力制约的重要途径》，《昭通学院学报》2013 年第 6 期。

② 柯彪：《依法治校是协调高校行政权力与学术权力的关键》，《郑州航空工业管理学院学报》（社会科学版）2010 年第 5 期。

方面已有建树，高校办学自主权的落实、党委领导下的校长负责制的完善、学术委员会职能的发挥、教职工代表大会的尊重等是其主要表现，我们可以从沈阳师范大学章程的规定中得以窥探。

第五条　学校举办者和辽宁省教育行政部门按照政校分开、管办分离的原则，依法对本校进行监管，尊重和保障学校的独立事业单位法人地位和办学自主权，提供和保证学校的办学资源，保护学校事务不受校外机构、组织、个人的非法干涉。

第七条　学校实行中国共产党沈阳师范大学委员会（以下简称学校党委）领导下的校长负责制，坚持"党委领导、校长负责、教授治学、民主管理"的治理模式。坚持自主办学、依法治校、科学管理、民主监督、社会参与、开放合作，尊重学术自由，保障教授治学的治理理念。

第八条　学校实行以校、院两级管理为主的内部管理体制，并可在国家相关法律、行政法规许可的范畴内，视情形调整管理模式。

第二十五条　学校实行党委领导下的校长负责制，学校党委是学校的领导核心，履行党章等规定的各项职责，把握学校发展方向，决定学校重大问题，监督重大决议执行，支持校长依法独立负责地行使职权，保证以人才培养为中心的各项任务完成。

第二十八条　校长是学校的法定代表人，在学校党委领导下，贯彻党的教育方针，组织实施学校党委有关决议，行使高等教育法等规定的各项职权，全面负责教学、科研、行政管理工作。

第三十一条　学术委员会是学校的最高学术机构，由学术委员会主任主持开展工作并依据相关规定和章程组建、运行。学术委员会主任一般由不担任行政职务的资深教授担任。

学术委员会的主要职责是：

（一）严格遵照教育部《高等学校学术委员会规程》（教育部令第35号，2014）开展工作。

（二）学术委员会是校内最高学术机构，统筹行使学术事务的决策、审议、评定和咨询等职权。

（三）对学校学术发展规划、科学研究和学科建设中的重大问题提出建议和意见。

（四）讨论审议校内科研机构设置，审议科研计划方案，审议推荐科研项目，审查评定科研成果。

（五）制定学术规范，维护学术道德，处理学术纠纷等事项。

（六）完成校长委托的其他学术事项及其他需要学术委员会决策的重大事项。

学校制定学术委员会章程。学术委员会按其章程开展工作。

第三十二条　各院教授委员会是学校学术委员会的延伸机构，是基层实行"教授治学"的组织形式，在校学术委员会指导下开展工作。

第三十四条　学校教职工代表大会（以下简称学校教代会）是教职工依法参与学校民主管理和监督的基本形式，行使下列职权。

（一）听取学校章程草案的制定和修订报告，提出意见和建议。

（二）听取学校发展规划、教职工队伍建设、教育教学改革、校园建设以及其他重大问题解决方案的报告，提出意见和建议。

（三）听取学校年度工作、学术工作、财务工作、工会工作报告以及其他专项工作报告，提出意见和建议。

（四）讨论通过学校提出的与教职工利益直接相关的福利、校内分配实施方案以及相应的教职工聘任、考核、奖惩办法。

（五）审议学校教代会提案办理情况报告。

（六）按照规定和安排评议学校领导干部。

（七）通过多种方式对学校工作提出意见和建议，监督学校章程、规章制度和决策的落实，提出整改意见和建议。

（八）讨论法律、法规、规章规定的以及学校与学校工会商定的其他相关事项。

学校教代会代表以教师为主体，教师代表不得低于代表总数的60%。代表以学院、研究所（中心）等为单位，由教职工直接选举产生。学校教代会选举产生执行委员会，其中教师代表应占多数。

学校内部组织机构依法建立教职工代表大会或者教职工大会制度。

教职工代表大会可以设专门委员会或者工作小组。

学校制定教职工代表大会章程。教职工代表大会按照其章程开展工作。

从沈阳师范大学章程中可知,沈阳师范大学在其行政权力及学术权力的划分及执行过程中合理地划分好了行政权力与学术权力。大学行政权承担着政府所赋予大学的公共管理职能,基于大学本身需要和政府授权而具有合法性。但同时努力处理好大学与行政机关、学术活动与国家管制之间的关系,维护大学学术权力。

在大学章程中划分了行政权力与学术权力的界限,廓清权力主体、事项范围,确立了各自的势力空间,形成有机分工、相互制约的态势。通过大学章程健全了行政权力与学术权力扁平式的权力结构。由于法律法规对高校行政权力与学术权力的行使程序以及运行机制没有明确规定,这也成为大学章程制定的重要内容。大学内的基本活动是学术活动,这种相对松散组织结构的重心主要在院系层面,是一种自下而上的运行机制。行政权力是一种金字塔式的科层式制度化的权力,是一种自上而下的运作方式。"科层制组织原则的目的就是创造有效率的组织,提高行政效率。"[1] 因此,在行政方面,大学章程对臃肿庞大的行政机构采取精简缩编,实行校长负责制,强化问责制,建立高效规范的科层制、程序性的运作体系。

在学术方面,不断提高教学、科研水平是大学可持续发展的恒久主题。学术科研是大学教学质量的推进器,教学管理又要以学术科研为后盾,学术权力的保障显得尤为重要。在沈阳师范大学用法治方式引领大学学术权力保障过程中,一是构建学术权力体系,提升学术话语权。以保障学术发展为核心要素权力系统的构建,协调校内行政权力和学术权力的关系,打造及完善学术权力平台,不断推进学术组织

---

[1] [美] 彼得·布劳、马歇尔·梅耶:《现代社会中的科层制》,马戎等译,学林出版社2001年版,第2页。

进行创新，最大限度地发挥学术权力尤其是大学教授在大学治教治学、教书育人、立德树人和科学研究中的骨干作用，不断拓展学术组织功能、提高学术组织（含院系）的权力与地位，促进大学行政权力服务于学术权力。① 二是保障教授治学，确保学术本位价值。通过制定和出台学术委员会章程、学术评议会等各种方式，充分发挥大学教授参与大学内部学术决策和科研管理方面的独特作用，进一步增强教授在教书育人、教学管理和参与学术事务决策中的综合素质和能力。三是廓清学术权力和行政权力的关系，摆脱学术权力的各种束缚和樊篱，划清学术权力与行政权力的界限，防止行政权力超过学术权力。其中最为重要的是，在科研上提高学术质量和学术能力，也在校园内着力营造鼓励学术创新和促进学术进步的舆论氛围与内外环境。② 并且出于对学术权力关键作用的认识，在管理上遵循学术规章、尊重学术自由；在教学上用学术推动教学，做到将教学与科研相结合。

---

① 刘金龙：《行政权力与学术权力在大学章程中的设计与重构》，《现代教育管理》2015 年 10 月 15 日。

② 黄快林、马学刚：《用法治方式引领大学内部治理》，《中国高等教育》2015 年第 18 期。

第八章 以法治形式保障大学发展

"制度问题不解决，思想作风问题也解决不了。"——邓小平

从宏观角度来说，法律制度是一个国家或地区的所有法律原则和规则的总称，即将一国的立法制度与司法制度总称为"法制"。从其作用对象来说，法律制度是指运用法律规范来调整各种社会关系时所形成的各种制度。它调整了多少社会关系就包含有多少种具体的法律制度，如行政法律制度、经济法律制度、婚姻家庭法律制度、诉讼法律制度、教育文化法律制度及狭义的法律制度等。① 大学强调的法制指的是大学用来规范各方管理的各种法规和政策。与高校息息相关的法律制度就是教育文化法律制度。对于法律制度的适配与执行，只有符合人性化的适己的可行的法律制度，才能执行到位，并真正发挥作用。

第一节　秉持大学法制的和谐一致性

大学需要法制作用的和谐一致，源于法律适用的和谐一致。在古罗马，法律是正义的象征，法律的基本原理有三：为人诚实，不损害别人的利益，不奢求不属于自己的利益。康德则把乌尔比安的三原则衍生为法律权利与义务的三个公式。第一，"正直的生活"，即每个人都是独立的目的，而非他人达成目的的手段。这是"我"的生活准则。第二，

---

① 王福泉：《社会主义先进法律文化构建问题研究》，《商丘师范学院学报》2012 年 8 月 15 日。

"不侵犯任何人"，这是社会交往的一般原则，涉及"我"与"外在世界"的关系，属于公法的范畴。第三，"把各人自己的东西归还给他自己"，即将"我"自己与他人一起加入生活的生活，涉及"我"与"特定他人"的关系，属于私法的范畴。这样，"我——特定他人——不特定外在世界"的三维关系的和谐一致，就可以达成正义的法律秩序。①借助以上观点，法制作为法治大学规制大学成员行为的标准形式，就是为了调整大学中"我——特定他人——不特定外在世界"三者相互之间的关系，维护法律的正义以及大学实现和谐一致。

归纳沈阳师范大学在秉持大学法制的和谐一致性方面，最重要的就是要树立科学的高等教育法制观。高等教育领域牢固树立科学发展观，目的必然是为了构建和谐教育，实现人的和谐、全面发展。公平是和谐社会的本质特征之一，教育公平是社会公平的基石。高等教育公平与其他社会领域的公平一样，包括教育起点公平、教育过程公平和教育结果公平。促进教育公平是教育法制的核心指导思想之一。从制度层面保证教育公平，是构建和谐社会的重要内容。无论和谐教育的设想多么美好，贯彻执行的理念如何先进，若没有强有力的法治保障，就不可能实现。通过优化学校秩序，规范法制环境，加强安全工作，落实国家《突发事件应对法》，确保广大师生的生命财产和学校资产的安全。要扎实开展节约型校园和生态文明型校园建设，强化师生员工的资源节约意识和环境保护意识，提高资源的使用率。

【案例】

（一）　沈阳师范大学文件

沈师大校〔2014〕230号

沈阳师范大学本科生学位论文作假行为处理办法实施细则

第一条　根据《国务院学位委员会关于在学位授予工作中加强学

---

①　徐爱国：《〈论语〉法律思想之西式解读》，《东方法学》2014年5月10日。

术道德和学术规范建设的意见》（学位〔2010〕9号）、《学位论文作假行为处理办法》（教育部令第34号）和《教育部关于严肃处理高等学校学术不端行为的通知》（教社科〔2009〕3号）等文件精神，为进一步加强我校学生诚信体系建设，净化学术环境，规范学术行为，保证本科生学位论文质量，杜绝本科生学位论文作假行为，特制定本实施细则。

第二条　本科学生向学校申请学士学位所提交的毕业论文（毕业设计或其他毕业实践环节）（统称为学位论文），出现本细则所列作假情形的，依照本细则的规定处理。

第三条　本细则所称学位论文作假行为包括下列情形：

（一）购买、出售学位论文或者组织学位论文买卖的；

（二）由他人代写、为他人代写学位论文或者组织学位论文代写的；

（三）剽窃他人作品和学术成果的。主要包括：

1. 原封不动或者基本原封不动地复制他人的成果；

2. 使用他人的学术观点构成自己学位论文的全部核心或主要观点，将他人的学术成果作为自己学位论文主要部分或实质部分；

3. 改变成果的类型，将他人完成的成果作为自己独立完成的成果，改变他人成果的具体表现形式作为自己独立完成的成果；

4. 引用他人的成果不加注释说明出处。

（四）伪造数据的。指在学位论文中伪造或篡改研究成果、调查数据、实验数据或文献资料以及捏造事实、伪造注释等行为；

（五）有其他严重学位论文作假行为的。

第四条　各单位在学位论文初稿审查、学位论文评阅送审、学位论文答辩等过程应对学位论文的真实性、原创性进行审核；指导教师应当对指导的学生进行学术道德教育，对其学位论文研究和撰写过程予以指导，对学位论文是否由其独立完成进行审查。

第五条　通过论文文字复制比检测、专家评审、论文答辩、他人举报等方式，发现有下列情形之一的，初步认定该学位论文涉嫌作假行为：

（一）在学位论文学术不端行为检测中全文文字复制比超过20%；

（二）在论文评审阶段，专家认定存在作假行为；

（三）在答辩阶段，答辩委员会认定存在作假行为；

（四）他人实名举报存在作假行为并提供相应材料；

（五）其他方式发现的学位论文作假行为。

第六条　本科学生学位论文作假行为的认定程序：

（一）发现涉嫌作假的学位论文，相关单位应组织专家组对学位论文作假行为进行初次调查，给出鉴定结果，并以书面形式告知学位申请人及其导师；

（二）学位申请人对初次鉴定结果无异议，各单位将初次鉴定结果报学校学位评定委员会备案；

（三）学位申请人若对鉴定意见有异议，应在接到通知后3日内以书面形式向学校学位评定委员会提出复议申请，逾期不予受理。学校学位评定委员会组织专家组进行复查，并将最终结果以书面形式告知学位申请人及相关单位，同时报学校学位评定委员会备案。

第七条　学位论文作假行为的处理：

（一）学位申请人的学位论文出现购买、由他人代写等作假情形的，学校取消其学位申请资格；已经获得学位的，学校学位评定委员会根据相关规定撤销其学位，并注销学位证书，并向社会公布取消学位申请资格或者撤销学位的处理决定；

（二）学位申请人的学位论文存在剽窃、伪造数据等作假情形的，视情节轻重给予学位申请人论文退回修改、延期答辩和取消学位申请资格的处罚。同时学校根据《学位论文作假行为处理办法》（教育部令第34号）及学校相关文件给予相应纪律处分；

（三）为他人代写学位论文、出售学位论文或者组织学位论文买卖的人员，若为在读学生，学校给予开除学籍处分；若为学校教师和其他工作人员，学校给予开除处分或者解除聘任合同；

（四）指导教师未履行学术道德和学术规范教育、论文指导和审查把关等职责，其指导的学位论文存在作假情形的，学校给予警告、

记过处分;情节严重的,降低岗位等级直至给予开除处分或者解除聘任合同;

(五)多次出现学位论文作假或者学位论文作假行为影响恶劣的单位,给予通报批评,并视情节给予其主管领导相应的处分。

第八条 学校学位评定委员会负责做出取消学位申请资格、撤销学位、延期答辩、撤销指导教师资格的处理决定;学校学生管理部门负责做出给予学位论文造假的在读学生的处理事项;人事处负责教师和其他工作人员相关处理事项。

对学位申请人员、指导教师及其他有关人员做出处理事项前,应当告知并听取当事人的陈述和申辩。

第九条 学位论文作假行为违反有关法律法规的,学校将配合执法机关追究法律责任。

第十条 本办法由学校学位评定委员会办公室负责解释,自发布之日起施行。

沈阳师范大学校务办公室

2014 年 12 月 16 日

(二)沈师大校〔2015〕7 号
沈阳师范大学教职工延(返)聘相关管理规定(试行)

根据国家和辽宁省关于事业单位职工退休管理的相关文件规定,结合我校实际,对我校教职工延长退休年龄及返聘工作做如下规定:

一 国家规定的退休年龄

1. 管理人员及专业技术人员:男性年满 60 周岁,女性年满 55 周岁。

2. 工人:男性年满 60 周岁,女性年满 50 周岁。

凡达到退休年龄的教职工,均应按时办理退休手续。退休年龄的计算,以个人档案最初记载并经教育厅认定的出生年月为准。

二 延(返)聘须具备的基本条件

1. 本人自愿;

2. 学科、专业建设需要，工作岗位需要；

3. 近三年工作量饱满，最后一个聘期（三年）考核结果为合格及以上；

4. 身体健康，能全岗工作。

三　延（返）聘时间

在符合延（返）聘基本条件基础上，延（返）聘时间为：

1. 受聘专业技术三级岗位男性人员在办理退休手续后，可申请返聘1年。

2. 受聘专业技术三级岗位女性人员，可申请延聘3年至58周岁，聘期考核合格后，可再申请延聘2年至60周岁。

3. 受聘专业技术四级岗位的女性人员，可延聘3年至58周岁（办理退休手续），聘期考核合格后，可根据岗位需要情况再申请返聘1—2年。

4. 教学科研一线的、业绩突出且教学效果好的女性人员，受聘副教授岗位的，在法定退休年龄前三年内，若同时具备下列条件可申请延聘1—3年，最长至58周岁。

（1）科研项目。获批：1项国家级科研项目（前3名）；或1项省部级科研项目（主持）并获得科研经费人文社会学科不少于1.5万元，理工学科不少于3万元；或1项省级教学改革研究项目（前3名）；

（2）学术论文。独立或以第一作者：在省级以上学术期刊上发表2篇（其中至少1篇学校认定的B类论文）本学科领域学术论文、译文（限外语专业教师）；或省级以上学术期刊上发表1篇、教改方面发表2篇；艺术类教师在省级以上学术期刊发表1篇本学科领域学术论文，且在省级以上刊物发表1个以上高水平艺术类创作作品。

5. 延聘期内职级晋升后，不再享受新职级延（返）聘政策。

四　延（返）聘申请及审批程序

1. 延（返）聘申请人需提前两个月，向所在单位提交书面申请和医院的身体健康检查证明。

2. 所在单位根据岗位需要情况和申请人条件，经教授委员会研究提出延（返）聘意见。若同意延（返）聘，请至少提前一个月将书面报告（报告要写明聘期内所要承担的任务）报人事处。

3. 返聘人员的确定原则上以校级及以上重点学科、重点专业建设需要为主，并经基层单位同意、校长办公会议研究决定，方予以返聘。返聘者由所在单位与其签订返聘合同，学校备案。

4. 延聘者按照上级要求办理相关手续。

五 延（返）聘期间待遇与管理

1. 延聘期间占岗占编，相关待遇不变，并按其岗位职责接受学校和基层单位的考核与管理。

2. 返聘者返聘期内的有关待遇原则上与同级在岗人员相同。

3. 延（返）聘人员与在岗同级人员管理相同，在科学研究、人才培养等方面继续发挥作用。聘期内根据岗位目标和任务，接受学校和基层单位的考核和管理。年度或聘期考核不合格者，学校将在次年终止与其的延（返）聘约定。

六 有关事项说明

1. 教授二级岗位人员延（返）聘按照《沈阳师范大学教授二级岗位人员延（返）聘管理规定（试行）》（沈师大委〔2014〕29 号）文件执行。

2. 本办法自公布之日起实行，《沈阳师范学院专业技术人员干部退休及延长退休年龄的有关规定》（沈师院发〔2002〕35 号）文件同时废止。

3. 国家出台新政策时，按国家文件执行；本办法未涵盖的特殊情况，按国家相关政策执行。

4. 此文件由人事处负责解释。

沈阳师范大学校务办公室

2015 年 1 月 21 日

以上两则案例很好地体现了沈阳师范大学在秉持大学法治和谐一致性原则的过程中，牢固树立并贯彻执行了科学的高等教育法治观，一方面，努力维护高等教育领域的公平与和谐，坚决反对任何形式的本科生学位论文作假行为；另一方面，为了构建和谐教育，竭力为实现人的和谐与全面发展创造条件，这点从其颁布执行的教职工延（返）聘的相关管理规定中得以窥见。

（三）

沈师大校〔2015〕171 号

沈阳师范大学关于进一步加强本科生公共课建设的若干意见

为全面落实教育部《关于全面提高高等教育质量的若干意见》（高教〔2012〕4 号）、中宣部、教育部《普通高校思想政治理论课建设体系创新计划》《高等学校思想政治理论课建设标准》和沈阳师范大学 2013 年教学工作会议有关文件精神，以立德树人为根本任务，切实将培育和践行社会主义核心价值观融入公共课教学的全过程，强化公共课教学在专业建设和人才培养中的重要作用，使公共课教师潜心于教育教学，自觉投入教育教学改革当中，促进我校公共课教学的持续健康发展，现提出如下意见：一、充分认识公共课教学在人才培养中的地位与作用；二、深化教学改革，切实提高公共课教学质量；三、加强团队建设，全面提升公共课教师教学能力；四、强化实践教学，积极推进公共课教学课内外一体化；五、完善保障体系，切实改善公共课教学条件。

沈阳师范大学

2015 年 11 月 20 日

（四）

沈师大校〔2015〕130 号

沈阳师范大学推荐优秀应届本科毕业生

免试攻读研究生工作办法（修订）

根据教育部《全国普通高等学校推荐优秀应届本科毕业生免试攻读硕士学位研究生工作管理办法》（教学〔2006〕14 号）、《教育部办公厅关于进一步加强推荐优秀应届本科毕业生免试攻读研究生工作的通知》（教学厅〔2013〕8 号）、《教育部办公厅关于进一步完善推荐优秀应届本科毕业生免试攻读研究生工作办法的通知》（教学厅〔2014〕5 号）等文件精神和辽宁省教育厅有关规定，为进一步规范推荐免试生工作，制定本办法。

一　推荐对象

纳入国家普通本科招生计划录取的全日制应届毕业生（不含专升本、第二学士学位学生、独立学院学生）。

二　推荐原则

1. 优先特殊专业。我校国家级、省级、校级重点建设专业以及校级支柱性与标志性专业等特色专业优先推荐本专业学生获得推免生资格。

2. 全面择优选拔。采用综合评价标准，全面考核，坚持品德优良，注重学业成绩、突出专业能力。

3. 彰显专长潜能。有特殊学术专长或具有突出培养潜能，可为学校做出突出贡献者，可优先获得选拔推荐资格。

4. 规范推荐过程。以基层单位为责任主体，推荐环节公开透明，自觉接受各界监督，坚持公平、公正推荐选拔。

三　推荐条件

1. 品行优良。遵纪守法，诚实守信，学风端正，身心健康，有社会责任感；无任何违法违纪和剽窃他人学术成果的不良记录。

2. 学习成绩优秀。以综合成绩排名作为推免依据和推免顺序。综合成绩主要以学生的智育成绩、思想品行、科研与社会活动能力及其他各种获奖励情况综合测评（参见《沈阳师范大学学生综合测评办法》）；智育成绩以本人的"学分加权平均分"为准，原则上不得有补考科目。综合成绩和智育成绩排名须分别达到所在专业同年级学生总数的 15% 以内。

3. 英语基础较好。非外语专业（除艺术、体育等相关专业外）学生须参加全国大学英语四级考试（其他语种与大学英语四级相对应）成绩在 425 分（含 425 分，或雅思成绩 5 分、托福成绩 61 分）以上；

艺术、体育等相关专业学生参加辽宁省高等学校英语应用能力 A、B级考试成绩在 60 分（含 60 分）以上；外语专业学生须取得专业外语四级考试合格证书。

4. 学术研究兴趣浓厚。具有较强的创新意识、创新能力和专业能力倾向。在全国竞赛中获省级以上专业奖项及其他有突出专业能力和学术水平表现者，同等条件下优先推荐。

5. 有特殊学术专长或有突出培养潜质者，且符合外语等级考试成绩的相关要求，可不受排名限制，但须提供有关证明材料，并由所在学院教授委员会推荐。

四 推荐名额

根据教育部下达的年度推荐限额，参照应届本科毕业生专业人数等情况，学校向具有推免资格的专业分配推荐名额。各具有推免资格的专业按 1∶1.5 的比例确定初选名单。

五 推荐程序

1. 学校下发推荐免试工作通知，推荐免试工作一般在每年 9 月中旬至 10 月中旬进行。

2. 各学院进行宣传动员，符合条件的应届学生到所在学院报名，并提供下列证明材料供学院审查：

（1）《沈阳师范大学推荐免试攻读硕士学位研究生资格申请表》1 份；

（2）本人大学期间成绩单 1 份；

（3）外语等级证书原件及复印件 1 份；

（4）各类获奖证书原件及复印件 1 份；

（5）科研成果（发表的论文或专利证书）原件及复印件 1 份。

3. 各学院对申请学生前三学年的智育成绩（即"学分加权平均分"）排名和综合成绩排名进行审核，按综合成绩排名确定推荐顺序，经学院推免工作小组审议通过后将确定的拟推荐名单提交教务处，由教务处负责，会同学生处等相关部门审核后，将最终确认名单报学校推免工作领导小组。

4. 学校推荐免试生工作领导小组经过讨论，确定正式推荐名单、替补名单及替补顺序（正式名单在接收阶段开始前，因故产生的空缺由替补名单按顺序替补）。学校公示全部正式推荐免试生名单及替补名单。

5. 获得推免资格学生须经校研究生招生办公室在"推荐优秀应届本科毕业生免试攻读研究生信息公开暨管理服务系统"（简称"推免服务系统"）上传名单，待省级招办审核通过后即获得推免资格，并可进行网上实名注册、报名等。

六　接收录取

1. 推免生接收专业一般应与其本科专业相同或相近，由推免生本人申请，经接收专业所在学院复试考核合格后予以接收，接收的推免生占招收硕士专业当年研究生招生计划内指标。

2. 我校拟接收的外校（含校内跨学院）推免生，由相关学院负责复试考核，考核合格者由校研究生招生办公室在"推免服务系统"中发送待录取通知。

3. 推免生的录取工作按当年国家及学校有关招生规定执行。

七　组织领导

1. 学校成立推荐免试工作领导小组，负责推免工作的组织领导和推荐名单的审定，对推免工作中的重要问题做出决定。推荐免试工作领导小组由分管校领导和研究生管理部门、教务部门、学生工作部门和招生就业部门等相关职能部门及纪检监察部门的主要负责人和公正、廉洁并有一定学术水平的教授代表组成，办公室设在研究生处，研究生处处长兼任办公室主任。学校推荐免试攻读研究生工作领导小组受学校研究生招生工作领导小组的指导和监督。

2. 各学院成立推荐免试工作分小组，在学校规定框架内负责确定本单位推免办法中的加分细则，院级推免办法须经本单位推免工作小组讨论通过，事先向学生公布并报学校备案，不可通过票决确定推荐免试生名单和排名顺序。院级推免工作小组由各学院教授委员会成员及相关工作分管领导7—9人组成，院教授委员会主任任工作小组组长。

3. 各学院应本着对学校、学生高度负责的态度做好推荐工作，严格按照推荐条件和标准全面考察学生。

八　其他

1. 申请推荐免试的学生必须如实填写、出示有关材料，如有弄虚作假，将取消其推免资格或研究生学籍，同时报有关部门严肃处理。

2. 已获正式推免资格的应届生，不得再行报考全国统考硕士研究生，不得列入本科就业计划；不得因未进入理想学校中途放弃，应积极联系学校或本校相关专业，获得待录取资格。本科期间作为定向或委托培养的应届生在申请推免资格时应事先征得原单位同意。

3. 获得推免资格的学生，本科学习期间出现不能正常毕业、受到处分等不适宜继续推免情况的，取消录取资格。

4. 教育部下达推免名额时不区分学术学位和专业学位，不设置留校名额。我校推荐名额不限制学术学位与专业学位报考类型，无留校限额或名额。

5. 尊重并维护推免生自主选择志愿的权利。所有推免生均享有依据招生政策自主选择报考招生单位和专业的权利，所有推免名额（除有特殊政策要求的专项计划外），均可向其他招生单位推荐。不能将报考本校作为遴选推免生的条件，也不能以任何其他形式限制推免生自主报考。

6. 本办法自发布之日起实行。学校推荐免试工作领导小组可根据当年招生及计划情况对本办法进行适当调整。

沈阳师范大学校务办公室

2015 年 9 月 18 日

大学是社会系统的一部分，因此，在秉持法制和谐一致性原则时就必须强调从将大学融入社会环境的视角来看待大学的秩序和法治，也就是说需要整个高等教育的法治建设从立法、执法和守法方面多管齐下。第一，在高等教育立法方面，要弘扬法律人文精神，"重视法律中的公平、正义和理性，强调个人的平等、自由和权利，以及法律中的人性"。在教育立法中提倡人的主体观念，权利观念，强调尊重和保护师生权利，弘扬教育法治精神，推进教育法制建设，倡导高等教育法治中的内容正义和程序正义。同时，在教育立法与政策制定上重视对弱势群体的扶持，强化对高等教育领域强势权力的制约，建立健全高等教育管理制度，杜绝高等教育领域的腐败现象。第二，在高等教育执法方面，要改变长期以来的"重管理，轻服务""重实体、轻程序""以罚代管"等不良现象，强调教育执法的人性化价值取向，高等教育执法要坚持"以心待人、以情感人"的方式，加强对违法者的教育力度，刚柔相济。第三，在高等教育守法方面，构建和谐的高等教育，不仅需要科学的立法、文明的执法，还需要自觉地守法，需要高等教育行政管理者和广大师生员工对教育法律的自觉、严格遵守。在广大师生树立维权意识的同时，督促其培育不滥用权利、理性维权的守法意识。① 既要重视维护教育法律关系主体的权利，也要重视强化教育法律关系主体的责任意识。

第二节　秉持大学法制的普遍实效性

大学法制的普遍时效性，应该包含三个标准。

标准一：适用性标准。任何一种教育行为都只有在与之相适应的社会环境下才能发生实际效果，即不同的教育行为，与之相对应的社会环境约束框架也应该不同。从这个意义上说，大学法制实效的适用性标准可以表述为：判断法制实效的适应性与否，首先看其是否具备一定的社会适用性，然后看其是否与特定的国家认同、高等教育发展相吻合，以便保证其健康有序地运行。主要体现在三个方面。第一，与教育建设的适用程度。我国社会正处于由计划经济体制向市场经济体制深刻而全面的转型过程中，一方面经济高速发展，人民物质生活

---

① 郭为禄：《新时期高等教育法制建设进程研究》，博士学位论文，华东政法大学，2008年。

水平普遍提高；另一方面，新的社会矛盾却不断产生和加剧，进入社会关系激化和社会矛盾多发期，这是因为现有的社会环境无法为不同的社会群体提供政治诉求和利益需求的途径，而公民教育的建设恰好可以弥补这方面的不足。大学教育通过多渠道、灵活多样的方式协助政府来缓和与化解这些社会矛盾，从而疏导和缓解社会关系紧张和社会矛盾所带来的冲突和压力，实现社会冲突的"减震器"和"安全阀"效果。[①] 与其他社会成员相比，大学成员的政治态度和政治价值观相对成熟，他们对社会和政治问题更感兴趣，更乐于参加政治活动。第二，与特定国情相适应。不同的国家认同，大学法制会存在不同的结构特征和复杂程度，大学法制必须将国家法制作为基点。全球化和互联网时代，大学发展出现了各种新问题、新情况，大学的发展与社会的发展荣辱与共，高校必须加强国家认同，培育对国家法制的共同性和认同感，只有对社会层面的法制具备深层次的理解并加以遵守，才会实现大学的法制的适用。第三，与高等教育发展程度相契合。不同的高等教育发展水平，落实到高校的核心功能是不同的，例如，现代大学生公民教育最初是对社会精英的政治规范，而现在内涵是培养社会需要的通识型责任公民。随着我国高等教育从精英化向大众化转型，大学法制必须适应不同高等教育阶段所对应的功能，以保证学校法制体系不断优化和实效机制的正常运转，避免产生摩擦和扭曲现象。因此，当前我国高校法制和谐一致的建设和维持，需要大学开展有效的法制教育，这也是大学自身的功能所决定的。

标准二：效率性标准。大学法制效率性可以理解为：法制活动能够以低成本、及时、顺利进行，促进社会资源向大学的聚集程度。从理论上讲，也可以理解为大学法制的高等教育资源的有效配置、教育行为交易成本的降低以及教育交易效率的提高和大学管理水平的提高，从而在最大程度上动员社会资源转化到高效益的公民教育领域。主要

---

① 黄维、沈红：《国家助学贷款制度：绩效、缺陷与可持续发展》，《教育研究》2007年第4期。

体现在三个方面。第一，制度成本最小化。制度需要的成本，来源于制定制度的过程以及执行制度的花费。合格的公民必须了解相关的知识、掌握必要的技能，这些知识、技能既是公民形成公民意识、培育良好公民品性的基础，也是他们能有效参与国家政治生活和社会事务的前提条件。只有通晓公民知识、技能，才能够站在一定的理论高度上明确公民的权利与义务，增强明辨是非的能力而不至于盲从，这涉及大学大量的教育活动，如课程体系、师资配备、实践活动等，而这些活动都存在着成本问题。如果能以最小的成本实现功能，大学法制就可能是有效率的。第二，制度收益最大化。表现为中央政策能够及时有效地在大学法制中得到贯彻落实，大学良好的公民责任、公民意识得以建立，大学能有效发挥引领社会的职责。合格的公民不是自然生成的，主要通过教育来培养，教育的本质就是一种培养人的活动。大学通过有针对性的法制，使大学秩序得以巩固和完善。从大学法制的功能发挥来看，大学是一典型的公共领域，法制需要大学师生平等、自由、理性沟通和交往的公共空间，唯有如此，大学法制的制度收益才会最大化。第三，制度激励功能化。法制是所有学校的一项基本教育任务，大学通过法制让每个学生得到公民知识和技能以及价值观方面的训练，从而使他们能够参与公共事务，并且关心他人福利以及社会其他福利。但是，大学法制的各个主体都是作为理性人参与的，必须具备足够的激励机制，从基本规则上保证法制投入与产出、制度收益与成本的对称性，从而才能让他们积极地参与到促进大学法制的连续性和有效性中来。①

标准三：稳定性标准。大学法制的稳定性可以理解为：大学法制始终处于普遍均衡、协调有序的运行状态，它体现在两个方面。第一，制度约束的耦合性。指大学法制的功能（输出）恰恰是另一项政策所需要的条件（输入），而另一项政策的功能（输出）又与该政策所需

---

① 黄维、沈红：《国家助学贷款制度：绩效、缺陷与可持续发展》，《教育研究》2007年4月15日。

的条件（输入）相符，从而组成一个更高层次的自组织体系。"只有相互一致和相互支持的制度安排才是富有生命力和可维系的。否则，精心设计的制度很可能高度不稳定。"大学法制在理念上首先应充分体现公民的权利平等原则，并将尊重、保护和关爱公民的权利作为法制的基本出发点，公民才会珍惜自己所拥有的权利。为了实现制度约束的耦合性，大学需要建立起系统、完备、科学的法制课程体系、制度体系和实践体系，并与社会环境构成组织体系，才能使大学法制处于稳定、均衡、协调和有序运行的状态。第二，制度变迁的创新性。从某种程度上来讲，大学是社会的道德基础，国家的顺利运转需要具备良好道德品质的公民，这是因为"负责的公民是负责的国家的基础，首先有负责任的公民，然后才有负责任的国家"。[1]大学法制作为政策创新的一个演变过程，包括政策的代替、转换与交易过程，通过复杂的规则、标准和实施的边际调整，最终目的在于建立一个为民主社会培养合格的公民、制度供给能有效满足制度需求的大学法制体系。

【案例】

沈师大校〔2013〕226号
沈阳师范大学关于推进专业综合改革的若干意见

根据教育部、财政部《关于"十二五"期间实施"高等学校本科教学质量与教学改革工程"的意见》和教育部、高教司《关于启动实施"本科教学工程""专业综合改革试点"项目工作的通知》精神，以及《关于启动实施辽宁省普通高校"十二五"专业综合改革试点项目的通知》的有关要求，进一步推动专业综合改革和发展建设，引导专业主动适应国家战略和地方经济社会发展需求，优化专业结构，加强专业内涵建设，创新人才培养模式，着力打造专业特色，全面提升

---

[1]　敖洁：《我国大学生公民教育实效性研究》，硕士学位论文，湖南师范大学，2013年。

人才培养质量，结合学校实际，特制定本意见。

一 必要性

（一）适应社会经济发展与改革的必然要求

社会的发展和进步以及政治、经济结构的不断调整和变革，对高等教育提出了新的要求和需要。同时，高等教育改革过程中，在教学内容、课程体系、师资力量、教学方式、教学手段及教学评价等方面，均不同程度的存在不适应社会和经济发展的因素。开展专业综合改革，对于推动专业建设，加快培养经济社会发展急需的高层次人才有着重要意义，是解决教育教学改革关键时期深层次矛盾的必然要求。

（二）推动教育教学深度改革的重要举措

国家对高等教育的发展任务做出了新的定位，提出了新的要求，指出到 2020 年高等教育的重点将进入发展理念战略性转变和全方位注重教育质量的新阶段，在此基础上，教育部出台了《教育部关于 2013 年深化教育领域综合改革的意见》，我省在"十二五"期间也启动了专业综合改革试点项目。因此，我校实施专业综合改革，是按照国家要求推动教育教学深度改革的重要举措。

（三）解决学校内部专业建设问题的有效途径

目前，我校各专业发展过程中存在各种不相匹配和互不支撑的要素，如学校定位、学院定位、专业定位不匹配；培养目标、培养方案、课程体系不匹配；教学管理、资源条件、政策保障不匹配；知识课程、能力训练、素质教育不支撑；教学组织、教学方式、评价制度不支撑；通识教育、专业教育、生涯教育不支撑。通过深化专业综合改革，推动人才培养模式、课程体系与教学内容、教学方法与教学手段、教学管理与学生管理等一体化改革，实现学生思想品德、专业知识和实践能力一体化培养，促进学生的全面发展。

二 基本原则

（一）面向全员，全过程改革原则

专业综合改革面向全校所有专业，强调改革实效，注重专业建设各环节、全过程的改革，按照国家及省相关综合改革要求，坚持内涵式发展道路。

（二）强化优势，特色化发展原则

专业综合改革要遵循办学规律，依托优势学科专业，以突出特色为核心，充分体现学校的办学定位、办学特色和为区域经济社会发展服务的宗旨。

（三）改革创新，分类别指导原则

根据经济社会发展的需要，依据《沈阳师范大学专业建设与发展规划（2014—2018）》的具体要求，积极改革创新，根据专业特色类型，强化对本科专业建设的分类指导，积极探索不同类型的人才培养模式。

三　重点建设内容

在全面推进专业综合改革的基础上，结合我校实际情况，重点推进以下四个方面的建设：

（一）抓好通识课程建设

（二）创新教学考核办法

（三）深化课堂教学改革

（四）推进考试制度改革

四　实施计划（略）

专业综合改革集中推进时间为 2014 年 3 月—2017 年 2 月。

五　基本要求

（一）提高认识，加强领导

专业综合改革工作由主管校领导负责，相关职能部门负责人组织实施，具体管理和指导专业综合改革工作，协同相关职能部门，合理调配各种资源支持试点专业推进改革，为专业建设发展提供良好的政策保障和环境支持。

各专业要把综合改革试点工作作为一项重要任务，充分认识专业综合改革工作的紧迫性和重要性，各单位行政负责人作为专业综合改革第一责任人，加强组织协调，建立制度保证机制，充分配置办学资源，努力做好具体实施。

（二）目标明确，分层推进

各专业根据文件要求以及专业实际情况，制订本专业综合改革的目标及具体实施方案，明确提出各环节改革要实现的重点目标和主要创新点。

建立目标责任制，各专业制订专业综合改革计划，学校组织专家进行检查，各专业根据专业建设任务书及时调整和修订专业综合改革计划，建设期结束学校组织专家进行评审验收，对重点专业进行优秀评审验收，对一般专业进行合格评审验收。

（三）总结经验，引领推广

各专业要依靠广大教师和学生，认真实施方案，并及时总结经验，不断完善和深化改革，创造具有推广价值的好经验、好做法，进而发挥典型专业的引领、示范、带动的作用。

学校将对各专业综合改革的成效进行评审和表彰，评选出专业综合改革示范专业，给予一定的经费奖励；对专业综合改革重点推进的项目，如教考分离、教学业绩考核等方面将给予专项经费支持。各专业所在学院也要配套相应的建设经费，用于专业综合改革项目的顺利、有效开展。

沈阳师范大学校务办公室

2013 年 12 月 19 日

如前所述，适用性、效率性和稳定性是大学法制普遍时效性的三个实现标准，三者也构成了大学法制实施最稳定的三角架构格局。如案例中沈阳师范大学推进专业综合改革，改革既要以国家顶层设计为稳定根基，又要切合、适用于本校实际情况，还要兼顾效率优先的原则，三方面改革考量与改革行为缺一不可。此外，秉持高校法制的普遍时效性，对于社会进步具有重要意义，它通过对高校内大学生的法制教育影响整个社会未来的发展。从学校角度看，第一，提升了大学生法律素质。素质教育是以全面提高大学生基本素质为根本目标的教育。大学生素质教育包括自然素质、心理素质和社会素质三类及政治理论素质、思想道德素质、心理素质、身体素质、人文素质、专业素质六种，法制教育是大学生素质教育的重要组成部分，大学生法制教育有效性研究有利于促进大学生全面提高自身素质，更好适应法治社会发展需求。在强调素质教育的今天，高校教育不仅要提高大学生文化素质，更要提高由法律意识和法制观念构成的大学生法律素质，但目前大学生法律意识淡薄、法制观念低下的问题严重影响高校大学生素质教育效果，实践中素质教育实效性缺失。大学生法制教育的有效性研究有利于提升思想政治教育的有效性，从而提高大学生法制教育实际效果。第二，加强和改进了高校法制教育。高校法制教育是新形势下高校增强大学生法制观念、提高大学生法律素质的重要途径。随着转型时期我国制度的变迁、思想的变革、方式的创新等，高校法制教育固有的途径不利于提高法制教育实效性。大学生作为接受新事物的先导，接受新事物、新思想的能力较强，从高校法制教育有效性的角度出发，规范高校法制教育活动、提高法制教育实效性，进一步加强和改进高校法制教育具有重要意义。第三，依法治国得到有效落实。依法治国是党领导人民治理国家的基本方略，是国家长治久安的根本保障。我国实施依法治国，在国家治理中始终坚持有法可依、有法必依、执法必严、违法必究，国家各项事务都必须依法办事，因而公民法律意识的强弱、法制观念的有无、法律信仰的高低将严重影响依法治国的效果。[①] 在此现实条件下，高校法制教育应适应法治国家建设的需要，切实加强有效的法制宣传工作，为依法治国的基本方略的实施提供现实支撑。[②] 大学生作为社会主义现代化建设的建设者和接班人，有效的法制宣传教育能提高大学生法制观念，增强其依法办事的能力，是依法治国的重要保障，对法治国家建设具有巨大的推动作用。

---

① 沈昌海：《高校法制教育途径刍议》，《法制与社会》2011 年 12 月 15 日。
② 张磊：《高校法制教育有效性研究》，硕士学位论文，西北农林科技大学，2015 年。

第三节　秉持大学法制实施的一般性

不同于个别命令,法具有一般性,它通过普遍性地告知人们什么可以做,什么不能做,什么必须做,进而为他人的行为进行规范和指导。法律并不是为某人、某事而立的,而是为一类人、一类事而立的。法并不是一次性的简单针对某人的条例,而是在一定期限内对其指向的对象进行反复约束的社会规范。意志的一般性、对象的一般性和适用的一般性是法一般性的主要体现。第一,意志的一般性。在一个完美的立法之下,个别的或个人的意志应该是毫无地位的,政府本身的团体意志应该是极其次要的,而公意或者主权的意志永远应该是主导的,并且是其他一切意志的唯一规范。法律的目的是保障和实现公共利益,它绝非是满足个人或小集团私利的工具,法律的制定不应当只是为了某种个别的利益,而是应当以公民的普遍利益为着眼点。所以法必须与公共福利有关。相反地,在形式法中,人们不考虑到特殊利益、"我"的好处或者"我"的幸福,同时也不考虑到"我"的意志的特殊动机、见解和意图。"一个人,无论他是谁,擅自发号施令就绝不能成为法律;即使是主权者对于某个个别对象所发出的号令,也绝不能成为一条法律,而只能是一道命令;那不是主权的行为,而只是行政的行为。"体现人民意志的法律,与"领导人说的话"不是一回事,它"不因领导人的改变而改变,不因领导人的看法和注意力的改变而改变"。① 它作为一种上层建筑,对包括领导人在内的社会全体起着强制的约束作用。第二,对象的一般性。在调整对象中,法律只考虑公民的共同体以及其抽象的行为,而绝不考虑个别的人或者个别的行为。因此,法律很可能规定有各种特权,但是它绝不能指名把特权赋予某一个人;法律可以把公民划分为若干等级,甚至于规定取得各等级权利的种种资格,但是它却

---

① 《法律是思维意识与行为模式的安排》,http://www.lunwenwan。

不能指名把某某人列入某个等级之中；它可以确立一种王朝政府和一种世袭的继承制，但是它却不能选定一个国王，也不能指定一家王室。总之，一切有关个别对象的职能都丝毫不属于立法权力。对于一个个别对象的调整、控制，是绝不会有公意的。法律绝不考虑个别的人或者个别的行为，其对象永远是普遍的，即法律只考虑一般的、具有普遍性的事物，是其调整范围内所有人、组织的行为。第三，适用的一般性。法的一般性要求有时被解释成意味着法律必须客观地运作，它的规则必须适用于一般性的阶层并且不能包含专门针对某些人的内容。在规则的语义所蕴含的范围之内的每一个事物都必须被确认是在法律调整范围之内，并因此是法律的调整对象。在法律规范适用上，相同的情况必须得到相同的对待。法官和其他官员的自由裁量权应该限制在规则的范围内，如果官员能够对于相同事物做出不同的处理，随意任性，反复无常，那么法的一般性就遭到否定，法律本身也就不存在了。法律适用的一般性排除了司法过程中的随意性，可以保证法律的普适性、平等性。法可以反复适用，它并非一次性的"消费品"，而是越用越增生的"神奇物"。① 秉持大学法制实施的一般性，参考了行政案件法律执行的一般性原则，主要包括以下步骤：

【案例】《行政处罚法》中行政处罚的一般程序

一　发案与立案

1. 发案案源一般有：①上级部门交办；②有关部门移交；③群众举报；④消费者或者受害人投诉、申诉；⑤依据职权在日常监管、市场巡查中发现。

2. 发现案源并经初步核查、核实案源线索后，认为依法应当立案查处的，办案机构应当及时立案。立案是合法启动行政处罚程序的首要环节和法律依据。立案应当填制规范格式的《立案/不予立案审批表》并附上相关材料，交由县级以上工商局局长或者主管副局长批

———————————

① 刘风景：《法治的阿基米德支点——以法的一般性为中心》，《法学论坛》2013 年第 5 期。

准,同时指定两名以上办案人员负责调查处理。此处值得注意的是,办案机构查办案件的立案标准,有且仅有两项:一是发现有涉嫌违法违章行为的存在,二是认为应当依法给予行政处罚;在这两项立案标准中,前一项是客观存在标准,后一项是主观认识标准。而在立案时,并不要求必须查明涉嫌违法的确切当事人是谁、违法行为所涉及的具体财物状况以及情节、手段、结果如何等问题。凡经过初查,办案机构如果认为符合上述立案标准的,就应当及时填制《立(销)案审批表》,进入立案调查程序。

二　调查取证

1. 案件经县级以上工商机关批准立案后,办案人员应当及时进行调查,收集证据;必要时可以依照有关法律、法规规定进行检查。

2. 办案人员调查案件、收集证据,不得少于二人,并应当主动出示执法身份证件。接受其他工商机关委托协助调查、取证的,还必须出具书面委托证明。

3. 办案人员对案件进行调查,应当收集的证据类型主要有:①书证;②物证;③证人证言;④视听资料、计算机数据;⑤当事人陈述;⑥鉴定结论;⑦勘验笔录和现场笔录。

上述证据必须经多方查证核实,方可作为认定案件事实的依据。

4. 案件应当在法律规定或者领导指定的期间内调查完毕;

因案情复杂需要延期调查的,应报主管领导审查批准。

案件调查完毕,承办人员应当按照要求制作《案件调查终结报告》、草拟好行政处罚建议书,连同案卷送本局案件核审机构核审并报局长或主管副局长审批。

三　案件核审

根据现行体制,案件核审工作由县级以上工商局内设的法制机构负责。该法制机构应当对办案机构送审的所有适用一般程序查处的案件,指定本机构具体承办人员依法进行书面核审。基层工商所(分局)设有法制员的,对该所(分局)以自己名义独立实施行政处罚的案件,依法进行核审。

四 行政处罚依法告知

公告并听取当事人的陈述、申辩意见或者举行听证案件经核审机构书面核审、同意后，在做出行政处罚决定之前，办案机构应当依法制作《行政处罚告知书》或者《行政处罚听证告知书》，将拟作出行政处罚的事实、理由、依据，拟给予行政处罚的种类、幅度，以及当事人依法享有的权利等事项，依法告知当事人。案件涉及听证的，按国家工商总局的有关专项规定执行。

五 做出行政处罚决定

办案机关做出行政处罚决定后，应当按照要求，制作规范格式的《行政处罚决定书》。《行政处罚决定书》上应当加盖办案机关的公章。制作《行政处罚决定书》的日期，以办案机关负责人签发的日期为准。

六 行政处罚决定的执行

1.《行政处罚决定书》制作后，办案机构应当按照法律规定的期限和要求，及时送达当事人。

2.办案机构代表县级以上办案机关依法实施行政处罚，并将罚缴的财物等及时上缴国家金库或者依法做出处理。

七 案件备案和归档

通过沈阳师范大学《学费收入管理办法》《突发公共卫生事件应急预案》《学校基本建设管理条例》《校园环境卫生管理条例》中的相关规定，我们可以洞悉法律实施的一般性原则。

沈师大校〔2014〕90 号
沈阳师范大学全日制学费外收入管理办法

学校为了加强对全日制学费外各种收入分配的规范管理，促进学校各项事业健康发展，兼顾学校和举办部门双方利益，做到应收尽收，特制定本办法。

一 研究生教育学费收入分配

二 修读双学士学位、辅修专业学费收入分配

三 专业证书班学费收入分配

四 继续教育和留学生教育学费收入分配

五 学校各部门举办的辅导班、短训班、进修班等学费收入分配

六 上级单位在学校或委托学校举办的辅导班、短训班、进修班等办班收入分配

七 其他类收入分配

八 非收入性的代管款项分配

九 科研收入分配

十 其他形式利用学校非经营性固定资产创收收入分配

十一 对各部门举办"法人公司"的管理及收入分配

十二 审批及管理

十三 其他

沈阳师范大学校务办公室

2014 年 5 月 28 日

沈师大校〔2015〕51 号

沈阳师范大学突发公共卫生事件应急预案

根据《中华人民共和国传染病防治法》《国家突发公共卫生事件应急预案》和《辽宁省突发公共卫生事件应急预案》等法律法规的要求,为及时、有序、高效处理突然发生,造成或可能造成危害社会公共卫生的事件,保障广大师生员工的身体健康和生命安全,结合我校防病治病工作的实际情况,特制订本预案。

一 预案启动的条件

二 突发公共卫生事件应急处理的机制

三 突发公共卫生事件应急处理具体程序

四 善后处理工作

附件:突发公共卫生事件应急处理领导小组

沈阳师范大学校务办公室

2015 年 5 月 13 日

沈师大校〔2013〕40 号

沈阳师范大学基本建设管理条例（略）

沈阳师范大学校务办公室

2013 年 3 月 29 日

沈师大校〔2013〕39 号

沈阳师范大学校园环境卫生管理暂行条例

为加强校园环境卫生工作，努力营造美丽和谐校园，贯彻环境育人基本宗旨，结合实际，制定本条例。

第一条　全校师生员工要认真遵守学校环境管理的相关规定，自觉保护校园室内外环境，不断提高环境意识，积极参与校园环境的维护与建设。

第二条　学校各职能部门要各司其职、齐抓共管、协同努力，认真做好校园环境卫生工作。校内各单位主要领导要高度重视校园环境建设，指定专人负责环境卫生工作，认真做到：精心组织、责任落实、监督到位，持之以恒。

第三条　学校为各单位划定的环境卫生责任区（包括冬季除雪责任区），各单位要及时完成相关工作。校园公共区域的保洁工作外包给社会服务企业，各单位要在配合保洁公司努力保持校园环境卫生的同时，确保本单位责任区内公共设施完好无损。

第四条　各单位要采取多种形式加大宣传教育工作力度，不断提升全体师生员工的自身素质，严禁随意倾倒垃圾、污水和各种杂物，努力保护好校园环境。

第五条　校园内除指定的广告板、宣传栏外，其他地方严禁粘贴

（悬挂）各类通知、消息和广告。如遇特殊需要，须报请学校行政管理部批准，并在规定期限内将粘贴物清除干净。

第六条 任何单位或个人未经批准，均不得在校园内教学、办公区域及道路两侧从事商业经营活动。校园安全与管理处负责监督与清理违规经营行为。特殊情况需要报请学校批准，在限定的区域和限定的时间内进行相关活动，同时要良好保持环境卫生干净整洁。

第七条 任何单位或个人不得擅自在校园内堆放杂物或搭设临时设施，后勤工作处和校园安全与管理处共同负责监督和清理。

第八条 努力加强基建工地标准化管理。各施工队伍必须在指定的场地内存放建筑材料，整齐堆放；运送各种建筑材料的车辆、人员不得破坏校园内环境卫生（尤其是绿地）。

第九条 如果发生因施工而破坏室内外环境卫生的情况，按照谁破坏谁负责的原则，在工程验收时由职能部门卫生管理负责人参加验收，施工场地不符合学校环境要求的，一律不得进行工程结算。

第十条 每年五月、九月定为学校环境卫生活动月，每周五定为卫生清扫日。各单位应在环境卫生活动月以及每周五定期组织开展各种专项活动，引导学生丰富社团及社会实践活动，创建"保护环境、爱校如家"的优良传统。学校定期进行专项检查，检查结果上网公布并作为对基层单位主要领导任期考核的内容之一。

第十一条 后勤工作处和校园安全与管理处是管理与维护校园环境的职能部门，代表学校贯彻执行本条例的各项规定。

第十二条 本条例由后勤工作处负责解释，自公布之日起实施。

沈阳师范大学校务办公室

2013 年 3 月 29 日

通过《沈阳师范大学全日制学费外收入管理办法》《沈阳师范大学突发公共卫生事件应急预案》《沈阳师范大学基本建设管理条例（略）》，我们可以对法律实施的一般性原则有更深层次的了解。

第四节　秉持大学法制的程序正当性

秉持大学法制的程序正当性，实质上就是要求在大学发展和日常管理中将校纪校规制定中的程序正义、具体管理行为执行中的程序正义、权利救济中的程序正义相结合。

第一，校纪校规制定中的程序正义。无论是法律还是规章，都不可能已经考虑到了校内外的各种情况，在这样的现实条件下，高校在实施学生管理前应制定、出台具有针对性和操作性的校纪校规。同时，高校自治也要求学校有制定内部规则的权力。我国《高等教育法》第41条赋予高等学校校长的第一项职权就是制定具体的规章制度。因此校纪校规的制定是高校学生管理必不可少的第一步。从行政法学的视角看，这种制定行为应定位在抽象行政行为，兼具行政行为和立法行为的特点。作为行政行为，程序正义的首要要求就是权限合法，哪一级行政主体具有何种法律效力的行政立法权限，都应严格按照法律的明确规定，越权无效。作为高校这一级行政主体，应在不违背法律、法规、规章的前提下，对其做一些操作程序上的解释，不得创设剥夺学生法定权利的管理行为。第二个要求是过程合法，即严格遵照法定程序提出议案、讨论、表决、通过和公布，尤其是要遵守行政公文公开制度；作为立法行为，程序正义的核心要求是民主。民主的最好实现方式便是提高参与性，高校环境中，大学生经过十余年的教育，具有良好的文化素质和法律素质，鼓励、倡导其参与甚至启动校纪校规的制定程序，使学生群体等各主体的意见得到充分表达，不仅有利于去除偏私、武断等弊端，促进大学生对校纪校规的接受和认同，更重要的是它将对一代人的权利意识和法治素养产生深刻影响。①

---

① 周盛：《论行政法治在高校学生管理中的实现》，《思想·理论·教育》2003年8月15日。

【案例】

沈师大校〔2015〕162 号

沈阳师范大学关于 2015 年研究生国家奖学金评审工作总结报告

辽宁省教育厅:

根据《关于做好我省 2015 年研究生国家奖学金评审及材料上报工作的通知》(辽教助〔2015〕44 号)的要求,我校在总结以往评审工作经验的基础上,本着公开、公平、公正、择优的原则开展并顺利完成了 2015 年研究生国家奖学金评审工作。

一 高度重视、认真组织

学校高度重视此次评审工作,成立了以研究生工作主管校长为组长,审计监察处、财务处、研究生处主要负责人为副组长,研究生培养学院院长为成员的我校 2015 年研究生国家奖学金评审工作领导小组,负责组织领导本次评选工作。同时要求各研究生培养学院成立以院长,研究生工作主管院长,主管学生工作的书记,研究生导师代表,研究生代表组成的研究生国家奖学金评审工作小组,负责组织本单位的评选工作。

二 健全制度、程序规范

在 2015 年研究生国家奖学金评审工作领导小组的领导下,依据《沈阳师范大学研究生国家奖学金评选实施细则》(修订)(沈师大校〔2014〕200 号)的各项规定,本着"宁缺毋滥、优中选优"的原则,开展本次评选工作。

1. 评选名额分配。根据各研究生培养学院人数的不同,将我校 62 个奖学金评选名额按比例分配给各学院。

2. 推荐参选研究生名单。各研究生国家奖学金评审工作小组遵照《沈阳师范大学研究生国家奖学金评选实施细则》(修订)制定符合本学院学科、专业特点的评选办法,并按评选办法对本学院申请参加评选的研究生进行量化考核,最终确定推荐参选研究生名单。

3. 确定上报评选名单。校研究生国家奖学金评审工作领导小组对推荐名单进行审核，最终确定向辽宁省教育厅上报62人的拟推荐获奖名单。

三 透明评选、加强监督

1. 研究生培养学院对推荐参选研究生名单在本学院进行公示5天，接受本学院老师和学生的监督，公示结束后全校无一人对各学院推荐参选名单提出异议。

2. 学校对最终上报评选名单在全校范围内公示5天，接受全校老师和学生的监督，公示结束后全校无一人对最终上报评选名单提出异议。

今后，学校将以研究生国家奖学金评选工作为契机，继续加强研究生培养工作，全面提升我校研究生的培养质量。

特此报告。

沈阳师范大学校务办公室

2015年11月9日

正如案例中所显示的那样，沈阳师范大学在其校纪校规的制定与执行过程中严格遵守正义性原则和过程的合法性原则，在既定校纪校规的指导下，充分发挥学生在学校相关事务中的主体作用。

第二，具体管理行为执行中的程序正义。在具体的管理行为中强调程序正义，首先是为了促使行使权力一方所做出行政行为谨慎、合理。其次，也为相对人提供制度保障，使其在受到侵害前有权利主动制约权力滥用。该法治要件落实到高校学生管理中的具体要求如下。（1）送达与告知。行政主体对行政相对人所做出的影响其合法权益的行政决定时，必须向社会和其本人公开，从而使行政相对人有机会获得救济。同时这也给社会提供了一个监督行政机关行政行为合法性的机会。高校在进行学生管理过程中应该确立一项制度，即相关决定的及时送达和告知应得到保障，用以确保学生的知情权不受侵犯。（2）说明理由。高校在做出某项对学生剥夺权利的行政行为时，其基于的原因或理由必须在行政行为执行前向当事学生阐明理由，这一方面防止了公共利益的虚伪性,对"先取证、后裁决"给予确保,另一方面提前让学生对信息进行了解,有利于其对信息更好地接受。(3)听证制度。听证制度的功能是使相对人有权站在利害关系人的立场上,使自己的意见反映到行政主体的决策中去,使权力与权利相制衡。这尤其适用于具体教育行政行为中的处分行为,将听证作为处分的必经程序和生效要件,一方面最大限度地保证了学生的知情权,使学生有了一个为自己辩护的机会,另一方面也使处分的决定人有了一个兼听则明的机会。鉴于听证制度的重要性,在高校学生管理中还应注意以下问题。其一,非正式听证或混合型听证的程序要简便易行,既符合正当法律程序要求的公正,又要体现出效率;正式听证则要严格按照听证会的程序进行,也要给予学生聘请律师的权利。其二,除案件涉及人员隐私的,正式听证应当公开举行。申请人可以申请听证会不公开举行,申请人申请不公开举行听证的,应当在申请听证时一并提出书面申请。其三,不论何种形式的听证,均需做出笔录,并由听证参加人签字后存档,即形成案卷。

第三,权利救济中的程序正义。(1)完善学生申诉制度。具体内容包括:确定申诉主体,只要是认为自己的权利受到侵害的权力主体,都可以依法提出申诉;关于申诉的范围,申诉的范围因其所处受教育者的地位和教育法、高等教育法赋予的权利,以及教育实践中可能出现的损害利益的行为的不同而不同,受到侵害的权利应当是在相关的教育法律法规及规章规定范围内的;申诉时限,合法权益受到侵犯后在何时申诉,教育法并未明确规定,一般来说,如果相关机构没有明确规定,申诉应在事件发生后不长时间内,否则不仅会使问题难以解决,而且也给机构的处理带来困难;受理申诉的机关。按照教育法的规定,受理申诉的机关应为学校所属的教育行政部门。然而,实践中学校是一个初级受理机关,有机会先进行一次自我复查,当学校维持原处理决定或申诉人对新的处理决定不服时可再向上级教育行政部门申诉。(2)行政复议。对于法律明确授权的所属行政复议的范围,可以大胆适用行政复议法的规定。如果在权利受损后提出行政复议,其问题很可能在行政诉讼之前得到解决，这不仅能减少各方当事人的诉累，同时也保障了高校管理秩序的持续和稳定。（3）仲裁保障。由于申诉、行政复议都是行政内部的制约手段，难以使申请人相信其公正合理性，所以有必要考虑在行政部门之外独立设置教育仲裁机构，以确保中立性、透明性、及时有效性，以提高当事人对其公正性的信任度。仲裁委员会在此环节发挥着巨大作用。（4）行政诉讼。① 行政诉讼是一种传统的也是最后的救济手段，既具有巨大优势，同时也具有极大的改善空间。例如，高等教育行政诉讼案由的表述上，应分别确定为高等教育行政处分或处罚案、高等教育行政处理案。2007 年 1 月11 日沈阳师范大学 5 名学生不服母校开除学籍的违纪处分提起的行政诉讼案，其案由应表述为×××诉沈阳师范大学教育行政处分案或处罚案。而教育行政处分或处罚中的开除学籍等，不再以构成案由的要素出现，均以教育行政处分或处罚代之。再如，诉讼时效制度是在个人与社会利益平衡的基础上建立的，如果过于注重社会利益，而忽视权利人的个人利益，也就使诉讼时效制度走向其反面，既不利于社会秩序的稳定，更不利于保护相对人的合法权益。从诉讼时效主体标准而言，我国行政诉讼所确定的起诉点是主观主义标准。"知道""应当知道"，是一种推定的主观状态，其目的是为相对人提供一个宽松的诉讼环境。对于行政主体而言，法律规定其必须向相对人告知诉权、起诉期限而未告知，当然应该承担法律责任；而法律没有就此作出告知规定的，并不意味着没有这种义务。有关教育管理的规范性文件大都制定于行政处罚法之前，随着法制建设的推进，在行政处罚法之后制定的有关规范性文件，注重了教育行政行为的规范。2004 年教育部制定的《国家教育考试违规处理办法》第二十六条就明确规定："教育考试机构作出处理决定应制作考试违规处理决定书，载明被处理人的姓名或者单位名称、处理事实根据和法律依据、处理决定的内容、

---

① 孙维霞：《论我国高校学生管理中正当程序原则的适用》，硕士学位论文，中国政法大学，2006 年。

救济途径以及作出处理决定的机构名称和作出处理决定的时间。考试违规处理决定书应当及时送达被处理人。"第二十九条规定:"申请人对复核决定或者处理决定不服的,可以依据行政复议法和行政诉讼法的有关规定,申请行政复议或者行政诉讼。"这些规定,体现了时代的进步,体现了公平、公正、公开理念的提升,说明保护相对人合法权益越来越受到重视。依法行政已经成为当今行政主体最基本的行为准则,为相对人提供救济是行政主体行使职权的应有之义。"法律要求完整的具体行政行为应包括具体行政行为的内容、时间及相对人的诉权和起诉期限。"①

第五节　秉持大学权利诉求的通畅性

大学所追求的善治,归根结底可以理解为一种公共利益最大化,因此,保持大学权利诉求的通畅渠道,尊重权益方利益诉求表达,一方面是大学善治的根本目标;另一方面也是大学善治的基础机制,促进大学治理的正当性、透明性和有效性。

权利诉求表达奠基大学善治正当性。"善治从治理理念上是强调权利相关者共享共治的,在治理的结构和程序上也是强化权利相关者的权力制衡及互动。大学善治正当性指的是大学治理秩序和权威被自觉认可和服从的性质和状态。学生是高校最大的权利相关者。"② 在新的时代背景之下,学生在高校中的主体地位日益得到重视,与之相对应的,高等教育显然需要对其现有模式进行调整,构建成以学生为中心的全新模式。"国家和高等院校的管理者应把学生及其需要作为关心的重点,并应将他们视为高等教育改革的主要的和负责的参与者。"而学生是否对大学的管理秩序认同并遵守是其积极参与高校治理的基

---

①　李国慧:《审理高等教育行政诉讼案件若干问题的思考》,《人民司法》2007 年第 11 期。
②　胡敏:《大学善治视野下学生利益诉求表达机制建构》,《高教探索》2015 年第 10 期。

础。没有达成共识的认同就没有共同的行动，而善治就更无从谈起。但是从历史发展的历程来看，学生权利诉求表达正在逐步成熟，先后经历了直接管理、要求参与大学治理、参与大学治理的历程等阶段，大学善治的目标在直接管理或参与治理中实现。

权利诉求表达呼唤大学善治透明性。包括规章制度的制定、发展规划等在内的各种政策、管理规定的信息是每个权利相关者都有权获得的。这些信息是各权利相关主体能够有效参与决策的保证，与此至关重要的就是相关规定、制度和政策等的决策活动公开透明，信息全面及时。

权利诉求表达倒逼大学善治有效性。随着民主化的推进，高校与师生之间的关系由纯粹的权力关系向契约关系转变，学校师生有表达其权利诉求的需要，若正常的表达机制和反映途径缺位或是低效时，他们就会缺乏对学校的基本信任，有可能选择非理性方法包括群体性事件，或是网络诉求，抑或是个人极端行为等非常态的行为，引发了不稳定的风险，从而影响大学的稳定和发展。[1]（这一段总共两句话）

【案例】

（一）

第十五条　学校逐步提高与学校发展水平相适应的教职员工福利待遇，建立和健全教职员工权利保护机制，成立教职工维权委员会，维护教职员工合法权益。

第十九条　学生除享有宪法、法律、法规及规章规定的权利外，还享有下列权利：

（九）对学校给予的处分或者处理进行陈述、申辩，向学校或者教育行政主管部门提出申诉；对学校、教职员工侵犯其人身、财产等合法权益的行为，依法申请复议或提起诉讼。

第二十二条　学校建立和完善学生权利保护制度，成立学生申诉

---

[1]　胡敏：《大学善治视野下学生利益诉求表达机制建构》，《高教探索》2015年第10期。

处理委员会，维护学生合法权益。学校有义务为在学习和生活中遇到特殊困难的学生提供必要的指导和帮助。

（二）刘宇博与沈阳师范大学二审民事判决书

（2014）沈中民一终字第 238 号

上诉人（原审被告）：沈阳师范大学。

法定代表人林群，系该校校长。

委托代理人孙永成，系辽宁英泰律师事务所律师。

被上诉人（原审原告）：刘宇博，男，1985 年 9 月 25 日出生，汉族，无业。

上诉人沈阳师范大学因提供劳务者受害责任纠纷一案，不服沈阳市沈北新区人民法院作出的（2013）北新民初字第 00088 号判决，向本院提起上诉，本院受理此案后，依法组成由审判员王庆利担任审判长、代理审判员刘波、代理审判员马晨光参加的合议庭对本案进行了审理，现已审理终结。

刘宇博于 2008 年 6 月毕业于沈阳师范大学软件学院，同年，考入沈阳师范大学软件学院计算机科学与技术专业研究生。刘宇博于 2008 年 7 月份暑假期间，受软件学院安排，参加软件学院的营口房地产管理系统的软件开发活动。因沈阳师范大学不给原告安排午餐，刘宇博在中午出校吃饭后返校途中，发生交通事故，导致刘宇博受到重伤。经中国医科大学法医司法鉴定，刘宇博头部四级伤残，左上肢十级伤残，左眼十级伤残；经沈阳医学院法医司法鉴定，刘宇博存在完全护理依赖及特殊依赖。事发后，沈阳师范大学承诺给刘宇博解决学业和就业问题，刘宇博研究生毕业后沈阳师范大学未予解决刘宇博的就业问题。刘宇博多次与沈阳师范大学协商解决赔偿问题，均无果。现刘宇博为维护自己的合法权益诉至法院，请求法院依法判令沈阳师范大学赔偿刘宇博医疗费 150,312.6 元、住院伙食补助费 9,100 元、交通费 1,033 元、护理费 16,034.55 元、复印费 123.5 元、鉴定费 1,925 元、残疾赔偿金 2,108,773.6 元、精神抚慰金 30,000 元、护理费 343,340

元、营养费 2，150 元，共计 652，792.25 元。被告承担诉讼费。

一审法院认为，学校对参加其组织的科研项目的学生负有管理之责，应保护其人身健康和安全。沈阳师范大学组织刘宇博参加科研项目，让刘宇博自行解决午餐问题，刘宇博自己在中午休息时间外出用餐时受到伤害，在一定程度上使刘宇博学生脱离了沈阳师范大学的管理和指导。由于双方当事人在损害的发生上均无过错，故适用公平原则，由受益人即沈阳师范大学对受损害方即刘宇博的经济损失作适当补偿，根据刘宇博伤情等相关情况，原审法院酌定为 100，000 元。因沈阳师范大学已为刘宇博垫付医疗费 30，000 元，故应扣除该款项，即沈阳师范大学应给付刘宇博经济补偿金 70，000 元。原审法院依照《中华人民共和国民法通则》第一百三十条之规定，判决一、被告沈阳师范大学给付原告刘宇博经济补偿金 70，000 元；上述款项，被告自本判决发生法律效力后十日内付清；如果未按本判决确定的期间履行给付金钱义务，应当依照《中华人民共和国民事诉讼法》第二百五十三条之规定，加倍支付迟延履行期间的债务利息；二、驳回原告刘宇博其他诉讼请求。

案件受理费 650 元，由被告沈阳师范大学负担。

宣判后，沈阳师范大学不服原审判决，以没有任何证据证明上诉人安排被上诉人参与科研工作，原审法院判令被上诉人承担补偿责任缺乏事实依据及法律依据，且被上诉人的诉讼请求超过诉讼时效为由向本院提出上诉。

法院二审查明的事实与一审法院认定事实一致。认为：学校对参加其组织的科研项目的学生负有管理之责，应保护其人身健康和安全。本案上诉人沈阳师范大学组织刘宇博参加科研项目，刘宇博自己在中午休息时间外出用餐时受到伤害，在一定程度上使刘宇博学生脱离了上诉人沈阳师范大学的管理。由于双方当事人在损害的发生上均无过错，故一审法院适用公平原则，由受益人即沈阳师范大学对受损害方即刘宇博的经济损失作适当补偿，法院认为并无不当。上诉人沈阳师范大学关于没有任何证据证明上诉人安排被上诉人参与科研工作，原审法院判令被上诉人承担补偿责任缺乏事实依据及法律依据的主张，证据不足，法院不予支持。

综上所述，依据《中华人民共和国民事诉讼法》第一百七十条第一款第（一）项之规定，判决如下：

驳回上诉，维持原判。

二审案件受理费650元，由上诉人沈阳师范大学负担。

本判决为终审判决。

二○一四年六月三日

本案判决所依据的相关法律

《中华人民共和国民事诉讼法》第一百七十条：第二审人民法院对上诉案件，经过审理，按照下列情形，分别处理：

（一）原判决、裁定认定事实清楚，适用法律正确的，以判决、裁定方式驳回上诉，维持原判决、裁定；

（二）原判决、裁定认定事实错误或者适用法律错误的，以判决、裁定方式依法改判、撤销或者变更；

（三）原判决认定基本事实不清的，裁定撤销原判决，发回原审人民法院重审，或者查清事实后改判；

（四）原判决遗漏当事人或者违法缺席判决等严重违反法定程序的，裁定撤销原判决，发回原审人民法院重审。

原审人民法院对发回重审的案件作出判决后，当事人提起上诉的，第二审人民法院不得再次发回重审。①

通过上述两个案例可以看到，沈阳师范大学的权利表达通道已然具备一定成熟度。

首先，学校权利主体组织的利益表达功能逐渐增强。一是提升学校权利主体的组织地位。要以法规的方式或大学章程的形式赋予学校

---

① 全国人民代表大会常务委员会关于修改《中华人民共和国民事诉讼法》的决定，《天津市人民代表大会常务委员会公报》2012年11月23日。

权利主体实质性参与大学治理的权利，赋予学代会等组织更多的权力，有关规章制度修订及与学校权利主体利益密切相关的事项、学校发展改革相关的重要事项都应接受相关组织的审议。在大学章程中明确规范相关组织的职能、建构等。调整隶属关系，参与相关事务的决策，促进其参与大学治理，但需要服从学校的有关规章制度。二是扩大参与管理组织。整合组织成员，培育和建立如权益维护中心、事务仲裁委员会等机构，参与到与其密切相关的各项事务的管理活动中，以通过直接参与、建议、参谋等方式深化和扩充其参与管理的功能。同时提高参与成员的代表性，逐步形成民主选举成员的方式。

其次，学校成员管理体系的对话平台逐步完善。一是构建校生协商对话平台。在对话双方平等的基础之上，尊重诉求，最大限度地提高参与的广泛性，其基本要义就是以平等为前提，以协商为平台，以公共利益为导向，在理性的、公开讨论的基础之上，达成相互妥协形的决策。协商对话的目的并不是说服对方，而是在对话过程中增进双方互信，最终达成共识。例如学校与学生协商民主的模式有听证会、学生座谈会、民意调查、论坛、校长接待日等。而身为院系级行政单位，更要对以上形式加以重视及利用，因其是最直接、最迅速了解学生诉求的途径。二是网络表达平台。在传统的沟通平台继续发挥作用不断完善的同时，要根据时代的变化适应互联网快速发展形势，采用贴近学校权利主体的新载体—新媒体，包括微博、微信和网络等现代信息和网络技术搭建新平台，建立网上公共信息发布平台，通过网络实现各种事务的公开与透明。开通并逐渐完善线上诉求和回应系统，建立相关咨询、投诉和反映窗口，及时倾听学生诉求表达。并做好线下的网络活动指导工作，有效地引导学生以合理、合法的方式通过网络平台进行权利维护。

为落实党的群众路线教育实践活动关于解决学生切身利益问题的整改事项，倾听广大同学对学校专业建设、教育教学改革及教学管理运行情况的建议。4月1日晚，学校领导在团委会议厅与30余名本科生、研究生代表进行了座谈。校长林群、党委副书记贾玉明、副校长夏敏和学校相关职能部门负责人参加了会议。林群校长首先阐述了召开本次座谈会的意义,重点向学生代表介绍了几年来学校在学科专业建设、教育教学改革和大学生创新实践能力培养等方面采取的重要举措和取得的成果。启发学生代表畅所欲言,积极反映对专业建设、教学与学习保障方面的意见和建议,为进一步深化学校教育教学改革,完善教学管理,提升教育教学效果积极建言献策。与会学生代表结合自己所学专业和学习体会,围绕课程设置安排、教学管理服务、教学设施保障、教学效果要求、实践教学安排、课外答疑解惑、图书资料查阅管理、网络信息服务等方面踊跃发言,提出了很好的具体意见和建议,并将会前从周围同学中收集到的意见和建议也作了充分表达。与会校领导和职能部门负责人认真听取了同学们的发言,并对各种问题现场解答,现场落实,或做出明确承诺尽力加以解决。将近三个小时的座谈,同学们敞开肺腑表达意见,没有拘束,会议厅内始终洋溢着真挚和谐的氛围。最后,林群校长在讲话中向学生代表以及全校同学对学校教育教学工作的关注关心表示衷心感谢,他对全校青年学生提出了三点希望:一要树立远大理想,培养担当精神。大学生要关注自身综合素质的提升和全面发展,将个人理想与实现“中国梦”密切结合;二要培育创新精神,注重创新创业实践。在学校第一、第二课堂的协同驱动下,努力锻炼创新能力;三要注重实践能力的培养和提高。要将理论知识的学习积极运用到实践中并反馈于自身的成长成才,积极适应经济社会发展的需求,努力成为国家和社会的有用之材。林群校长要求学校相关部门和各级团学组织要积极搭建桥梁,固化校领导与学生代表开展座谈的交流对话机制,及时倾听同学们的意见和建议,以便更好地改善我们的服务,助力他们的成长。与会学生代表对学校的关怀表示倍感温暖,深受鼓舞,一定不辜负学校的期望,将学校的关怀转化成努力学习、成长成才的动力。①

————————

① 《学校领导与学生代表座谈倾听意见》,《沈阳师范大学学报》2015 年第 3 期。

最后，学校成员参与决策的机制逐步成熟。除了立法的完善，在学校层面，在高校行政和学术的各类委员会确定一定数量和比例的代表，使学校重要决策能听到学校基层的"声音"和诉求。各专门委员会可根据具体事务与学校成员权益的相关度来确定不同数量和比例的代表。进入各种委员会组织的成员在能力考核的基础上由相关利益团体整体选举产生而不应由校方挑选任命产生。①

【案例】

沈师大校〔2013〕26 号
沈阳师范大学关于申报中外合作办学项目的请示

辽宁省教育厅：

沈阳师范大学为引进整合国外先进的教育资源、创新人才培养模式、提高人才培养质量，探索国际化人才培养的新途径，建立与国际接轨的人才培养规格和模式，从 2005 年开始与英国诺森比亚大学合作举办"3＋1"软件工程专业本科教育项目。采用校级项目的运行方式，运行 8 年多（项目由软件学院负责实施），共培养 4 届毕业生、出国留学 80 余人，现有该项目在校生 100 余人。我校对进入项目的学生采取"特色培养、专项服务"的培养模式，办学效果良好，得到了广大学生和家长的青睐和认可，得到了社会各界的肯定和赞许。

基于前期校级项目的运行情况和人才培养及社会需求的实际，为进一步加强沈阳师范大学对外交流与合作，提升人才培养质量，特向贵厅申报中外合作办学项目。

当否，请批示。

沈阳师范大学校务办公室

二〇一三年三月十一日

---

① 胡敏：《大学善治视野下学生利益诉求表达机制建构》，《高教探索》2015 年 10 月 10 日。

沈师大校〔2014〕181号

关于申请财政支持沈阳师范大学重点学科建设经费的请示

辽宁省财政厅:

沈阳师范大学始建于1951年,是一所涵盖哲学、经济学、法学、教育学、文学、理学、工学、管理学、艺术学等九大门类的多科性大学。学校在发展过程中曾五易校名,六次搬迁,五校并入,经历了坎坷、艰难、曲折的求生存与谋发展历程。由于搬迁与合并,学校的资产百般地被折腾,学科、教学及科研建设也受到了一定的影响。

近些年,在省政府和省财政厅的亲切关怀和大力支持下,沈阳师范大学励精图治,学校各项事业取得了长足的发展,尤其是校园环境等外延建设方面有了较大改善,但由于家底薄,受经费所困,学校在学科等内涵建设方面还存在着不尽如人意之处。究其原因,经费投入是制约其发展的重要"瓶颈",希望省财政给予我校学科建设方面专项经费支持。

我校教育学一级学科是省高水平建设学科、省示范专业和省重点哲学社会科学研究基地;公共管理学科是省级重点学科,依托本学科2008年成立了中国劳动和社会保障部劳动保障科学研究基地。近几年,学校虽然加大了对这两个学科的经费投入力度,但受总体经费不足所限,与全国同类知名学科相比,还存在着一定的差距。为强化学科优势,提高学科建设水平,教育学学科需投入经费60万元,其中:教学软件购置费15万元,专业网站技术维护及更新费10万元,基地人员培训费20万元,电子资料费8万元,科研环境改造费7万元;公共管理学科需投入经费40万元,其中:图书资料费15万元,视听设备购置费12万元,研究人员培训费13万元。

我们相信,通过学校各方努力,省财政给予经费方面的大力支持,我们一定把这两个优势学科建设成为功能齐全、特色鲜明的国内先进、省内一流的重点学科,成为东北地区乃至全国教育科学研究、人才培养和为社会服务的重要基地。请财政厅考虑我校实际情况,以早日获得财政经费支持为盼。

当否，请批示。

沈阳师范大学校务办公室

二〇一四年九月二十四日

　　从上述两则请示文件可见，学校在发展中所遇到的权利诉求，也可以通过正当途径上报，因此，沈阳师范大学的权利诉求渠道不仅仅指学生的权利表达，关于教师群体以及学校管理的合理、合法权利诉求也相应予以保障和支持。

下 篇

实现善治:大学法治秩序的
反思与展望

第九章　反思:沈阳师范大学法治秩序建构的挑战

沈阳师范大学法治建设在很多方面还是刚刚起步,法治秩序建构并不是很成熟。总的来看,沈阳师范大学制度体系雏形已经建立,但仍有完善空间;大学内外的法治秩序基本协调,但未统一;大学内师生法治文化根基已确立,但真正形成尚需时日。

第一节　以大学章程为核心的制度体系完善任重道远

沈阳师范大学的制度建设正逐渐走向成熟,然而不可否认的是,以大学章程为核心的整个制度体系仍有较大开发空间,目前主要表现为大学章程等规章制度与本校实际情况契合度不够、缺乏严谨性,对大学多元主体权力的制约失衡,以及对大学内部层级管理的约束不力等方面。

一　大学章程等规章制度缺乏严谨性

第一,在大学章程等规章制度的表述方面,表现出文字泛化,缺乏详尽、具体、有针对性的规则。这种规定的泛化现象,并非只局限于大学制度。其实,纵观我国其他规章制度的规定文字表述,不难发现,语言空洞、无针对性是普遍现象。例如,《中华人民共和国教育法》中对大学的设立提出了具备章程的硬性要求,我们可以通过其表述洞悉一二。

以下为《教育法》对学校设立的章程要求的表述:

第二十六条　设立学校及其他教育机构,必须具备下列基本条件:

(一) 有组织机构和章程;

(二) 有合格的教师;

(三) 有符合规定标准的教学场所及设施、设备等;

(四) 有必备的办学资金和稳定的经费来源。

以下为对高等教育设立的章程要求的表述:

第二十七条　申请设立高等学校的,应当向审批机关提交下列材料:

(一) 申办报告;

(二) 可行性论证材料;

(三) 章程。

由以上两项条例可知,《教育法》虽然明确提出了大学的设立需要章程作为硬性指标之一,但是第二十六、第二十七条中的“有组织机构和章程”和“章程”用语太省略简单,并没有详尽规定大学章程的法律地位和法律效力,这种缺乏教育法规和行政法规明晰规定的大学章程其结果只能沦为大学自编自演的规章制度。大学章程没有法律地位或者法律地位不明晰只能导致难以对社会、大学及教职工具有约束力章程的效力弱化。

由上及下,《教育法》的表述风格也势必波及大学内部各项规章制度制定的表述风格。例如,在沈阳师范大学章程第二章中,关于教职员工参与民主管理的相关表述集中与第十二条和第十七条:

第十二条　教职员工除享有宪法、法律、法规及相关规章规定的

权利外，还享有下列权利:

（一）按工作职责使用学校的相关资源。

（二）公平获得自身发展所需的相应工作机会和条件。

（三）在品德、能力和业绩等方面获得公正评价。

（四）公平获得各级各类奖励及各种荣誉称号。

（五）知悉学校改革、建设和发展及关涉切身利益的重大事项。

（六）参与民主管理，对学校工作提出意见和建议。

（七）对职务、福利待遇、评优评奖、纪律处分等事项表达异议和提出申诉。

（八）学校规则或聘约规定的其他权利。

第十七条　学校鼓励和支持教职员工参加学校的民主管理和监督，对学校的工作提出意见或建议。

这一章中，两次明确提出了教职员工有参与民主管理的权利，以及学校对其参与民主管理监督的支持，在章程后续的第四章"管理体制与组织结构"的第三节"民主管理制度"中，又详细说明了学校教职工代表大会是教职工依法参与学校民主管理和监督的基本形式以及其具体职权，虽然"民主"用词较多，体现出强调意味，但第二章"教职员工"的参与民主规定也显现得冗余、累赘与空乏，叙述不够精练、一针见血。再如，在关于贯彻落实厉行节约反对浪费有关文件精神进一步规范公务活动管理的某项通知中，对责任追究的要求如下:

（一）对违反本通知要求的，根据情节轻重，由有关部门依照职责权限给予批评教育、责令做出检查、诫勉谈话、通报批评或者调离岗位、责令辞职、免职、降职等处理;应当追究党纪政纪责任的，依照《中国共产党纪律处分条例》《事业单位工作人员处分暂行规定》等有关规定给予相应的党纪政纪处分;涉嫌违法犯罪的，依法追究法律责任。

（二）违反本通知要求获得的经济利益，予以收缴或者纠正;用公款支付、报销应由个人支付的费用，责令退赔。

该条目只是对于违反行为"根据情节轻重"给予各种处理，对应当追究纪律责任的，给予"相应的"纪律处分，并没有详细列出具体根据什么详细情况，和相应的处分内容。

另外，制度的泛化还体现在对于大学与举办者、社会、师生之间权利和义务关系的规定不为明确。大学章程并没有规定大学与举办者及社会之间的权利和义务，对教师及学生的权利和义务作了规定，但是并未规定如果大学、教师及学生不履行其义务，应受如何惩罚等详细细则。大学章程对举办者与大学之间、大学与师生之间的权利和义务缺乏明确的规定，致使大学与举办者、社会及师生之间权责不明，当这些主体之间利益冲突时，师生对自身权益提出诉求时，大学应该行使自主权却无法可依，致使师生诉求案件频频发生。①

第二，在大学章程等规章制度的制定方面，表现出脱离本校实际情况的形式化、教条化趋向。一方面，章程等规章制度千篇一律、缺少本校特色的现象不仅存在于沈阳师范大学，在我国大部分大学的规章中都得以体现。例如，大学章程的要素是制定章程的基本出发点，它关系着大学章程是否科学合理，我国大学章程要素大都按照《高等教育法》第二十八条对高等学校章程规定的事项来制定，这些事项是：①学校名称、校址；②办学宗旨；③办学规模；④学科门类设置；⑤教育形式；⑥内部管理体制；⑦经费来源、财产和财务制度；⑧举办者和学校之间的权力、义务；⑨章程的修改程序；⑩其他必须由章程规定的事项等。这些要素是大学章程的最基本、最重要的要素，各个大学在制定各自章程时充分尊重以上条目本无可厚非，然而，各个大学也应在教育法规定要素范围内根据各校特色有所突破和创新，而不应每个学校的章程内容都"鹦鹉学舌"般死板。通过对沈阳师范大学章程与其他大学章程文本要素的比较，可以发现的确存在高度的相

---

① 　王海莹：《我国现代大学章程建设研究》，博士学位论文，西南大学，2012 年。

互借鉴和千篇一律的现象和问题。例如，在对管理体制与运行机制规定方面，大都是"本校实行党委领导下的校长负责制，实行党委领导、校长治校、教授治学、民主管理的制度"，包括对校长职责、学术委员会、学位评定委员会及教职工代表大学的规定，几乎是不约而同地相似和雷同，各个大学在制定自己的大学章程时，缺乏在上级教育行政机构指导下的政策创新，鲜有适合本校管理体制的章程规定。另一方面，规章制度脱离本校实际还表现在制度所规定内容方向的缺失。如沈阳师范大学的章程中没有表明董事会的存在，就职能而言，我们只能在教育基金会、校友会和其他组织的表述中找到一些蛛丝马迹，董事会的重要决策功能缺失。

第四十四条 学校的经费来源主要包括财政拨款、事业收入和其他收入。

学校建立以财政拨款为主、其他多种渠道筹措教育经费为辅的财政体制，建立防止资产流失和保证资产安全的管理机制，做好资产保值、增值工作。

（一）鼓励企事业组织、社会团体及其他社团组织和个人向学校捐赠。

（二）支持校内各单位面向社会筹措教学、科研经费及各类奖助基金。

（三）依法设立教育基金会，充分发挥教育基金会在吸引社会捐赠、募集资金等方面的积极作用，增加办学资源。

（四）坚持勤俭办学，提高资金使用效益，建设节约型校园。

第四十九条 学校利用自身优势和办学条件，通过多种方式服务社会，推动协同创新，并积极争取各方面的支持和帮助。

第五十一条 学校加强与所在地方、社区的沟通与合作，根据自身条件为所在地方、社区的发展提供服务。学校根据国家需要和自身能力，积极开展面向老少边穷地区的支援。

第五十二条 学校充分发挥教育基金会在吸引社会捐赠、募集资金等方面的积极作用,增加办学资源。

　　第五十四条　沈阳师范大学校友会隶属于沈阳师范大学,是从事校友联谊工作的非营利性的群众性团体。其宗旨是根据国家法律法规和各项政策,团结海内外校友,增进校友与母校之间以及校友之间的联系,充分发挥校友的集体力量,共同为母校的发展、社会的进步、国家的繁荣而贡献力量。

　　有大学教授这样形容:"在国外,董事会是决策机构,但是在国内很多大学,很多大学为了追时髦、赶潮流,也建立董事会,但是这种董事会的结构和职能因为国情的不同而异于国外高校,思路是对的,但是仅仅是把董事会作为摆设肯定是不对的,很多大学是这种情况。"说明我国大学设立董事会的目的是获取资源,是用校董的名誉和称号来换取更多人对大学的资助和关注。从上面沈阳师范大学的章程中可以看出,相当于"董事会"的条目中功利性比较明显,服务功能较少,仅用一条带过,决策性更未曾发现,说明董事会功能缺失严重,在我校现代大学章程建设之际,应深入探讨董事会制的结构、功能及目的。

　　第三,在大学章程等规章制度的执行方面,表现出重视度和执行力较弱的情况。规章制度的制定是为了在大学中程序正义和实质正义的实现,日常能够依照规范运行大学各个部门的职能,在出现违反制度行为时能够有法可依、有章可循。然而现实中,一份好的规章制度制定完备后,就被锁到了文件柜中,成了摆设,在上级检查时,拿出来作以应付,当需要制度形式约束时,也根本想不起来或根本置之不理,这是对"法治"的忽视和对"人治"的依恋,是由于人们自身重视意识不强引起的忽视行为。执行力不足的第二个原因在于规章本身内容的欠缺,看似完美的章程因章程内容不清晰、不便于操作等出现"无法执行"或者"乱执行"的现象,不是人们不愿意按章办事,而是实在不能参透规章所指,难以照办。最后,有些规章制度标明的详尽具体,可操作性强,人们也会自觉地遵守,然而却因为缺少了相应的监督机制和辅助机制,导致在执行的过程中走形、变样,脱离了规章制度的本意。这些不仅造成了大学章程为核心的制度规定等"执行不力"的恶性循环,还极大地制约着学校自身的发展进程。

二　大学多元主体权力制约失衡

随着高等教育的快速发展,大学的利益格局从一元化逐渐演变成了不同利益主体博弈的局面,政府、教职工、学生、学校管理者等各利益主体之间形成了权力相互制衡的关系。[①] 这种变化很容易引发大学面临各权力主体之间的恶性竞争,从而导致职能无限风险、权力运行非科学化风险、权力监督非实效化风险等现实危机,当学校无法将"权力关进制度的笼子"时,学校法治化秩序的维持必然困难重重。

第一,权力职能无限结构体系的法治风险。现阶段,大学中腐败问题和丑恶现象并不鲜见,一个重要原因就是权力恶性膨胀,以致其失控失限。和其他任何领域或机构一致,高校中管理者职位越高,权力就越大,而当这种权力没有得到有效的监督时,就往往在一定程度上成为"无限"的权力,脱离了法律的监督,导致高校中丑闻不止、危机频发。

权力无限的人治化趋势。"人治"是"法治"的对立面。受我国封建社会以皇权为准则的"人治"观念的影响,在现实中依然存在高校管理者将权力过分集中,或依附上级撑腰,或威逼下级服从,进而形成事实上不受制约的权力,使得管理行为以个人意志为转移,导致个人独断专行现象严重,官僚主义盛行。因而可知,过度揽权直至权力的无限扩展为滥用权力提供了铺垫,是促使产生以权谋私冲动的祸根,以致发生违法乱纪现象,与宪法和法律相背离,甚至单纯为了达到某种目的而实施的非法行为。2004 年南京财经大学副校长刘某由于受贿而被批准逮捕;刘某曾任南京经济学院副院长及该校区建设管理

---

　　① 于文明:《中国公立高校多元利益主体生成与协调研究》,高等教育出版社 2007 年版,第 15 页。

委员会主任,任职期间利用职务便利,为江苏某建设有限公司等单位在承揽工程和结算工程款等方面牟取私利,多次收受20多人160余万元人民币和大量其他财物。权力无限的结构体系使执政权力脱离公正运行的轨道,与依法治教渐行渐远,愈加朝着人治化方向发展。

权力无限的臃肿化趋势。著名教育学者熊丙奇教授曾指出:"目前高校大多以校园占地规模、标志性建筑、学生规模……作为评价学校实力的重要指标,为了达到这些目标,学校通过大肆贷款进行圈地盖楼、盲目扩大学校规模……大学成了'一级政府','官'多导致管理效率降低,办学成本增大。"增设某一机构,编配多少人员,往往是掌握集权的决定性人物为了某些与自己相关的人而随意设定的。各利益主体为了更多所得而陷入恶性竞争,有的大学在进行劳动人事制度改革上走形式化路线,特别是对于管理人员的任用,将学校关系户插入到学校院系办公室甚至党政机关,结果出现了学院多、机构多、干部多、人员多的冗杂现象。为了安排多余人员,一份工作多人做,人为造成了严重超编,最终导致大学机构臃肿,人浮于事,继而导致教育资源的严重浪费和效率降低。上述现象的出现,正是由于高校中权力的无限扩充导致的。

权力无限的商品化趋势。我国高等教育毋庸置疑要适应国家经济体制及其发展,然而高校在该体制下的运作过程中发生严重异化,"权钱交易"等腐败因子正逐渐渗透到本是文化净土的校园中,成为新时期高校权力无限的突出表现。现代大学正向着"产、学、研"一体化迈进,利用自身的一些优势走出校门,开公司、办工厂,与其他地方学校或单位合作办学,然而有时却易在追求自身更高发展的同时误入歧途。例如,校园内外随处可见的公务员补习班、考研补习班等,此类现象的日渐盛行,一般情况下是得到了教育行政部门的批准,这种出于谋求经济回报、政治参与和认可诉求并在客观上能够实现服务社会的办学办厂模式本身是无可厚非的,然而有些补习班一门课上三四天,一次集中十天至半月,甚至授课教师自己都没有达到公务员水平,这样条件下的教育质量恐怕很难达标。只为追求不菲的经济利益,宣称整合优质教育资源以提高国民素质，实质则是受纯经济利益的，是权力无限而导致的目标错位与行为异化。权力商品化趋向的一个重要原因是权力过分集中而失去限制，"握钱者"行贿的对象往往是"集权者"，因为他们深知集权者的能量。

第二，权力运行的非科学化风险。权力失去公正乃至出现腐败，与权力运行中的越轨或偏差有着千丝万缕的关联，在权力运行环节上的突出问题主要表现为以下三个方面。

权力运行的隐蔽性风险。对大学权力的运行而言，公开透明是预防风险的有效手段，然而高校中却蕴藏着诸多权力"暗箱"运作现象。长春某高校原副校长利用主管学校后勤、基建工程的职务便利，在其主管的诸多基建项目中，索贿受贿共计939万元，被判处无期徒刑；中南大学原副校长胡某某（副厅级）因涉嫌受贿而被湖南省人民检察院决定犯罪立案侦查；辽宁医学院原党委书记张某某等四人在任职期间，分别利用职务便利收受他人巨额贿赂，因其行为已构成违法犯罪，辽宁省纪委给予其开除党籍和开除公职的处罚，此案仍在进一步审理中。教育部监察局的一位负责人在通报2014年腐败案例后表示："有些学校内部作案手段趋向隐蔽……贪腐次数、涉案金额、涉案人员多。"这一事实告诉我们：权力运行的隐蔽性本身就是风险的重要来源，因为其背后隐藏着的挥霍和腐败的不轨行为才是权力腐化的"病原体"。

权力运行的随意性风险。权力运行的随意是指权力运行以人的临时动议为驱动而脱离法定轨道的权力行使过程。现阶段由权力运行随意而导致的权力腐败问题很多。以中纪委网站"纪律审查"栏目公布的落马官员为目标进行统计，2014年，除党校及农科院等机构外，直接被通报的高校领导总数达到27人。若加上党校、农科院等机构及地方纪委通报的高校腐败案件，涉事高校腐败领导人数则近40人。27名高校领导被中纪委点名通报，除湖南大学校长助理何益斌外，其余全部是校党委和行政的"一把手"。其中包括武汉软件工程职业学院原党委书记黄凤凯、中国民航飞行学院原院长郑孝雍、吉林大学原党委常委王冠军，四川大学原党委常委、副校长安小予，国家行政学院常务副院长何家成，安徽省滁州城市职业学院原院长黄修玉等。上述诸多案例无不与学校权力运行的随意现象紧密相连，然而若上述案例的涉嫌人如果能够按照权力运行的规则行使权力，履行正常的办事程序，上述问题是完全可以避免出现的。这些案例表面来看是相关负责人越权、擅权，其实质是"人治"弊病泛滥而导致的权力运行失范随意的结果。

权力运行的超前性风险。这种超前性指的是高校将法律、制度、政策赋予其的权力进行了超前行使，使其脱离实际。北京航空航天大学反腐学者杜治洲对全国高校中的 200 个腐败案例进行统计后发现，有 34.2% 的高校腐败案件与基建有关。教育部监察局在近 3 年的教育系统纪检信访和案件工作情况通报中给出的数据则是，与基建工程有关的案件占教育系统案件总数的 24%。对有些腐败者为其犯罪行为作出的所谓"适当超前"的狡辩，不予支持。真正需要"适当超前"的是高校能够确实具备高超的行政管理质量和科研水平。高校中法律规章明确规定的标准和范围，是不可逾越的"红线"，必须得到切实遵循和执行，若突破了法定的标准和范围，就是违法违规。

第三，权力监督机制的非实效化风险。孱弱的权力监督机制是导致权力腐败的重要原因，在权力监督机制上主要包括以下四个方面的问题。

监督机构独立功能性的弱化。高校内部的监督有多种形式，如领导对下属的监督、部门间监督、部门内部监督和专门监督机构的监督等，其中监督机构的监督最具独立性和权威性。高校监督机构是一个独立的职能机构，是高校校长为科学有效地管理学校而设置的，在高校内部监督和自我约束等方面发挥着重要作用。然而，从权属关系上看，由于"长官意志"趋强，存在着高校上级领导对监督机构的业务指导和全面领导。监督机构演化成了单纯的执行部门，缺乏独立性，甚至有时机构自身被监控要多于对其他部门的监督，很难实施独立的、有效的纪律监督。

监督机构形态功能性蜕化。大学的监督机构形态表现为权力的纵向分权和制衡,即政治主体在纵向授权后,对被授予者以行使权力的监视、督察为主,以权力的横向分权和制衡为辅,即在将政治权力划分为若干部分后,分别由不同的政治主体行使,彼此之间相互分立且制衡。但是,在我国高校监督的现实活动中,"官官相护"和"民不举官不究"等现象比比皆是,这显示出了监督形态功能性蜕化的倾向,而这种倾向是监督无力的重要原因之一。例如,2014 年安徽师范大学所发生的系列案件中,包括新校区建设指挥部指挥长助理、后勤集团老总、工程项目部等建设环节相关部门人员等处级干部 8 人在内的共 12 名干部遭到查处,"窝案"是近来高校腐败案件的重要特点。

监督手段有效性的虚化。当监督手段缺少责任效能而失去实际效果时,监督变得毫无意义。比如在实施调查这一最基本的监督手段时,如果没有规定相关涉事人员不予配合造成后果自负的法律规定,或是行使正当调查权力所具备的法律根据,就很有可能导致调查力度与效能低下。北京某高校电气专业的许博士告诉记者,学校制定了科研经费报销审批流程,但学校每天需要报销的费用庞大,审核人员难以全面审核所有的单据,为了提高工作效率,审核人员往往都是草草批准了事,有时为了尽快结项,还会告诉他怎么报才能通过。由于没有法律后果的设定,使这些原本很有力的监督手段趋向虚化。

惩治性监督严肃性的软化。惩治本身就是一种最具威慑力的监督。近年来,我国对高校腐败的监督打击力度确实有所加强,然而惩治性监督软化的问题仍然存在。齐鲁工业大学党委书记徐同文在担任临沂师范学院院长、党委书记及齐鲁工业大学(山东轻工业学院)党委书记等职务期间,利用职务之便以索取、收受贿赂为目的为他人谋取利益,并贪污公款,接受他人礼品(礼金),与他人通奸,违反规定经商办理企业。吉林医药学院副院长李然斌也因受贿而被查处。临沂大学原副校长李富山,党委书记丁凤云同样利用职务之便收受贿赂,贪污公款为目的为他人谋取利益,以上一桩桩案例表明,惩治性监督软化的倾向,不仅会减弱惩治手段的监督力度,而且有纵容腐败犯罪的反面作用。惩治性监督的缺位或无为，在一定程度上使腐败犯罪的行为更为猖獗。

可以见得，大学内各主体为了维护自身利益必然会将自我权力放大、扩充，形成各权力主体间相互竞争的博弈局面，大学制度不足以约束学校各利益主体权力时，权力失衡的恶性后果就会对大学产生难以估计的灾难，同时，权力的相互制衡，也有助于制度更为积极地发挥效用，沈阳师范大学在寻求自身发展的过程中面临着的上述风险，需要通过更为紧密的制度体系加以规避和制约。

三　大学院系层级的管理体系有待完善

由于我国大学章程的制定和实施都比较晚，在大学章程中关于学校与院系权责体系有诸多不妥善之处，其制定和实施过程中仍然存在诸多缺憾，亟待改进，这也造成了学校和院系两级权责体系在客观上存在以下三方面问题。

首先，校级权责过于宽泛无限化。校级权责过宽包括不承担任何责任和权力大于责任这两种情况，无论哪种情况都会指向特权泛滥或权力滥用。虽然大学章程中规定了校级权责的下放，但现实中由于很多学校权力思维膨胀、法律意识淡漠等原因，仍然牢牢把握着人、财、物的权责，如职称评聘、人员调配、资产使用等实质性的权力，而仅仅将事务处理权下放给院系。校级权责的无限化必然导致学校行政权力以"人治"代替"法治"，脱离公正运行的轨道，与依法治教相背离；导致教育资源的严重浪费和效率降低的机构臃肿现象；导致"权钱交易"等功利化腐败因子渗透到本是文化净土的校园中。这些都会导致学校难以把握发展战略大局而为学校自我发展留下隐患。

其次，院系权责虚实难辨避责化。院系是大学的办学主体，具有办学实体的主体性地位。除需要学校统筹规划和统一管理的事项外，涉及教学、科研和社会服务的人、财、物以及其他资源配置，应全部实行重心下移，将自主权交由院系一级的行政单位，这样有利于优化学校的管理结构和模式，保障学院等教学科研机构拥有更大自主权，使院系的主体作用得到充分发挥。院系规避责任主要是由于学校抓住权力不放，而对院系施以较大的责任压力所致。这种情况属于不赋予任何权力或权力赋予的不适当所导致的责任消减或责任推诿，即院系的行政统筹能力失去管理空间而相对薄弱，院系工作负担过重，只有行事权而少有支配权，运转不灵，本该独立行使权责时，出于权力的短缺而顺理成章地逃避责任。再加之各系人事关系复杂，教学科研能力不同，创收能力不同，各自为政，难以统一管理。长此以往，学校、院系在面对某项事务或问题时，双管而又都不管的虚实难辨，院系的实体作用难以发挥，打消了院系组织办学的积极性。

最后，两级权责监督敷衍表象化。大学章程中虽然多方面强调了两级权责监督制度，但是现实中两级权责监督敷衍现象仍然严重。沈阳师范大学内部的监督有多种形式，如领导对下属的监督、部门间的监督、部门内部的监督和专门的监督机构等，各种形式的监督权责遍布于两级管理模式之中。监督的表象化实质上是监督权的一种弱化和虚化：一方面，从权属关系上看，由于"长官意志"趋强，存在着高校上级领导对监督机构的业务指导和全面领导，这就会导致独立监督机构演变成单纯的执行部门而缺乏独立性，监督机构成为虚设。另一方面，由于监督手段缺少责任效能而失去实际效果，例如，若章程中没有规定相关涉事人员不予配合造成后果自负的法律规定，或是行使正当调查权力所具备的法律根据，就很有可能导致调查力度与效能严重弱化。[①] 这就使两极权责监督制度沦为摆设，不仅不能发挥其应有效能，还造成了政府资源的浪费。

---

① 马焕灵、张月含：《大学章程中学校与院系权责体系的探索与创新》，《现代教育管理》2015 年第 10 期。

第二节　大学内外部法治秩序统一协调尚待时日

现代大学已经不同于往日，市场经济条件下的大学再也不能与外部社会割裂开来。一方面，社会的迅速发展对知识的渴求已经越来越急迫；另一方面，大学自身发展需要外部政府和社会提供的经费等充沛资源。大学的内部与外部是一种相互依赖、互为补充的关系。这样，实现大学内外部法治秩序的统一协调，就是为了维持这种相濡以沫的关系，使之不致被不良因素破坏。然而，沈阳师范大学现阶段若想实现内外部法治秩序的和谐统一并非易事。

一　大学对外"自主办学"度的掌握尚不稳定

大学教育是一项系统工程，因此，所谓大学的"自主办学"就要理解、把握好大学的定位。大学的定位必须在系统中进行：大学在整个社会系统中定位；一所大学在整个大学系统中定位；某一学科、某一专业或某项工作在一所大学之中定位。[①] 任何一所大学在对自身进行定位的时候，在制定某一战略与政策的时候，都要同时考虑和估计这三个系统，才有可能是现实的、合理的和有前景的。大学的自主办学本是合法合理，然而这种"自主"的程度却缺乏统一的指标，有时掌握不好办学自主的"度"，很容易造成大学自身主体性缺失和大学发展恣意化两个极端风险。

一个极端是：大学办学自主性的缺失。大学自主性的缺失由来已久，单从新中国成立后来看，中央政府对大学下达教育方针，具有绝对的权威性和法令性，大学是否能够做到正确理解和贯彻执行中央政府的教育方针，是大学办学是否成功的最重要标准，以至于这种模式已经深深扎根于人们的心中，成了一种思维定式。《沈阳师范大学关于进一步

---

① 刘献君：《论高等学校定位》，《高等教育研究》2003 年第 1 期。

加强本科生公共课建设的若干意见》开宗明义:"为全面落实教育部《关于全面提高高等教育质量的若干意见》(高教〔2012〕4 号)、中宣部、教育部《普通高校思想政治理论课建设体系创新计划》《高等学校思想政治理论课建设标准》和沈阳师范大学 2013 年教学工作会议有关文件精神,以立德树人为根本任务,切实将培育和践行社会主义核心价值观融入公共课教学的全过程,强化公共课教学在专业建设和人才培养中的重要作用,使公共课教师潜心于教育教学,自觉投入教育教学改革当中,促进我校公共课教学的持续健康发展,现提出如下意见……"可见,大学的相关政策确实是需要以落实教育部的教育方针为前提和基础的。大学在坚持党的方针不动摇的前提下,确实培养了大量社会主义合格人才,但在落实方针的办学过程中,不可否认出现了诸多大学秩序走向政治化,学术遭到破坏的行为。即使是改革开放以来,我国高等教育也一直实行中央政府和省级地方政府两级办学、两级管理的运行模式,政府集举办者、行政管理者和事实上的办学者于一身,高等学校只是政府的一个下属机构,校长由中央或地方政府任命。这种政府控制主导型办学模式给作为学术组织的高校的发展造成了极大的障碍。虽然高校也获得了某种程度的自主权,但现实运行中,政府与大学的关系依然是领导与被领导的关系。在这种政府主导型的管理体制下,很容易出现管理错位的情况,管了许多不该管也管不好的事,应当承担的责任也没有做到位。学校自身主体性缺失,长期听命于上级行政,由政府任命的大学校长实际是政府监督的代理人,行使上级赋予的行政使命,只对任命他的上级负责,而对学校师生而言,更多的是一种权力和地位的象征。高校办学自主权长期得不到落实和解决,往往在于缺乏对"自主权"的诠释,它也正是研究高校办学自主权的逻辑起点。自主权源于主体的能动性、自主性等特性在行为选择、自我支配和控制方面的权利或能力。自主在本质上表现为独立判断的能力和行为,是"意志的自发行为"。[①] 自主

---

① [英]詹姆斯·D. 马歇尔:《个人自主与教育》,于伟、李珊珊译,北京师范大学出版社 2008 年版,第 10 页。

权实际上是为权利主体在法律范围内提供了多大的自由度，独立性及自主性的问题。高校办学自主权的实质就是"要使学校具备能主动适应经济社会发展需求的、自我发展和自我约束的能力"。① 可见，高校办学自主权不是单纯的权利，还是一种能力，在法律上，体现为高校的权利能力与行为能力的统一。然而，中国高校一直以来作为政府的附属物存在，是在政府呵护下"被抱大的一代"，缺乏主体性、独立性和主动性，有依附政府的惯性和偏好，缺乏行之有效的自律机制。高校自主办学能力建设不足以及内部治理结构不完善已经严重制约了高校办学自主权的落实，难以胜任独立行使办学自主权的使命。

另一个极端是：大学发展恣意化。虽然现阶段，大学仍然处于寻求自治的道路上，但大学无政府主义的恣意发展观仍然需要被予以充分警惕。高校与政府权力边界的划定，是一个具体的历史过程，两者关系处于动态平衡状态。也就是说，当政府对大学过于监管时，大学办学失去了自主权，与此相反，政府对大学的监管失控时，同样也会导致大学无序化和权力无限化的风险。转型期法治大学诉求之困难主要在于：从国家层面来说面临放权与加强监管的矛盾；从大学层面来说则意味着自治与有效治理的矛盾。若国家放权，大学自主性增强的同时，容易出现大学滥用权力的情形；若国家收权，大学自主性减弱，则容易成为国家的附庸，大学使命的实现难以完成。"大学自主权反映了大学与政府之间的权力变化关系，在这一权力变化过程中，政府是影响大学自主权演进的主导因素。"② 政府不是妖魔，大学也不是天使，政府对高校办学的规范和监督是必要的，但必须通过章程等制度文件予以明确其权职范围和界限。既要防止大学的学术自由被"捆住了手脚"，也要防止大学的无序放纵状态的出现。

---

① 蔡克勇：《大学办学自主权的相关因素分析》，《中国教育报》1997 年 5 月 31 日。
② 许杰等：《政府：影响大学自主权演进的主导性因素》，《华中师范大学学报》（人文社会科学版）2005 年第 5 期。

二 大学对内缺少协同互通机制

一所大学即使对外实现了自主,如果其内部结构或机制不完善,也不可能自组织地运作。这就需要建立大学内部要素的协同机制,关键是建立完备的通信系统。通信系统的价值在于通过向资源分配的最优境界趋近,来达到大学内部最大可能的协同和实现资源的最大化利用。沈阳师范大学与其他大学一样,都在大学内部协同系统的通信环节出现了一些问题。

第一,缺少前馈机制。在大学中,无论是大学校领导对中层领导,还是中层领导对其下属,他们之间信息交流主要是由上而下地单向进行。上级领导的意见对于下级通常意味着"吩咐""指示""安排"等,下级通常只能"领会"上级,即使"领会"不通的、认为存在不妥的也要往下传达或照办。也就是下级通常难以对上级的意见提出异议,即信息前馈机制薄弱,这就可能使得问题意见、不够优化的意见传达到基层执行。

第二,缺少信息反馈动力。员工对感受到的各方面问题不通过正规通信系统进行积极的反馈,而宁愿通过牢骚、笑谈等方式宣泄,或等待领导到基层视察由他们自己发现。即使对与自己切身利益有一定关系的事件也不反映,宁可"搭便车"。这种有利于组织利益、对他人也没有明显的不利,甚至对自己也直接有利的信息却不做反馈,显示出员工缺少信息反馈的动力,最终使信息处于散置状态,因而造成了信息资源的闲置、浪费。

第三,缺少信息反馈权力。任何信息一旦被采纳执行,就意味着对一定范围内的组织资源的重新分配。当预期反馈某个信息,虽然对维护组织利益是有益的,但可能会明显甚至严重地触及某些个人的利益,包括上级领导的利益。由于对馈后效应的恐惧,此时,如果员工自身利益没有受到明显的、直接的伤害,很多人通常不对这种信息进行反馈。这是因为他们缺少严格法律保障的信息反馈动力。

第四,缺少严格的信息处理规范。有的反馈意见长期滞留于意见箱，有的意见箱的锁锈迹斑斑、长期不开形同摆设（或许里面真的没有"意见"，很多的意见或许通过其他渠道做了反映，或有意见而不作反映。对有的意见的处理一拖再拖，时效观念淡薄。有的意见在处理过程中，由于感情、利益等纠葛而搁浅，等等。这些问题实际反映出信息处理没有完全遵循组织长远利益的最大化原则，而是听命于一些个人的意志和受个人利益的干扰，表现为缺少严格的信息处理规范。

第五，相关机构职能的萎缩或异化。大学纪律检查委员会及监察、审计机构的设置对于受理师生员工的各种意见、建议，对于维护他们的权益和激发其工作热情是十分必要的。这本是学校中最活跃的部门之一，但长期以来却是门可罗雀，其职能呈现出萎缩之势，这与在人治和缺少激励的环境中，师生员工缺少反馈信息的权力和动力有直接关系。此外，大学中多有高等教育研究室这样的机构，但多数是一些空对空的研究，既缺少理论上的创新，也难以解决实际问题。长期以来，大学中的研究室在大学中处于不被人关注的角落，很少参与大学决策的研究。其长期的默默无闻日益使其研究大学实际问题的权力被削弱，其地位也日益滑落，相应地，学校对其职能的定位也逐步趋向于纯理论的或虚无的研究，这就导致了大学高等教育研究机构的职能在相当大的程度上的异化。大学中纪律监察机构和研究机构的职能不完善，一定程度上影响到大学内部相关连接不能协同一致。

三　大学内、外部资源对接的错位

大学的发展需要外部政府、社会等进行源源不断的资源供给，而大学如同造血机制一样将科研产品、成果外输给政府和服务社会，这样大学的内、外部才能形成有效的资源对接机制。在沈阳师范大学的发展过程中，就像其他大学一样时而会出现资源对接错位的情况，从而导致原本有序的资源传送、产品生产发生中断或滞后等问题，影响到大学平稳发展和社会进步。究其原因，主要是大学信息和情报系统失误导致资源获取能力不足，以及大学之间的恶性竞争所致。

首先，由于作为"象牙塔"的大学固有的封闭性，导致资源获取能力不足。随着大学由社会的边缘走向社会的中心,大学的发展和社会进步的联系也越来越紧密,但就我国现状而言,大学与社会的信息不透明,互动性不强。大学主要受命于政府,虽然政府会根据社会发展的需要做出一定的调整,但政策的制定和实施相对于社会发展而言表现出明显的滞后性、迟缓性。大学在适应社会与市场方面则表现被动,大学缺乏有社会人员参与管理的机构,社会对大学的运行和发展的了解和参与度不够。一方面大学不能为社会提供各种需要的人才产品,大学生"回炉"现象不能不说是高等教育的浪费;另一方面社会对大学的支持力度不够,甚至严重空缺,面向大学的投资渠道不通畅。在我国高等教育系统中,老牌本科院校办学历史较长,社会声誉较好,校友资源较多,而且在"重点论"的大环境影响下,经费主要投入重点院校。相对来说,一些地方本科院校与市场和社会关系疏远,实行全封闭式管理,资源相对获取有些困难。例如,在科研课题的评审中,评审人员主要来自老牌本科院校,因而申请各种项目成功的概率较少,地方本科院校科研成果积累和科研条件较差,科研经费难以得到;社会声誉还没有树立起来,校友数量和质量都有限,得到的捐赠很少。再如,优质学生不愿到地方本科院校就读,生源数量和质量存在一些问题。在沈阳师范大学的学科与科研工作处的发文中,不难看到诸如关于申报"中小企业信息化技术公共服务平台"的报告、推荐"2014年辽宁省教育厅科学研究一般项目"的函、推荐申报2015年度辽宁省教育厅"高校思想政治工作研究专项项目"和"人文社会科学重点研究基地专项项目"的函等一系列科研申报文件,然而与"985""211"等国家重点大学相比较,仍然显得单薄许多。

其次,大学相互之间越来越形成了一种竞争恶性化趋势,导致社会服务能力减弱。目前我国大学出现了盲目建设"一流大学"的攀比心理和跃进行为,大学之间比高楼、比占地面积、比学生数量,而不是比教师、比教学科研以及图书馆的藏书量。由于政府是大学教育资源的主要来源,大学之间为了竞争有限的教育资源而弄虚作假,互相欺瞒。主要表现为:专科学校的升格、本科院校的升点以及大学在引进人才过程中的造假行为。① 这种违背作为学术组织的大学的内在发展规律的行为，大学不是靠特色、靠内涵发展来实现其目标的。同时也不注重大学内在的学术发展要求，"这种情况不仅会使中国高等学校面目雷同、服务职能互相重叠而导致校间恶性竞争，珍贵教育资源滥用、闲置和浪费，而且会使高等教育脱离社会实际，人才市场供需失调，引发严重的社会问题"。② 现代社会对大学的要求是多种多样的，求学者的要求是多种多样的，因此各个大学如果不能对社会环境"察言观色"的基础上保持自身特点而执意盲目从众，或是固执地追求硬件的建设能力而忽视自身学术和学校特色的软实力，势必会在大学之间的恶性竞争中伤败而归，不但不能最终满足社会的需求，反而会使自身处于不伦不类的尴尬境地。③

第三节　大学法治文化的形成非一蹴而就

社会的发展不仅仅需要物质的充足，更需要一种精神层面和智力系统的支持。法治文化是法治国家应有的社会文化体系，指的是应尽可能地使法治渗透在人们思想和行为方式中的意识、原则、精神、行为及其价值追求等方面，它不单单是一个国家通过法律制度、法律机构、法律设施等建设方面所体现出来的文化内涵，更是一个国家治国理念和规范人们言行的精神文化的重要体现。法治文化作为一种先进文化，"代表了中国社会主义初级阶段的文化发展方向，对于其他价值类型的各种文化应当起到统摄、范导、提升与整合的作用"④，也因此应该包括法治价值文化、法律制度规范、法治行为方式等主要内容。引申到大学的法治文化，作为法治文化体系中的亚文化形态，自然是

---

① 郭培霞：《和谐文化视野下的大学内外运行环境建设》，《学校管理》2008 年第 59 期。
② 王义遒：《我国高校的恰当定位为什么这么难》，《中国高教研究》2005 年第 3 期。
③ 胡敏：《大学善治视野下学生利益诉求表达机制建构》，《高教探索》2015 年第 10 期。
④ 王文章：《中国先进文化论》，文化艺术出版社 2004 年版，第 28 页。

指法治溶注在包括学校领导、行政管理人员、教师和学生等所有大学成员的思想和行为方式中的意识、原则、精神、行为及其价值追求,是一所大学通过规章制度、法律课堂、教学设施等所体现出来的文化内涵,更是一种体现治校理念和规范大学成员言行的精神文化体系。"冰冻三尺非一日之寒",作为"文化"概念范畴的大学法治文化的形成和巩固也并非能够一蹴而就,在法治成为大学治理的一种文化理念的过程中,面临着许多困难和挑战。

一 作为"文化"的固有特点

文化是一个复杂的整体,其中包括知识、信仰、艺术、道德、法律、风俗以及人作为社会成员中的一分子所获得的任何技巧与习惯,是人类后天习得的,人类所共同享有的。大学法治文化归根结底是一种精神和智力层面的概念,具有"文化"这一大概念的本质属性和固有特点,而这些特点也决定了文化形成的漫长性和渐进性,从而证实了作为亚文化的大学法治文化的形成是一项长期工程。

第一,文化的相似性。作为文化的一种,大学法治文化具有同社会实践活动中其他普同一样的文化形式,尽管世界上存在着习俗不同、生活方式千差万别且种类丰富的民族,但各个不同民族的意识和行为具有共同的、同一的样式。这是因为世界文化的崇高理想自古以来一直使文化有可能超越边界和国界,这便是文化普同性重要特点。包括哲学、道德、文学、艺术和教育等诸多领域在内的文化不但包含阶级的内容,而且包含全人类的、普同的原则。正是在这些原则的影响之下,各国人民相互接近,各民族文化相互融合。目前,高新技术迅速普及,经济全球化进程加快,各民族生活方式缓慢趋同,民族特点正在淡化,差距逐渐缩小,各地域独一无二的文化特征正在慢慢消融,整个世界文化更加趋向普同。这种普同性同样可以理解为文化的超生理性和超个人性:前者是指任何文化都是人们后天习得或加以创造的,而不是且不能通过生理遗传得来的。后者是指个人虽然有接受文化和创造文化的能力,但是单个人的力量却不足以形成或者创造文化,个人只有在与他人的互动中才需要文化，才能接受文化进而影响文化。

第二，文化的多样性和复合性。不同的自然、历史和社会条件的影响下，形成了不同种类的文化和文化模式，正是基于此世界文化从整体上呈现出多样性的特征。每个民族的文化都独具特色与魅力，彼此之间没有从属关系，更是不能相互替代，它们都是全人类共同的珍贵财富。任何一个民族，哪怕是人数最少的民族，其文化财产若是遭到破坏都将是整个人类文化领域难以估计的损失。任何一种文化现象都是由多种文化要素复合而成的，不是孤立存在的。

第三，文化的民族性。民族文化称谓的由来根植于本民族之中，与本民族的发展息息相关。不同民族之间的文化不尽相同。文化是一个民族精神世界的重要表现形式之一，每个民族的文化都是其在长期历史发展过程中自然创造和不断发展起来的，融合了本民族人民智慧的结晶。民族文化在其丰富多彩的形式之上更是包含丰富的内涵。并且通常来讲，一个民族的社会生产力水平越高，历史越悠久，其相应的文化内涵就越丰富，所包含的文化精神越强烈，在这样的基础之上其民族性也就越突出，鲜明。例如，与我国传统文化相比，美国是一个高度个人主义和高度实用主义的国家，强调个人利益、利润、组织效率和生产效率。而经验的，现实主义的则是英国文化的典型特征，这以英国人重视经验，保持传统，讲求实际的特点是相对应的。

第四，文化的传递性。形式多样文化传播媒介的存在使得文化一经产生就要被他人模仿、效法和利用。人类不断繁衍生息，世界历史向前发展，文化也连绵不断，世代相传。文化的传递包括纵向传递（代代相传）和横向传递（地域、民族之间）两方面。而继承毫无疑问是文化发展的基础，若没有继承，文化便没有传承与创新可言，而没有传承与创新的文化便犹如一潭死水，早晚都会枯竭。因此，文化发展的前提便是继承与创新，即在继承前一阶段优秀文化的基础之上，在新的时代背景之下加以创新，为当前的社会精神所用。

第五，文化的发展性与滞后性。文化的发展性，也可理解为文化的变迁性，即文化不是一成不变的，而是处于不断的变化发展之中。

大规模的文化变迁一般来讲是在三种因素的触发下产生的：其一自然条件的变化。例如自然灾害而导致的人口变迁；其二不同文化之间的接触，例如不同国家或民族就生产技术、生活方式、价值观念等方面的交流与影响；其三发明与发现，例如各种创世纪的发明、创造对人类社会文化所产生的巨大影响。以马林诺夫斯基为代表的功能学派认为，文化过程就是文化变迁。而文化变迁是指包括组织、信仰、知识以及工具和消费者的目的等在内的，或多或少地发生改变的过程。从大的方面来讲，文化是相对稳定，绝对发展的。但同时，文化也是滞后的，文化的滞后性指的是文化的各部分在变迁过程的速度是不一样的，因此各部分之间经常出现不平衡、差距、错位等现象。

第六，文化的时代性。文化是由经济与政治所决定的。而每个国家或地区的政治与经济都是处于不断的变化发展之中，那么由其所决定的文化也处于不断的变化发展之中。即每个不同的历史时期都有其所对应的属于该时期的文化。例如，以生产力和科技水平为标志的石器时代的文化、蒸汽机时代的文化、电力时代的文化和现如今信息时代背景下的日新月异的网络文化。尽管不同时期的文化有其个性，但这并不意味着文化继承性的泯灭和文化整体性的不复存在。与之相对应，每个历史时期的文化都是在继承前一阶段文化的基础之上演变而来了，既吸收了历史文化的精华，同时也独具该时期的特色，反映出该时期具有创新性、标志性的特征。

大学法治文化作为一种"文化"存在，必然也具备以上文化的基本属性，决定了其形成是一个历史推演和精神积淀的漫长过程。

二 我国传统"人治"文化的历史传承

"法治文化"是相对"人治文化"来讲的，我国两千多年的传承是"人治文化"。在我国"人治文化"的根基要比"法治文化"根深蒂固得多。当前存在的诸多现实问题，例如，制度设计很好，实际运行不佳；文字规定很好，实际执行较差；表象上接近现代化，思想意识更靠近传统，人的思想意识和行为仍然受到君主制、皇权至上、好的法律，衙门作风等"人治文化"的影响。主要表现为以下三个方面。

第一，"权大于法"、君主专制背景下的人治观念，阻挠了法律地位的提升。"权大于法"实质上指的是人大于法。在封建君主统治时期，每个国家的法律都是由君主制定并下令实施的，其目的在于通过法律对民众的行为进行约束，从而维护其封建统治。法律只是君主用来维护其统治的工具，简言之，法律所赋有的权力实质上是由君主所赋予的。因此，在"人与法"的关系上，必然是人大于法。而在此背景下衍生出一系列相关的人治观点。在国家的治理方略上，人治观点认为国家的治理与维护靠的不是法律或制度，而是靠人，即所谓的"为政在人""人存政举""人亡政息"，这所体现的是贤人政治的思想，治理好国家必须得依靠贤人。从科举选人制度在我国封建社会的推崇程度可见君主对于人才选拔的重视。在权力（包括掌权者）与法律的关系上，君主专制的政治的背景之下，君主权力至上，不受法律的约束，"天子犯法与庶民同罪"的说法哪怕是再贤明的君主也无法做到。封建统治之下，君主对国家政治有着唯一的决定权，由"贤人"对君主加以辅佐，但"贤人"并不是常有且易求的，故先秦法家针对儒家的"人治"曾提出"法治"的政治主张。但此处所谓的"法治"，只是将"法"作为君主维护其统治的工具，正如《管子、七臣七主》中说："法者，所以兴功惧暴也；律者，所以定分止争也；令者，所以令人知事者。法律政令者，吏民规矩绳墨也。"同现代民主基础上的法治含义截然不同。我国封建王朝的法律不管是从设立目的还是具体实施过程来讲从来就没有也根本不可能对君权加以限制，它体现的仅仅是君主的意志，目的在于巩固和强化君主专制。古代的"法治"也从来没有限制"人治"，而是为"人治"服务的一种手段。因此，"以权代法""以言代法"的现象始终存在。而基于传统文化的继承性，这种"人大于法""权大于法"的专制传统仍存在于现代人的观念之中，与现代社会中应行的法治观念产生了激烈的冲突。法治观念的形成无疑是法治文化建设的重中之重，只有人人都崇尚法律权威在现代社会中的至高无上,才可能产生由于对法的敬畏而对自身行为的约束与反思。古希腊思想家亚里士多德曾说过"法治应当优于一人之治"。这点明了法治的优越性,现代社会中,无论权力行使者地位的高低,任何人的权力都应当受到法律的制约,权力的行使必须是在法律允许的范围之内,其权力种类、范围、大小、运行的程序等都应依法律而定。并且,广大人民都有参与法治建设的民主权利,法律的目的在于和谐社会的构建,在于人类生活质量的提升,因而,社会中的人都有权利使得法律为自身服务。

第二,重礼轻法、重德轻刑的人治意识,抑制了法律作用的发挥。在我国封建社会中,政治治理的内容便是"治人"。而目标达成的方式与手段集中表现为礼、法、德、刑四种,与此相对应的制度建设也包括这四个方面。而在这之中,"礼"是制度建设的基础。以上四种手段的价值关系表现为德礼为主,法刑为辅。有礼法结合,以礼为主,执法原情,无讼是求等皆是其在法律实践中的表现,在多种此类现实的熏陶及影响之下,重礼轻法、重德轻刑就无形中塑造出了一种道德型人格,并且使之影响下的人群积淀了一种顽强的心理意识,在这种心理意识的影响之下,法律的作用始终没有得到应有的重视。实际上,法治文化并不等同于否认道德(礼)的作用,法律与道德在对社会成员的行为约束等方面都起着至关重要的作用。但是道德对人所起到的作用终究只是建议或是劝告,社会关系的调整,社会秩序的维护所依靠的更多的是法律,法律才是社会关系调整的主要手段。道德的多元化及其柔性特点往往无法解决多元化利益冲突,甚至很多情况下,其本身陷入冲突困境,难以自拔。这就决定了必须寻求表面上凌驾于社会,实质融于社会的法律来协调各种社会关系,包括化解道德冲突。但是,法治文化并不排斥"情",从法律的实践情况来看,法律的实施过程中贯彻以人为本的思想,法律条文中将对人的关爱、对人权的尊重进行融入的情况大量存在,不以个人好恶有所不同,并且平等对待社会群体,不以亲疏论远近。法治文化也有调解,与无讼调解所不同的是,法治文化中调解的纠纷范围、调解方式、程序调解、各种调解的效力大小等都有法律的统一规定,譬如刑事犯罪就不能适用调解。因此,法治文化的首要任务便是帮助人们从内心里认清法与德的关系,从而使得法律的作用得到更好的发挥。

第三,人治意识中的等级特权观念,严重破坏了"法律平等观念"的树立。人治的实现及其合法性的获得是以德治和礼治的实践为基础的。尊卑贵贱是儒家"礼"的实质和主要功能。其主张社会是分等级的,并且通过讲天尊地卑、阴阳五行等来说明等级特权制度的永恒性和合理性。宗法等级制度是这种等级特权秩序的源头。宗法与政治又是高度结合的,亲贵合一,家国相通。家族是社会的基本单位,族长、家长在拥有治家之权的基础之上还代行基层行政组织的部分职权。家是最小国,国是最大家,君主享有至高无上的地位。人治之所以得以顺利实现并且在封建时期的世界范围内长期延续,正是基于等级特权观念在臣民心理层面的植入与认同,它不仅渗入到中国传统社会的每一个细胞,而且已然内化为臣民人格的·部分,臣民们已视其为一种行为准则,惯性地进行遵守。而法治文化所倡导的是"法律面前人人平等",它要求对合法权利的保护和对违法行为的惩处援用同一的法律标准,它是基于现代社会中人与人之间平等关系而产生的一种新的法律意识。但是,传统遗留的观念影响使得法治理想与现实形成了较大落差。虽然公开的等级特权制度已不复存在,但特权观念却仍存在于部分现代人的心中。而当部分人走上掌权者的地位时这种处于思想深处的观念便越发地想要发挥作用。特权意识不破,法治意识便难以真正确立。

可见,我国传统"人治"思维根深蒂固,在大学法治文化的建设中形成了一道顽固的屏障,极大阻碍着大学的法治化进程。

三 大学法治文化的建设水平有限

大学法治文化建设的重点是树立法治理念,提高大学组织全体成员的法律素质,同时在校园内营造法治文化环境,发挥环境对人潜移默化中的影响作用。由于司法对学校管理的缺位,沈阳师范大学法治建设层次较低，效果不尽如人意，没有触及法治价值、法治意识等文化层面的内容。存在着以行政手段代替法律手段实施管理，法律监管力量不足，落实不力；官本位思想对管理者思想的腐蚀，使得在管理过程中不公开、不民主、不透明的现象泛滥。大量的管理行为以个人意志为转移，使全体师生共同参与监督、管理院校工作的预期目标落空。相对于管理人员来讲，教职工、学生等均处于被管理者的地位，在面对不公平的行政行为时若没有从根本上侵犯其利益，便常常秉持"多一事不如少一事"的观念对待，并有由于大部分教职工及学生群体法律意识的淡薄，维权意识差，对行政人员下发的指示往往言听计从，哪怕是自己的合法权利受到侵害也不懂得怎样维权。不学法、不懂法、不能依法办事，背离了依法治校原则，从长远的角度来讲，更是阻碍了学校法治文化建设的健康发展。

创新发展是推动沈阳师范大学法治文化建设深入发展的根本需求。当下，沈阳师范大学法治文化建设中仍然存在着大量老生常谈的问题，例如：教育理念陈旧，教学形式呆板，教学设施滞后，教学内容结合实际不紧、时效性不强，举案说法避重就轻、不能紧跟时代发展，等等。教育的效果由于课堂教育信息与网络文化信息的不对等而大打折扣。信息技术的高速发展，使包括高校师生在内的社会群体均处于一个信息爆炸的环境中，他们思想敏锐、情感丰富、行为个性、愤世嫉俗。互联网终端的不断普及，大大加强了网络信息对师生思想的冲击。法治文化要想深深植根于学生的思想中，必须在教育教学中不断更新观念，在实践中不断创新发展，用最真挚的语言、最灵活的形式，授之以渔。教学实践中要以激发师生对法治文化建设产生浓厚兴趣为切入点，以承载先进法治文化建设教育活动为着力点，以树立沈阳师范大学师生法治文化信仰为落脚点，用灵活、形象、生动与赋予时代意义的，先进的教育教学形式推进法治文化建设，设想的效果自然如期而至。

沈阳师范大学法治文化建设机制不够健全。沈阳师范大学法治文化建设普遍存在着：学校纪检、安保、团委、系办等不同机构职能任务中或多或少都去抓"涉法"问题和活动,但不是形同虚设,就是业务不精。学校的法治文化建设在院校考评中也成为"软指标",没有引起各级单位和领导的足够重视,成为制约学校法治文化建设的"瓶颈"问题。法治文化建设是大学师生依法维权的保障,没有健全、长效的机制与机构作保障一切都是空谈。究其原因,很重要的一个方面是法治文化建设还没有引起学院领导干部的足够重视。法治文化建设是一项长期系统的工程,要经历一个逐步完善深化的过程,只有不断积累、提炼,才会形成一种理念、一种精神、一种氛围。① 而因为沈阳师范大学在建设中过多的注重建楼、资源整合,教育教学、校企联合任务繁重,各方面条件所限,再加上部分领导的管理理念、管理水平有限,所以沈阳师范大学法治文化建设在很多方面还是刚刚起步,至少并不是很成熟。烦琐的日常工作、招生、教学、就业等常规性工作千头万绪,已经占据了领导大量的日常时间,这就使得其很难集中精力去思考、研究法治文化建设,在这样的现实条件下,沈阳师范大学法治文化建设任重道远。

---

① 徐慧敏:《高职院校法治文化建设研究》,硕士学位论文,燕山大学,2013 年。

第十章 他山之石:世界一流大学法治秩序的经验借鉴

世界各国一流大学都根据本国的具体情况建立、改革和完善其法治,以保证法治秩序得以充分展现。由于受文化和政治制度的影响,各国一流大学所面临的法治问题大致相同,这就使得法治秩序的最终价值所面临的问题也有共同性。我国一流大学法治秩序的建构,不可能游离于世界一流大学法治治理之外,必须以国际社会的发展为背景,需要学习和吸取世界一流大学的法治治理经验和教训。以下我们对美国、日本、英国以及德国的世界一流大学法治秩序做些介绍和分析。

第一节 美国经验

美国作为一个法制体系健全的国家,其具有丰富的法治治理经验。下面主要从法律保障、大学章程、大学治理结构以及学生相关事务管理四个层面来介绍美国大学的法治治理经验。

一 法律保障

从纵向角度来看,在美国高等教育发展进程中,政府相继颁布了三部均为高校治理的相关法律,即 1862 年《莫里尔法案》（Morrill Act）、1958 年《国防教育法》（National Defence Education Act）以及 1965 年的《高等教育法》（The Highter Education Act）。这使得美国在法治教育领域中，学术自由理念从无序到有序，由纯理论概念衍化为法律体系的有机组成部分。

（一）《莫里尔法案》（Morrill Act）

《莫里尔法案》（Morrill Act）是一部具有划时代意义的法规，它对美国社会及高等教育的发展产生了巨大影响。该法案颁布的影响主要表现有二。一是促使美国重新定位了学术自由，并将学术自由与社会服务相结合。政府通过将土地赠予高校的形式来支持、鼓励高校发展。同时，法案的颁布也为美国高校学术的自由发展创造了有力的宏观环境。此外，在高校学术自由快速发展的同时，也为社会输送了急需人才。这不仅促进了美国社会的进步，而且也带动了整个美国社会的发展，致使美国形成了前所未有的高校发展与社会责任相结合的有力局面。二是联邦政府运用法律财政手段来管理和调控高等教育的发展。该法案的成功之处在于其资助过程，政府并没有因为财政资助过多而干涉了大学事务的管理，而是靠法制保障为大学自由发展提供了有序的内部环境。

（二）《国防教育法》（National Defence Education Act）

《国防教育法》（National Defence Education Act）是第二次世界大战后美国的一项重要立法，它在美国教育史上具有极其重要的地位，该法不仅对教育本身，而且对整个美国社会、经济都有着十分深远的影响。该法案的颁布不但在资金上支持传统国立、州立大学的发展，而且还促进了美国私立高校的发展，致使美国高等教育形成了公立大学和私立大学并驾齐驱发展的新局面。一方面，从教育者教育来看，高等教育形成了影响整体发展的自制力量。另一方面，从受教育者教育来看，由于联邦政府直接资助美国高等教育的发展，使得学生有更多的机会接受高等教育，尤其是对研究生教育的大量投入，为国家未来的发展注入了长效机制，进而促进了大学更好地发展和延续。

（三）《高等教育法》（The Highter Education Act）

《高等教育法》（The Highter Education Act）是美国第一个由联邦全面资助高等教育的法令。一方面，该法案颁布的核心是关于学生的资助内容，美国联邦政府对高校的管理采取全方位管理模式，并利用资金的支持控制和管理美国高等教育的发展。另一方面，该法案的颁布明确了政府与大学两者的关系，即财政资助。政府不仅没有过多干涉高校管理，而且还通过财政手段来辅助高校日程的管理，从而使政府与美国高校形成了互利互惠的均衡关系。

从横向角度来看，大学治理的法制保障主要是以国家政权的形式建立起来的法律和制度，同时它的内容不仅涵盖法律制度方面的内容，而且还涵盖了法律的实施、监督中的一切过程和活动。

（一）法律的强有力保护，其宪法、法令等提供直接保障

法律具有国家强制力，是国家意志的体现。因此，法律的保障是最为严谨与有力的。作为美国基本法，早在1868年联邦宪法第十四修正案中规定："……任何一州，都不得制定或实施限制合众国公民的特权或豁免权的任何法律；不经正当法律程序，不得剥夺任何人的生命、自由或财产；对于其管辖下的任何人，亦不得拒绝给予平等法律的保护。"这是对大学治理法治化提供保障比较完整的表述。在教育法治领域的具体案件中，美国法院审判坚持"遵循先例"的原则，即上级法院的判决对下级法院有约束力，凡与先例相同的案件，应当做出同样的判决。因此，联邦最高法院对大学相关案件的审判也会依照历史上上级法院的相关判例作为法律依据。

（二）协会组织的监督保障

虽然法律保障占据重要地位，但仅仅依靠法律是远远不够的，权利的保障仍然需要社会各种组织的监督与支持。协会组织是美国社会各阶层表达自身合理诉求、维护自身合法权益的有效途径，在制度保障中发挥着举足轻重的作用。案件主要依靠于协会等团体来协商解决。例如，1915年AAUP的成立标志着美国学术自由进入"如法律"保障时代，并相继颁布了许多教师学术自由保障的文件。此组织于1915年12月颁布了首个关于"学术自由与终身教职"原则声明，成为"美国学术自由的正式源头"，并于1940年联合AAC（即美国学院联合会）发表了《关于学术自由与终身聘任制基本原则的声明》（后简称《声

明》），再次强调，教师在教学、科研学术自由的权利需要切实保障，并且建议高校实行大学教授的终身聘用制。该声明的影响日益壮大，司法系统也"拿来主义"，常将《声明》中的部分原则作为学术界中的习惯法并将其应用于高等教育领域内的审判中。① 可见，虽然 AAUP 是一个学术组织，仅仅作为行业规范，没有权利颁布相关法律文件，但却具有很强的约束力，有时比法律的效力还要大。

二　大学章程

法治理念在美国高等教育领域的一个表现是，每一所大学都有自己的章程，并重视发挥章程在学校办学和管理中的作用。② 现代大学章程作为现代大学制度的载体，具有不同的体现形式，即单一型与复合型。单一型大学章程往往由一个单一的大学章程来管理与统领整个大学的方方面面事务；而复合型的大学章程表现为由一个统领性的规章和一个或几个实施细则组成的一个整体。

首先，美国大学章程大多数属于复合型的大学章程，其篇幅较长，内容详尽，但基本内容与国内大多数高校章程类似，将其归纳为三部分：一是规定了大学的基本理念、本大学的办学宗旨、办学的目的以及办学的培养目标、大学的管理体制、治理方式等；二是规定了大学校长、教职工、学生的权利义务、教师的聘任与管理、学位授予、经费的筹集与使用方式、大学章程修改的程序、方式等；三是大学的名称、由来、历史等。

其次，由于各个学校根据其自身的发展特点和实际情况其章程的文本内容与结构体系也并非类似。下面就以密歇根大学、耶鲁大学以及康奈尔大学为例，分别阐释这三所大学不同的文本机构和各自的侧重点（见表 10-1）。

---

① 杨倩：《美国高校学术自由的法治保障研究》，硕士学位论文，鲁东大学，2015 年。
② 陈立鹏、陶智：《美国大学章程特点分析》，《中国高等教育》2009 年第 9 期。

表 10 - 1　　　　　美国三所大学章程的篇幅情况与文本结构①

学校	篇幅	文本结构
密歇根大学	15 章 191 节，84 页 33662 字（英文）	前沿（1.5%）；学校董事会（11.7%）；学校官员（6.2%）；商业事务管理、财务与财产（8.0%）；学校理事会（4.1%）；院系和学术人员（17.2%）；院与学院：项目的界定（2.5%）；学生事务（1.9%）；学生的招收与注册（1.8%）；毕业典礼与学位（2.0%）；费用及支付（0.4%）；院、学院以及附属单位（24.5%）；学校图书馆（3.6%）；其他规则和规章（1.9%）
耶鲁大学	12 章 67 条，18 页 8434 字（英文）	董事会（3.6%）；校长及其工作团队（40.4%）；常设委员会（19.2%）；学位（2.5%）；学校的机构（8.4%）；任命与任务（6.1%）；学生的录取与注册（4.4%）；本科学院（4.3%）；学校其他机构（6.8%）；体育与娱乐（0.6%）；大学理事会（1.4%）；校友会（1.1%）；章程的修订（1.1%）
康奈尔大学	25 章，92 条，28 页 11385 字（英文）	大学（3.8%）；董事会（16.3%）；董事会委员会（27.4）；年度审计（0.6%）；校长（6.0%）；学校官员；副校长及副教务长（1.9%）；学校教务长（1.3%）；财务和管理执行副校长（2.2%）；学校秘书长（0.6%）；学校法律顾问（0.6%）；内部管理（3.7%）；治校群体（3.6%）；院系治理群体（7.1%）；学位授予（0.2%）；系主任、学院助理及其他学术官员（2.8%）；教育和研究人员—任命和任期（11.6%）；大教授（1.6%）；交通与停车规则（0.5%）；学术咨询委员会（0.8%）；医疗中心（0.8%）；赔偿（0.7%）；利益冲突（0.7%）；其他条款（3.1%）；平等的受教育和就业机会（0.6%）；修订办法（0.6%）

说明：表中括号中的百分比为该部分的字数所占该章程总字数比。

从该表的具体条款中不难看出，密歇根大学章程所侧重的是对学校董事会的程序与规则，学院与附属单位的权责划分。耶鲁大学章程着重于对校长、教务人员以及常设文员会的规定。而康奈尔大学章程注重的董事会、常设委员会的议事规则。

三　大学治理结构体系

美国大学治理经历了一个从董事会法人自治到校长主导治理，再到利益主体"共同治理"的逐步研究与发展过程。② 在 1966 年美国大学教授协会与美国教育理事会、美国大学与学院董事会联合发表了《关于学院与法学治理的声明》（简称《声明》），这标志着美国大学

---

① 谭颖芳：《中美大学章程比较研究》，硕士学位论文，华中师范大学，2012 年。
② 欧阳光华：《董事，校长与教授：美国大学治理结构研究》，高等教育出版社 2011 年版。

的共同治理结构正式确立，并将"共同治理"定义为："基于教师和
行政部门双方特长的权力和决策几责任分工，以代表教师和行政人员
共同工作的承诺。"① 在这份大学治理的《声明》中主要体现了两个重
要原则。一是"凡重要行动领域既需要某些人发挥首创能力，又需要
大学所有成员参与"，即确立了利益主体参与治理的权力，大学各种
利益相关者均可依据其能力参与大学的决策。二是"大学各成员依据
其所承担的不同职责拥有不同的发言权"，即首要责任首要权力原则，
或者权责对等原则，各个利益主体因身份、地位的差异而享有不同的
权力。因此，各个利益主体的共同参与治理原则在美国大学的治理发
展过程中占有重要的地位。

　　大学共同治理结构是美国大学对世界大学治理制度的重要贡献，
在当今大学与政府、社会联系日益紧密的环境下，为单一化的大学治
理提供了一种多元主体共同参与的治理模式，并取得了很好的效果。②
大学共同治理包括外部治理和内部治理两个方面，两者关联互动。外
部治理的主要影响因素包括政府、社会组织和市场等；内部治理的主
要影响因素包括校外人士为主导的董事会、校长为代表的行政系统、
教师为代表的学术评议会等。因此，共同治理对大学的科学治理，具
有强大的推动作用，其主要体现在如下三个方面。

　　（一）共同治理，确保大学的学术自由与有效治理

　　从外部治理来看，影响美国大学有效治理的最大因素是政府。在
美国教育领域，无论是公立还是私立大学，在法律地位上都是与政府
相平等的，主要表现在对其学校事务的沟通、协商而达成一致"伙
伴"关系，政府不能直接插手和干涉大学的具体事务，即便是公立大
学，政府也要通过财政、规划、评估等手段施以影响。这种法律上的
"伙伴"关系保障了大学在对教学与研究事务进行决策时，所必须遵
照的学术标准，而不是外在的行政压力和行政许可。因此，从根本上

---

① 彭国华、雷涯邻：《美国大学共同治理规则研究述评——以对〈学院与大学治理的联合
声明〉反思为视角》，《高教探索》2011 年第 1 期。

② 张允春：《大学治理制度体系研究》，硕士学位论文，山东大学，2016 年。

确保了大学的学术自由。同时，各种中介机构，如对大学认证和评价机构，第三方的专业中介机构对大学的质量与信誉进行评价，这种评价具有专业性和中立性，评价结果具有真实性和客观性。此外，通过评价还可以建立政府与大学之间的有效联结，一方面政府可以调整对大学和资源配置，但是又给予高校高度的自治权利，不直接干预高校的内部治理。另一方面，在充分尊重高校自治权利的同时，又能充分利用政府和社会资源，按照政府和公众利益要求实施有效治理。需要注意的是这样的治理模式使高校教师在学术管理与决策方面占有优势，而不用在学术决策方面服从于学校董事会以及校长的权力。这种模式在避免行政事务与学术事务管理、决策之间矛盾冲突的同时，也避免了行政权力对学术权力的越权管理以及行政事务对学术事务的直接干预。[①]

（二）专门委员会，解决民主参与和决策效率的良方

目前，大学共同治理面临的最主要难题是如何在内部治理中扩大民主参与度，提高决策效率。在美国基于"全员共同参与"的原则下，每个大学都体现出"共同治理"的分权规则、参与机制与责任分担机制，而在具体的实践中，全员共同参与决策往往导致效率低下。为了有效解决决策民主与效率的两难问题，美国大学制定了共同治理的第二条原则，即"首要责任首要权力"原则，也就是说在大学共同治理中所拥有的不同职责而享有相应权力，该原则对于内部治理主体中的董事会、校长代表的行政系统、学术评议会均为适用。

（三）权责分层，解决决策质量和执行效率的矛盾

美国大学属于"多元大学"，它不是各大学共同利益的统一体，而是由校内外利益相关者组成的多种利益的综合体，其各自拥有治理团体，并维护自身的利益。如在具体的决策与执行过程中，首先，以校外人士为主导的董事会拥有其最终责任和最终权力，以确保决策执行的效率。其次，以校长为代表的行政系统有着科层组织的特征，校

---

① 王亚杰：《美国大学治理对中国特色现代大学治理体系建设的启示》，《中国高教研究》2014 年第 9 期。

长依据董事会的授权,有意识地将大学的管理职能分化,并建立起比较完备的层级管理体系,以保证政令畅通和行政执行的高效率。最后,以教师为主体的学术评议会对学术事务负有具有首要责任和权力,它及其专门委员会的决策质量和运作效率,必须服从于大学通过对高深专门知识的探究、运用、传播而服务社会公共利益这个根本目的。①共同治理只有在各司其职,相互依存的前提下,才能从根本上保证相互制衡、共同治理架构下的科学性和效率化。

四　师生管理

目前,世界各国的高校都十分注重师生的管理工作,师生管理已经成为高等教育不可或缺的重要组成部分,并且日益受到越来越多的关注。美国作为世界上高等教育发展最为完善的国家之一,其师生管理已经建立起科学而规范的理论体系。

(一) 学生相关事务管理

美国作为一个法治程度较高的国家,其大学学生管理同样具有浓重的法治化色彩,这种法治色彩主要体现在运行机制、发展保障、文化氛围以及学生自治四个层面。

1. 运行机制

美国高校学生不仅在管理方面要注重程序的严格性和正当性,而且在运行方面更要遵守相关的教育基本法律与规章制度。如在《高等院校学生事务管理》《学生事务应用手册》等中都充分体现了美国高校学生管理运行的可操作性。其一,美国为了保护学生的合法权益,将高校设有纪律监督机构、仲裁机构和法律咨询机构。其二,高校对学生纪律处分十分慎重,对学生的处理过程也具有明确的明文规定和具体的操作办法,这不仅充分的维护了高校的利益,而且也保证了学生合理权利的法律精神。其三,美国高校也注重对学生法治观念的教

---

① 王亚杰:《美国大学治理对中国特色现代大学治理体系建设的启示》,《中国高教研究》2014 年第 9 期。

育，并设立了很多与高校学生管理相配套的法律咨询机构，使之为学生提供全面完善的法律服务。

2. 法律保障

美国将学生管理作为学校管理工作的重要组成部分，并与学术事务协作交融，共同服务于学生的发展。同时，美国高校也非常重视学生管理的法治化建设，在学生管理方面更是具有完备的规章制度，诸如颁布《美国高等学校学生事务管理人员行为规范》《学生服务手册》以及《学生事务应用手册》等文件。

3. 学生自治

学生自治的法治化主要表现为民主化，也就是在民主平等的文化氛围影响下，美国高校学生参与的民主化程度。在美国高校中，学生事务管理者一般都给学生较大的自由来安排和塑造他们的学习和生活，学生通过建立自治组织来有效参与管理与学生有关的事务。如在宿舍管理、餐厅服务、图书管理、勤工助学、社团管理中进行自我管理、自我服务；在行为规范和学生考试中实行自我承诺或自我监督等；在管理中争取和保护他们的权益，锻炼他们的独立自主能力。而有关学生事务部门一般也不会直接干涉学生的其他事务，使得学校的管理工作更加具有民主化与合理化，从而使学生有充分的权利来参与到学校及学生事务的管理中来。

4. 文化氛围

美国文化的法治思想不仅体现在各种法律法规的完善上，更多的则是体现在美国人依法做事的办事程序上，高校学生管理的"有法可依、依法管理"就是其显著特点。学校按照政府的规定，依据学校实际情况制定学生管理的规章制度，并以此规范受教育者的行为，以推行"法治下的自治管理"。此外，美国在高校管理中也会存在崇尚过度的情况，一旦学生事务管理需承担大量模糊的、变动的、具有不确定性的任务和责任时，简单的依法管理就凸显了相应弊端。[①]

① 黄燕：《文化视野下的中美高校学生事务管理比较研究》，博士学位论文，华东师范大学，2013年。

（二）教师管理

高校教师管理作为美国高校教师管理的一个有机组成部分，其在保障机制、职责和权利、资格、聘任等方面都积累了较为丰富的经验，并形成了较为成熟而完备的高校教师管理体系。

1. 保障机制

随着高等教育发展和改革的不断深入，美国高校教师的保障业务主要有三。（1）教师充足的研究经费。美国各大学非常鼓励教师自主争取研究经费，因此，教师的研究经费十分充实，这种方式为教师专项考察、进修等创造了条件。（2）实施教师进修计划。美国高校为了提高教育、教学与研究质量，开展博士生到社区学院进行交流学习，使之积累经验，并为未来从事教师工作提供帮助。（3）设立教师培训机构。美国大学为教师设立培训机构，以学习教学技能，使之提高教师的教育教学水平。如，普林斯顿大学和西安大略大学教学培训中心的重要功能是为教师掌握教育技术提供服务。西安大略大学开设 Productive Beginnings for University Teaching 课程，提供 Faculty Mentor Program、Teaching Assistant Training Program、International Teaching Assistant Program、Plagiarism Checking Software、Peer Consultation Service（良师益友程序、教学辅助训练程序、国际教学辅助程序、剽窃检查软件、同行咨询服务）等项目和软件，设立 Upcoming Management and Staff Training Programs（即将来临的全体人员训练项目）。①

2. 职责和权利

美国大学教师的主要职责包括：（1）教育教学工作；（2）担任研究生、本科生的指导教师、指导论文；（3）进行发表论文、科学研究以及著作；（4）对校外提供与教师相关的服务、咨询与顾问工作。美国大学教师的主要权利有：（1）学校内部的学术自由权；（2）申诉和听证会权利；（3）复制和翻阅学校教师个人档案并要求修改与删除权。

---

① 丁玉宝：《美国高校教师管理机制探析》，硕士学位论文，东北师范大学，2008年。

3. 资格

美国大学对教师聘任的资格有不同的规定。如教授，在满足下列条件外，还要求是某学科的学术带头人，并具有一定的组织领导才能；副教授，博士学位，同行业所承认的科研成就，同时具有 8—10 年的教育教学工作经验；助理教授，博士学位，要求具有 2—3 年的科研能力和教育教学经验；讲师，一般要求具有硕士或博士候选人资格。

4. 聘用

美国大学聘用教师主要包括如下程序。第一，公布公告。有意向者将材料报送至制定部门；第二，专家筛选。招聘委员根据应聘者进行筛选，并根据应聘条件和岗位要求确定 3—5 人进行面试，内容涉及演讲、答辩、投票等环节。第三，决定聘用与聘任手续，由校长签署意见后转呈校教授会或校长评议，在报请董事会批准，最后由校长颁布聘书，签订合同。

第二节　日本经验

在知识经济日益勃兴的 21 世纪，高校法治已成为世界发展的重要潮流，日本走在了这一潮流的前头。下面主要从大学制度、大学章程、师生管理以及大学治理结构四个层面来介绍日本大学的法治治理经验。

一　大学制度

日本作为高等教育强国之一，其主要的制度治理经验是通过教育法律法规来明确大学教授会的作用，并以学生、教师为核心来充分保障大学的学术自由和学术创新。

（一）法律明确提出要设置大学教授会

教授会作为日本"大学自治"的根本保证，其在大学制度治理中发挥着重要作用。早在 1947 年日本颁布《学校教育法》第 59 条明确规定:"为了审议重要的事项,大学必须设置教授会。"① 换句话说,无论是国立大学、公立大学、还是私立大学,都必须设置教授会。如果不设置或取消教授会则是违法行为。② 此外,在《学校教育法施行规则》中也明确说明了教授会该如何行使权力与职责。因此,日本通过立法来明确教授会的法律地位,不仅可以为日本教育的民主管理奠定"法理"基础,而且也从根本上保障了日本大学的"学术自由"和"大学自由"。

(二) 法律严格规定教授会具体要求

在日本,国家的法律法规明确规定了高校制定教授会的操作规程和具体要求,各高校在严格遵守教育法律法规条文的基础上,可以根据本校实际情况加以修改和完善,进而使各高校的教授会发挥重要作用。一是关于教授会的人员构成规定。教授会的正式成员是教授,但依据第 59 条第 2 款规定,副教授及其他工作人员也可以加入教授会,教授会的成员范围如何界定,是由各大学通过教授会规程等加以规定。此外,教授和副教授及其他工作人员出于平等地位,不是从属和被从属的关系。二是关于教授会的职责和任务。教授会是审议机构,并非执行机构。有关学校重要事项的审议,必须首先由教授会审议。三是关于教授会的权限做了规定。教授的权限除了"审议重要事项"外,依据《学校教育法实施行规则》第 67 条规定:"学生入学、退学、转学、留学、修学、升学和毕业,经教授会审议之后,由校长决定"。此外,教师录取、升任,院长的选拔录用,院长、教师工作成绩的评定及视其结果采取相应待遇、措施,教师的审查处分,以及校长、院长、教师的停职与任期等必须通过教授会审议才能决定。四是关于教授会与评议会的关系。评议会是学校层级的审议机构,教授会是学院层级的审议机构;评议会是大学最高的审议机构,校长主管公务,负责管理所属工作人员,其选拔由评议会进行。③

---

① 季飞:《中国高校内部管理"去行政化"研究》,世界图书上海出版公司 2014 年版。
② 〔日〕有仓辽吉:《教育关系法述评》,日本评论新社 1958 年版。
③ 〔日〕天城勋:《学校教育法逐条解说》,学阳书房 1954 年版。

（三）实行教授治校的治理机制

在日本，各大学基本实行了教授治校的管理机制，既从根本上保证了大学决策的民主性、管理的透明性，同时也促进了高校领导者、教职员工以及学生三者之间的制衡。目前，只有在良好的学术制度和科学的治理模式下，才能推进日本高等学校学术的发展，因此，日本实行教授治校的治理机制，不仅能够有效地避免大学行政与学术权力过于集中的局面，而且也能够评定和决策学术事务，把握遵循学术规律，最终实现日本高等学校的学术新发展。

二　大学章程

日本大学章程的建设一直处于世界发达国家的前列，纵观各大学具体章程，无论从大学的办学理念与培养目标、治理结构与原则到学术追求与发展，还是从大学与社会的关系、大学的社会职能到国家交流与合作，都在一定程度上反映出日本大学章程内容的特色。

（一）办学理念与培养目标

办学理念与培养目标作为大学章程中的首要构成要素，其具有指导性作用。从日本东京大学、大阪大学、九州大学以及名古屋大学等大学章程来看，各大学都充分体现了办学理念、培养目标、办学目的与发展目标。如《东京大学宪章》在序言中明确指出："东京大学将努力使自己建设成世界一流的学术研究机构，并且培养有全球性发展眼光的知识分子，这些知识分子将为实现一个没有偏见的社会，为促进科技进步和创造新文化做出贡献。"同时，其正文明确规定，东京大学的目标"是以学术自由为基础，不断追求真理，创新知识，使其教育和研究保持在世界领先地位"。[1]《大阪大学章程》第 1 条明确规定"对于各种各样的人类社会以及环境和自然界的众多领域，还有它们间的相互关系的问题，大阪大学努力探求其真理，立足成为世界最

---

① 陈明:《新时期高校党的建设和思想政治工作第四辑》，经济管理出版社 2015 年版。

先进的学术研究基地"。① 由此可见,日本大学中的办学理念、培养目标不仅明确说明,而且还保证了其管理与办学的规范性与稳定性。

（二）治理结构与治理原则

日本颁布《国立大学法人法》不仅从根本上改变了原有的内部组织结构官僚制,而且还彻底转变文部省对国立大学的管理模式,进而促使日本大学权利制衡和多元利益主体良性互动。该法在治理机构上明确规定了日本国立大学必须要设置大学董事会、经营协议会、教育研究评议会以及校长遴选考评会四个机构,以形成国立大学中管理框架,但由于校情各异,因此,各大学在四个权力机构下又相应地设立了不同的执行机构,以确保大学可以有效地提高执行力,进而规范学校管理。与此同时,日本各大学的章程在组织管理中也充分体现了大学治理的根本原则。就《东京大学章程》而言,如第 11 条明确规定:"东京大学在校长负责任的、全面的指导下为有效且富有成果的管理而奋斗,并应考虑到在学校成员之间就教育、研究和管理需形成一致意见";第 12 条规定:"东京大学的院系、研究生院以及附属机构,作为自治管理的基本组织单位,都有平等的机会参与整个学校的管理,其责任包括恢复重要的自我改革,以形成教育和研究系统一体化为目标";第 14 条规定:"东京大学在公平评估的基础上自主招聘员工……就任命每个部门的领导和教职工而言,需分别与各部门讨论协商后决定。"② 由此可见,日本大学的治理结构与治理原则都充分彰显了现代大学制度的精神。因此,我国可以适当反思与借鉴其成功之处,并结合国内高校发展的特点,从而构建科学、合理的高校治理模式。

（三）学术追求与学术发展

日本大学高度重视学术权力与学术发展,各大学是通过章程来明确学术目标,并且还通过一整套完备的制度来切实保障学术权力与学

---

① 湛中乐:《大学章程精选》,中国法制出版社 2010 年版。
② 同上。

术目标的实现。其一,以《东京大学宪章》为例,该章程在体现学术追求过程高水准和严谨性的同时,也充分彰显了学术评价的合理性与科学性。如章程第一章第 3 条中明确规定:"东京大学的本科阶段,教学形式与制度灵活,发挥教师的学术自由,专业化与多样化教育相结合;研究生阶段,构建广泛的、高度专业化的教育体系以培养学者和高水平的专家。"第 4 条规定:"东京大学将学生的学习活动进行严格且适当的评价,对教师的教学和各种教学条件进行自我评估,同时接受学生和第三方团体的评价,并且会迅速将评价反映到教育目标中。"① 其二,以《大阪大学章程》为例,在该章程明确体现了对学术的追求。如章程第一章第 5 条规定:"大阪大学主张重视所有学科基础性理论性的研究,将世界水平的研究作为自己的研究课题。"章程第 7 条规定:"大阪大学追求综合大学为特色,推进适合新时代的综合性教育研究。"② 由此可见,日本大学章程在规定学术目标、学术过程以及学术评价中,既实现了大学学术追求和谐有序的秩序状态,而且也充分体现了大学专业办学治校与治学的价值观,从而确保了日本大学教育系统健康稳定的发展。

(四)大学与社会的关系、大学的社会职能

随着日本大学改革后,其社会民众的需求已对日本大学的办学目标、发展方向,人才培养等方面都产生了巨大影响力。因此,日本大学越来越注重与外部的关系,包括大学的社会职能以及接受第三方的监督等。基于此,各大学章程对社会的职能和与社会的关系都作了明确的规定。如《东京大学宪章》第一章第 5 条规定:"大学应社会需求,积极与社会进行合作推动教育发展";第 8 条规定:"东京大学将保持其组织的灵活性以应对社会和经济变化,将与外校的知识分子合作并不断开发与国外的联系,意图在促进网络式研究中运用全球化的视角发挥动态作用";第 9 条对规定将在基础研究领域把

---

① 东京大学:《东京大学宪章》(2015 - 03 - 18), http: //www. u-tokyo. ac. jp/gen02/b04_ j. html.

② 陈立鹏、梁莹莹:《日本的大学章程建设》,《中国高等教育》2010 年第 9 期。

社会与研究结合起来。① 又如，在《大阪大学章程》第一章第 6 条规定中不难看出，大阪大学十分注重该校的基础和应用的平衡，以适应现实社会的要求。可见，大学的社会关系与社会职能已成为日本大学发展与管理的重要内容之一，只有以社会应用、社会需求为研究以及学术的出发点，力求站在社会发展的最前沿，才能实现大学的真正价值。

（五）国际交流与合作

日本大学国际交流与合作不仅关系到与其他国内外教育建立合作伙伴关系，共享合作共同利益，也牵涉到培养学生的质量，因此日本各高校将国家交流与合作作为大学章程的重要内容。以《东京大学宪章》为例，在开篇第一章第 1 条"学术基本目标"中明确提出"东京大学积极开展国家范围的教育、研究，与世界进行交流"；第 2 条"教育目标"规定"东京大学培育具有开阔视野同时兼备高度的专业知识和理解力、洞察力、实践力、想象力，且拥有国际性和开拓性精神的各领域的指导性人格"；第 5 条"教育国家化和社会合作"提出"东京大学作为面向世界的大学，迎接来自世界各地区的学生及教员，同时把东京大学的学生及教员送往世界，在教育方面形成国际性的网络"。②

三　大学治理结构体系

日本是国立高等教育极为发达的国家，在日本高等教育发展的历史进程中，国立大学在服务社会、传承文化、培养人才以及发展科学等方面均承担了至关重要的使命。实践表明，日本国立高校之所以能够良好且持久的发展，尤其是法人化改革以后的日本国立大学建立起一整套的运行机制和管理体制，从而助推了日本国立大学的发展和进步。下面就日本国立高校健全的内部治理结构和宽松的外部治理环境

---

① 东京大学:《东京大学宪章》(2015 – 03 – 18)，http：//www.u-tokyo.ac.jp/gen02/b04_j.html。

② 同上。

进行分析（见图 10 - 1）。

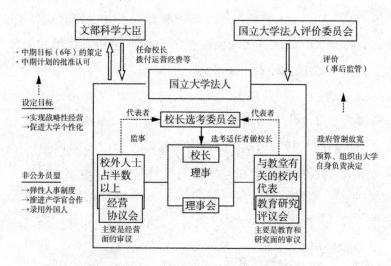

图 10 - 1　日本国立大学管理体制[①]

（一）内部治理结构

日本高校内部管理多数实行评议会领导下的一长制。大学的内部治理结构在国立的研究型大学、国立非研究型大学和学院、私立大学和地方公立大学中都不尽相同。日本大学内部治理是典型的集权模式，这种模式便于加强对全校工作的集中统一领导，有利于提高学校管理工作的效率，但容易产生个人独断专行的行为。为了避免这种可能出现的弊端，日本等国的高校都注意发挥在校长主持下的各种咨询、审议或监督机构的作用，如评议会和教授会，他们既是校长的咨询机构，又都是同时具有审议和一定程度的管理职能。[②]

1. 校长

校长是日本大学最高的行政负责人，校长的选拔由校长选考文员会负责，而选考文员会是由经营协议会和教育研究评议会选出相同数量的委员组成，其中经营协议会的委员必须是由校外委员。校长是统

① 贾德勇、王晓燕:《日本国立大学法人化改革后的大学治理结构》,《高等教育研究》2001年第5期。

② 李福华:《大学治理的理论基础与结构架构》,教育科学出版社2008年版。

辖所属人员，掌管校务等方面的工作，其职责和权限有：（1）维护"大学自由"和"学术自由"；（2）召集评议会并主持会议；（3）校务及日常行政、财政事务的裁决权；（4）学部主任或教授的选聘与评定审查；（5）设立各种专门委员会。

2. 理事会

理事会是日本大学最高的决策机构，是国立大学权利的核心，它主要由校长和副校长等组成，其职责和权限有：（1）讨论和决定学校重要事项；（2）学校的中期目标和年度计划的制定；（3）学校的预算编制；（4）学校的执行与决算；（5）大学内部的重要机构设置和撤销。

3. 经营协议会

经营协议会主要是负责处理与大学经营有关的事务。根据《国立大学法人法》第20条相关规定，国立大学所设置的经营协议会具有审议大学相关经营事务权，其委员任期为两年，可以连续胜任，但是不能超过指定或任命校长的任期，经营协议会由4人构成，分别为校长、理事、职员以及教育研究评议会，其有关的工作职责包括：（1）中期发展目标与计划；（2）年度计划的有关经营事项；（3）学校章程、会计规程、董事报酬基准以及其他重要规则的制定、废止与修改；（4）预算的决算、执行与编制；（5）经营的自我评价；（6）有关经营的其他重要事项。

4. 教育研究评议会

教育研究评议会主要是负责大学有关教育研究重要事项的评议机构。教育研究评议会由校长、理事、学部主任、研究所所长等组成，每月召开一次评议会审议有关重要事项。其有关的工作职责包括：（1）中期目标意见、中期计划和年度计划；（2）学校章程的制定、废止与修改；（3）教员人事的相关事项；（4）课程设置、学位授予等；（5）自我评价；（6）其他重要事项。

5. 监事

根据《国立大学法人法》对监事的相关规定，监事的设置有2人构成,并由文部科学大臣任命,任期为两年,可以连续胜任。其具体的权限和职责包括:(1)中期计划与年度计划、预算与收支计划情况;(2)资产的管理、处分;(3)人事管理与组织运营;(4)债权管理;(5)其他监查事项。

(二)外部治理结构

日本高校外部治理结构的实质是改变了高校管理与运营的方式,重新构建了日本国立大学的治理结构,即改变了外部治理结构(政府、社会、第三方的关系与合作)。具体说,外部治理结构主要包括以下几大方面。

1. 办学主体

实行国立大学法人化后,虽然在大学运营经费上主要仍旧依赖于政府,但国立大学独立法人成为大学的办学主体,文部省已不是直接的办学主体。[①] 也就是说在一定程度上日本国立大学已摆脱了政府官僚体制的束缚,从而使大学拥有更多的自主管理权限,如校内学科、专业以及各部门对废除与设置、废除和新设教学科研机构等。此外,大学与文部科学省的关系也由"事前控制与规定"的直接管理转变为"事后检查与监督"间接管理。

2. 运营经费

法人化之后,国家不再分配国立大学法人的运营经费,而是要根据每个大学所提出的中期计划与目标进行重点的划分与分配,其中中期计划与目标的制定每六年为一期,并报送到文部科学大臣认可,最后作为法令予以公布。这种变革后改变了以往以文部科学省要根据大学教职员和学生人数以及年度的预算数额来拨款的做法,从而使中期计划与目标成为各大学获得运营经费的主要依据。

3. 人事聘任

国立大学在人事聘任制度上实行非公务员型体制,从所谓的终身

---

① [日] 羽田貴史:《国立大学法人制度論》,広島大学高等教育研究開発センター大学論集,2005 年。

制转变为合同聘任制,这就使得国立大学的教师不享受与政府官员同样的待遇,因此,教师的奖金、住房以及工资等都直接由国立大学的法人决定。此外,国立大学法人化后,教师员的聘任上也采取了引进大量的国外专业型人才,从而保证日本国立大学高水平的教育教学质量。

4. 评价机制

建立自我评价与第三方评价机制是国立大学法人化后的重要内容之一。评价机制目的如下:(1)保障并提高国立大学法人的质量;(2)将经营管理、财政状况等公布于社会,并承担社会解释说明责任;(3)是否有效利用国家经费的投入。评价机制的形式有:(1)年度评价;(2)中期目标评价。其中国立大学法人评价委员会的主要职责在于对每个国立大学的中期目标所达成的状况进行分析、调查,最终形成综合性的评定标准。

四 师生管理

从日本等发达国家的治理经验来看,其师生管理是日本大学治理工作的一个重要内容,他们的治理具有先进的工作理念、科学的管理模式、明确的职能分工、规范的人事制度等,进而从根本上提升了日本高校学生的管理水平与管理效率。

(一)学生管理

日本大学的学生管理颇具特色,它不仅使学生管理工作逐渐规范化与专业化,而且也促进了高校学生健康成长成才。下面主要从工作理念、管理模式以及主要职能三方面来介绍日本高校学生管理情况。

1. 工作理念

日本学校的各项管理工作都是以围绕学生身心全面发展所展开的,日本各大学高度重视学生的管理工作与服务,如在东京经济大学等几所大学之中,"学生支授部"——负责招生、学生管理、就业服务等,在所有管理机构中人员最多,条件最好,又有一整栋装修得不错的房子作为学生活动、师生交流、就业服务的场所，只要学生合理所需，学校必须尽其所能。[①] 此外，日本各大学不仅对教师与学生之间的交流与沟通作了相关规定与说明，而且还将教师对学生的服务态度也作为了教师业绩的重要评价指标。因此，以学生发展为要，做好学生管理工作对完善学校的管理起到了十分重要的作用。

2. 管理模式

日本高校的学生管理主要实行垂直管理模式，该模式具有很强的规范性，且分工明确。此外，该工作主要是由学生部来负责，下设教务科、学生科、留学生科等部门，同时，各个部门都设有专门的事务大厅，若学生需要办理相关事务时，如集体宿舍的申请、各类证书材料的开具、勤工俭学岗位申请等，只需要前往事务大厅，便可享受一站式办理。

3. 主要职能

在日本，学生事务管理机构主要由校内和校外两部分组成，两者相互补充，职责不一。校内机构是对学生个人或团体活动提供职业指导、健康管理以及各种服务等。校外部分主要是消费生活协调组织（即"生协"）等群众组织，该部分承担学生的食宿等生活后勤服务。政府对高校的后勤服务部门实行免税或地税政策进行支持。通过校内外相互补充的方式，日本高校实现了高校学生事务管理组织的三种重要功能。[②]

（二）教师管理

大学教师不仅是教育目标组织的实施者和高校人才的培养者，而且也对国家、民族的兴衰和社会的进步起着至关重要的作用。因此，教师成为日本教育事业的中坚力量。日本大学教师在《学校教育法》和《大学设置基准》等法令中制定了非常详尽的教职员任免、考核标准、福利待遇、就业保险以及教师培训程序等，已形成了一整套科学、

---

① 赖明谷：《日本大学的治理经验对建设和完善我国现代大学制度的启示》，《上饶师范学院学报》2013年第4期。

② 翁婷婷：《日本高校学生事务管理特点分析及经验启示》，《高教学刊》2016年第9期。

合理、规范的人事制度。

首先，在日本大学教师任用权方面，日本大学根据《学校教育法施行规则》第 67 条规定："日本大学教师的录用、停职期限、工作业绩的评定及视其结果所采取的相应待遇、措施等必须经教授会审议才能决定。"①

其次，在日本大学对教师晋升考核方面，无论是公立大学还是私立大学对教师的晋升必须要经过三面的审核。一是学历、学位条件；二是任现职的最低年限，通常助教一年、讲师三年、副教授六年；三是教学工作业绩和科研工作业绩，满足上述条件外，还需要通过教授会的集体审议。

最后，在日本大学教师职务晋升程序方面，日本大学以严格的标准从而来保证教师的晋升质量。一是由校方公布教师缺额人数及条件；二是由学院或学科负责人物色候选人，并由教授个人推荐；三是由学院的教授会或校评议会集体审议，通过无记名投票，过三分之二票数的合格者报送校长审批任命。②

第三节　英国经验

通过借鉴英国经验，以英国高等教育的发展作为切入点，对当前英国高等教育的动态，特别是英国高等教育的大学制度价值、大学章程、治理结构体系以及师生管理进行了概述，对当前我国高等教育的发展具有重要的参考价值与现实意义。

一　大学制度的价值

大学制度是各国高等教育改革的重点领域，随着历史时期的发展，

---

① 陈丽萍：《借鉴日本大学教师依法管理的思考》，《教师教育研究》2007 年第 1 期。
② 常雷明：《日本高校教师人事制度借鉴》，《教育》2006 年第 14 期。

英国大学作为国家机构、自治机构和社会机构，一方面，国家总想控制着大学；另一方面，大学又在承担着社会服务职能。因此，在这种多重角色的背景下，英国大学的制度体现出了自身独特的价值。

（一）大学制度运行机制

英国大学制度的运行机制主要是以"政府领导、校长治校，教授治教"为原则。首先，从政府领导角度来看，在英国对大学真正有影响的是大学补助金委员会，其主要职责是代表政府来制订和执行大学的发展计划，以适应国家发展的需要。而政府或者说是英国内阁中的科学部和教育部，对大学规定的相关政策也是极为笼统，并没有实际的约束力。其次，从校长治校的角度来看，英国大学的校长并没有实际的实权，换句话说英国大学的校长并不负实际的责任，而真正掌握大学实权的却是副校长。最后，从教授治教的角度来看，目前，英国大学的评议会和校务会均由教授和教师组成，他们所涉及的只是方针性、原则性和根本性的内容，而不是让大学教授或教师负起教育行政管理的职责。

（二）大学制度恪守传统

英国人不仅有强烈的宗教信仰，而且还很讲究风度且热衷于政治。因此，在他们的历史发展中，教育既要服从于宗教，又要以风度至上，并听命于政治，致使成为三者主宰。这种恪守传统的观念在现代英国大学的制度中也是体现得淋漓尽致，时至今日，英国依旧保留这历史悠久的剑桥和牛津两所古典大学，它们依旧完整地在延续这传统的大学制度，这也是英国大学得以发展的根基所在。此外，英国政府也在一定程度上默认了古典大学恪守传统的观念。

（三）大学制度融入社会

大学与社会的隔阂不仅使英国国家地位相对衰落，而且使经济中心由英国向别的国发生转移。回顾近现代历史，英国是最早进行工业革命的国家，也是最早建立现代民主政治的国家，然而职业教育、教学与科研相结合、高等学校社会服务职能的确立等现代大学制度却没有一项是英国首先创立的。英国大学的保守性甚至政府对大学某种程度上的放任与忽视也就决定了英国工业、经济乃至整体国际地位的下降，以致英国被沦为"二流国家"。英国政府也认识到，要恢复昔日的雄风，就要使大学与社会接轨，就要使大学从社会的边缘走向社会的中心，因而进行了大刀阔斧的改革。英国政府在 20 世纪后半叶所进行的大学制度改革，促动英国大学真正地融入了社会。[①]

二　大学章程

英国既是世界上高等教育历史最悠久，也是高等教育发展水平最高的国家之一，经过数百年的演进，英国大学已经形成了自身独特和相对稳定的系统。英国大学章程作为大学治校的总纲领，在高等教育治理制度中起着至关重要的作用。

（一）使命与法律地位

英国大学章程对大学的设置、管理、办学方面的权责、使命、法人地位等均都作出了明确的规定，进而从法律上保证了大学的自治地位。如牛津大学章程第一章明确规定："牛津大学是根据公法建立的一个民事团体"，"判断其是否具有公法人的地位的依据，就是学校是否依法或者是通过国王特许状建立的自治团体。如果是，它就是英国行政法中的公法人，就可以将它作为法定公共机构对待"。[②] 又如英国伯明翰大学以特许状的形式规定其大学的使命与地位，该特许状第十一条明确规定："伯明翰大学是一所教学与研究兼顾的大学，目的是促进独创性研究"，从而确定了伯明翰大学是以教学和研究为宗旨的组织属性，并表达了对独创性、原创性研究的重视。[③]

（二）组织权责划分

英国大学组织权责的划分概括而言主要包括：社团组织或学院组

---

① 兰军瑞：《英国现代大学制度的价值取向》，《比较教育研究》2011 年第 7 期。

② ［美］彼得·圣吉：《第五项修炼——学习型组织的艺术与实务》，上海三联书店 1988 年版。

③ 张继明：《英国伯明翰大学的治理及其特征——基于伯明翰大学章程的文本解读》，《山东高等教育》2014 年第 5 期。

织的权责划分和校级管理组织的权责划分。其一，社团组织或学院的权责划分。英国大学大部分是以学院制为代表，并且拥有较高的自治权。例如，在剑桥大学章程的规定中提出，每个学院都应拥有独立的理事会来处理学院的日常事务和资金管理，而其权责也应受到章程的规限。再如，在牛津大学章程中会具体列出每个学院的名称，每个学院所得到的社会捐助金使用情况不仅会受到章程的保障，而且在章程中还会依照学科的层级将学院更加细致化，并使得每个层级的分组织规则都由上一等级的组织来进行权责规定。其二，校级管理组织权责划分。英国大学若要维持正常的教育教学活动需要建立起一整套行之有效的管理组织。因此，大学章程中管理组织的权责划分内容就显得尤为重要。例如，牛津大学将选举校长的权利赋予大学评议会（Convocation），将章程修改、取消或增加条款的决议权、学位授予权以及副校长的认可权等权利赋予了教职员大会（Congregation），对于理事会（Council）则是规定在章程许可的前提下对大学发展、治理以及学校资产的管理负责，并拥有履行这些职能的权利。[①] 只有在这样的组织划分下，才能实现大学制衡和分权的目的，最终使得英国大学得以良好的发展。

（三）大学与社会关系

英国大学作为社会组织的一员，不可能脱离于社会而独立存在。概而言之，关于大学与社会的关系主要从两个方面讨论：一是社会参与大学办学的程度；二是大学积极适应社会发展的需求。

1. 社会参与大学办学的程度

社会参与大学办学主要的特色是英国大学与社会建立起一整套完善的中介组织体系，并构成了全面的外部监督机制。其主要监督职责包括：（1）学生贷款、学生争端解决与裁定、学生入学等；（2）对学校教育教学以及科研活动进行评估；（3）对高等学校教学质量、财务报表与审计的信息公开监督；（4）对学院与大学机构的资助、风险评

---

① 徐晋皖：《英国大学章程研究》，硕士学位论文，西南大学，2012年。

估的监督。

2. 大学积极适应社会发展的需求

英国大学在保持着自身的传统精神,追求人才培养质量的同时,也在不断地适应着社会发展的变化与需求,并有效调整大学的培养目标与职能。正如英国教育学家阿什比指出,大学已更加成为社会的中心,由于技术的不断发展,大学已经成为非常重要的机构,而且也接受数量更多的资金。因为大学有了新的功能,虽然在许多情况下,这是政府强加给它们的,但大学已经受到社会更大的关注,社会也更加依靠它们。[①] 如伦敦大学,它的办学理念与目标就是要建设成为应用型大学,其课程的设置都是面向社会实际的需要。因此,英国大学十分注重于社会的联系,它不仅对社会的发展与需求做出了快速且积极的回应,而且也提高了大学自身人才培养与科研的能力。

(四) 政府参与管理的方式

英国大学与政府之间有着千丝万缕的联系,主要体现在:一是政府给予大学宏观的政策指导和间接的管理;二是通过政府参与大学管理的制度化来建立起政府管理大学的长效机制。在英国大学章程中,对政府参与大学管理的方式也做出了明确规定。如牛津大学章程第十六条规定,章程的制定、增加、修改或者废除都是需要政府来参与完成的,也就是说,政府有权并可间接地参与到大学管理之中。此外,英国大学若要得到地位的认可,必须由英国皇室认可,并取得英国皇室颁布的特许状。因此,在依法制定大学章程上来明确政府与大学的关系,不仅构建了现代大学制度,而且也为政府与大学之间的张力提供了可能性。

(五) 资金筹措方式

英国高等教育的资金来源主要包括:政府基金拨款、科研补助、

---

① ［英］阿什比:《科技发达时代的大学教育》,滕大春、滕大生译,人民教育出版社 1983 年版。

捐赠与投资收入、学费及合同收入、其他收入五部分构成。但随着英国高等教育办学自主权的放开,从大学章程的内容上可以看出,英国高等教育经费来源也逐渐呈现出多样化局面。以牛津大学为例,除了上述五部分资金来源外,还包括了牛津大学出版社特殊转让、遗产捐赠、捐赠以及投资收入等四项经费筹措渠道。据不完全统计,牛津大学在教学、研究以及住宅收入占 2014—2015 学年总收入的 43%,比往年上升了 2%。然而,教学、科研和居住支出上升了 3%,总计 3.01 亿英镑,而同比上涨最多的是教育出版社收入（500%）、其他收入（6.67%）、英国高等教育基金委员会拨款（0.56%）、捐赠收入（0.01%）及投资收入（-60%）,[①] 从中不难看出,牛津大学已经形成了多元化的筹资局面。资金筹措方式还有一种就是通过私人渠道进行筹集。以伦敦大学章程中,该章程明确规定:"受到和管理津贴、订购、捐赠、捐赠的基金、遗产、礼物和任何财产贷款,无论是实物还是个人的作为捐赠的基金,遗产和礼物的受托人依据相关法律和章程,根据宪章可以投入任何形式资产作为学院所用,可以任何形式筹集资金,可以签订任何协议,接受各方面的义务和责任。"[②] 综上,英国大学的资金筹措方式既可以充分利用社会捐款的资金利用率,又可以保障大学资金财政的透明化,从而使英国高等教育事业健康、持续稳定地发展。

三　大学治理结构体系

英国大学作为现代大学的源泉之一,其在世界范围内具有较高的办学水平。随着知识经济的兴起以及在社会发展中的作用,英国政府在 19 世纪至 20 世纪通过立法手段,开始介入高等教育的发展,并在 20 世纪 70 年代,英国政府进一步把高等教育推向市场,使得政府、大学以及社会紧紧联系在了一起。然而,政府的这种介入方式却给高

---

① 杨平波、朱雅斯:《英国高等教育经费筹措方式及启示》,《财会月刊》2016 年第 12 期。
② 刘燕青:《英国大学章程的简要分析》,《科教导刊》2011 年第 3 期。

等教育带来了巨大的挑战,但随着英国高等教育的治理理念和模式的不断变化与调整,从而使得英国高校形成了自治、自主且独具特色的现代高校管理模式。

(一) 内部治理结构

大学教育的质量与大学治理的模式关系密切,因为"'治理所治涉及的是权力';它与'谁掌权、谁决策、谁发言以及发言的声音大小'有关"。① 英国大学的合理内部治理结构是高校实现使命和稳定发展的重要保障。因此,从政府对大学内部治理变革的引导报告和英国大学内部治理的统一标准两方面进行分析,对我国现代大学的治理有着重要的参考价值。

1. 大学内部治理变革报告

在 20 世纪 80 年代末,随着经济全球化和知识经济的兴起对英国大学的发展提出了新的要求,为了使英国高等教育治理不断适应现代社会发展的需求,英国政府出台了三份重要报告:1985 年《贾勒特报告》(Jarratt Report)、1997 年《学习型社会中的高等教育》(Higher Education in the Learning Society)以及 2003 年《大学与企业合作兰勃特回顾》(Lambert Review on University-Business Collaboration)。

(1)《贾勒特报告》(Jarratt Report)

在《贾勒特报告》中,首先,确定了大学是一个法人团体,各附属机构与学者个体都必须对它负责。其次,提出了大学的管理结构与政策问题,如院校发展计划、财务管理等。最后,大学虽然仍保留平行的学术人员决策和行政,并以此通过委员会体现来将两者联系起来,但是委员会程序的明显提高,行政也逐渐趋向于商业上的经营管理。② 从该报告中不难看出,虽然内部治理的结构采取了协商性质的委员会

① [美] 罗纳德·G. 埃伦伯格:《美国的大学治理》,张婷姝译,北京大学出版社 2010 年版。

② Robin Middlehurst, *Changing Internal Governance*: *A Discussion of Leadership Roles and Management Structures in UK Universities*, Higher Education Quarterly, Volume 58, No. 4, October 2004, pp. 258 – 279.

体系，但它们仍然采取了行政管理结构。

（2）《学习型社会中的高等教育》（Higher Education in the Learning Society）

《学习型社会中的高等教育》（Higher Education in the Learning Society），又称为《迪尔英报告》。首先，在该报告中明确提出了如何改进大学治理的内部结构，以形成一个大学联系网络，并最终建立起各种利益相关者之间的伙伴关系。其次，该报告指出要建立起大学治理的三个原则：一是机构自治原则；二是响应性和开放性治理原则；三是学术自由保护原则。

（3）《大学与企业合作兰勃特回顾》（Lambert Review on University-Business Collaboration）

在《大学与企业合作兰勃特回顾》报告中最显著的特点在于：推崇大学内部的行政人员、学术人员以及大学的管理队伍等要权责清晰。

2. 内部管理体制

大学内部治理是指大学完成既定发展规划和使命的体系及进程，合理的内部治理能确保大学高效地履行使命，充分保护学术自由，促进大学可持续发展。[1] 近些年来，随着大学内部不同部门的出现，英国大学内部管理逐渐结构化。[2]

（1）理事会

2009 年，英国大学理事会主席联合会最新修订并发布《英国高等教育理事会成员指南》（Guide for Members of Higher Education Governing Bodies in the UK），并在该《指南》中明确规定了学校理事会的权、责、利的要求。英国地方大学最高的领导机构就是理事会，其规模大约有 30 人，会议每年举行 6—10 次，成员主要由产业界、校友、地方教育局以及社会知名人士构成，其主要职责就是对财务进行管理、

---

[1] 刘绪：《英国高等教育内部治理的模式及标准》，《湖南师范大学教育科学学报》2014 年第 9 期。

[2] McCormick, R. E. and Meiners, R. E., *University Governance: A Property Rights Perspective*, Journal of Lawand Economics, 1988, (2): 423 –435.

对大学进行监督，并把握学校的总体方针。如英国安格利亚鲁斯金大学理事会，就是从总体上来把握大学的政策，监督大学的发展战略，并掌握该大学的全部财产。此外，理事会的工作大部分都是由各个委员会去完成。以牛津大学为例，该校理事会分为教学委员会、一般事务委员会、人事委员会、研究委员会以及规划和资源配置委员会五个系委员会来运作，这五个委员会既相互保持联系，又可直接向理事会报告重要大学事务。

（2）评议会

在大学除了副校长外，评议会是唯一直接与各院系打交道的管理机构。它实际上享有制定大学学术政策的全部权力，通常由大学的全体教授、非教授系主任和某些当职成员，以及若干非教授教学人员的代表组成，规模为50—200人。评议会一年也是开6—10次会，通过各种委员会完成大部分工作。[1] 其主要职责包括：（1）推荐任命教学人员；（2）受理学部委员会的建议和报告；（3）负责学生的纪律和教学；（4）负责研究生科研计划。

（3）副校长

英国大学副校长是"大学真正的学术和行政事务长官"。副校长的产生是由评议会成员参加理事会委员会提名，最后由理事会任命，任期不限。副校长不仅是英国大学内部理事会与评议会之间的联系人，而且还是理事会财政委员会的主要成员。其具体职权，根据英国大学的章程，他对理事会负责，旨在"保证和提高办学效益，保证良好的教学秩序"。鉴于英国高等教育不断地向市场化方向发展，副校长的管理者的权利和形象将越突出。[2]

（二）外部治理结构

英国的大学的外部治理机构是建立在共同合作和协商基础之上的，中央政府、地方教育当局在所谓"伙伴相待"的理念下共同负责高等

---

① 李福华：《大学治理的理论基础与组织架构》，教育科学出版社2008年版。
② 陆兴发：《英国高等教育自治制度及运行模式研究》，《东北电力学院学报》2004年第3期。

教育管理。

1. 中央与大学的关系

英国管理大学的主要国家机关是教育和科学部。该部门成立于1964 年，下设几个分部门，其中一个管理英国大不列颠各大学，其他部门是管理威尔士和英格兰学校。由于英国大学具有悠久的自治传统，所以，该部门在对大学管理中，更多采取的是协调方式。近些年来，英国越来越强调协调的重要性。如教育和科学部通过告知自治机构，并强加要求与其他机构进行联系。进而从根本上保障大学自治逐渐走上健康、稳定的发展道路。

2. 政府与大学的关系

英国的政府体制主要以非都市郡、都市郡、外伦敦与内伦敦市为地方教育行政单位。其主要职责包括：（1）促进全体公民的德、智，体的发展；（2）保证教育以满足本地区人民的需求；（3）主要负责中等教育与基础教育。

3. 大学拨款委员会（University Grants Committee，UGC）

英国高等教育委员会的前身为大学拨款委员会，在英国20 世纪上半叶，它不仅成为世界上第一个教育中介机构，并开始干预高等教育的发展，而且也预示着英国大学治理模式的转变。尽管，大学拨款委员会在日后渐渐退出了历史舞台，但在维护大学自治方面起到了十分重要的作用。一方面，大学拨款委员会认为，大学自治的基础必须要保持经济独立性，因此，鼓励各大学扩展资金筹措来源，并将政府的资助作为收入的一小部分。大学通过大学拨款委员会得到的政府资助占总收入的三分之一，其余的三分之二依然来自捐赠和地方当局，人们认为这种财政格局对于保持大学独立是极为必要的。[①] 另一方面，大学拨款委员在接受并传达政府贯彻的精神与执行某项政策时，尽可能地来保护大学不受伤害，不能因为大学接受了政府的资助，就有权力来对大学自由支配。因此，大学拨款委员会视为政府与大学自治之

[①] 贺国庆：《外国高等教育史》，人民教育出版社 2003 年版。

间的"缓冲器"既免收了政府过多干预大学事务,又给予大学完全自由支配拨款的自治权。

4. 大学基金委员会（Universities Funding Council, UFC）

大学基金委员会取代了大学拨款委员会成为政府与大学之间的"中间机构"。因此,大学基金委员会的成立表明了英国政府开始加强了对高等教育机构管理的宏观控制,并更多地参与到高等教育建设之中。根据英国《教育改革法》的规定,新成立的大学基金委员会共有委员 15 人构成,其中教授或从事高等教育工作人员 6—9 名,其他成员为商业、金融以及其他工作经验者。大学基金委员会与大学拨款委员会不同之处在于:大学基金委员会是一个独立的权力机构,并承担大学资金分配的责任。其特点在于:一是资金分配要保证符合政府的要求;二是资金分配依据大学的科研水平、办学规模等来确定;三是增加了财政的成员比例。

5. 高等教育基金会（Higher Education Funding Council, HEFC）

高等教育基金会作为一个独立非政府中介机构,主要由四个分支机构来构成;一是英格兰高等教育基金会（Higher Education Funding Council For England, HEFCE）、苏格兰高等教育基金会（Scottish Higher Education Council, SHEC）、威尔士高等教育基金会（Higher Education Funding Council For Wales, HEFCW）以及北爱尔兰教育部（Department Of Education, Northern Ireland）。其中,高等教育基金会的主要职责包括:（1）为教育和科研分配资金;（2）促进提高教学和科研质量;（3）扩展机会,提高参与;（4）鼓励与工商界和社区的合作发展;（5）就高等教育机构的需求向政府提供建议;（6）向学生公示高等教育资源的质量;（7）确保公共拨款的合理使用。[1] 主要任务有:（1）制定和执行政策,保证科研项目、计划及各种活动与教育大臣的指示及继续教育和高等教育条例一致;（2）为教育大臣提供咨

---

① 范文曜、马陆亭:《国际高等教育日趋明显的评估对拨款的影响》,《中国高等教育》2003 年第 8 期。

询，提出合理的资金分配原则和意见；（3）帮助高等教育研究机构、大学和学院提升高等教育质量，促进发展并有效地使用资金。[①]

四　师生管理

英国高等教育以规范的管理制度、出色的质量闻名于世。教师与学生的管理作为英国高等教育的一个重要组成部分，在长期的发展历程中也形成了一套具有理念明确、专业化与科学化、体系完整的管理模式。

（一）学生管理

英国高校学生管理的工作理念、机构与队伍、内容与方式以及法律保障都是高校学生工作顺利开展的根本要素。高校学生管理的工作理念是为了帮助学生生存发展、成长成才；合理的高校学生管理机构与队伍不仅在培养人才过程中发挥重要的作用，而且也对学生的发展起着潜移默化的影响；高校学生管理的内容与方式就是通过高质量的服务，使学生拥有乐观的人生态度，使之为培养成世界一流人才而努力；高校学生管理是否顺利进行，需要内部制度和外部法律的双重保障。

1. 工作理念

英国大学以依法治校、尊重个体为工作理念。其一，英国大学的依法治校是指在高校规章制度的法律框架下，使得在法律面前人人平等，这既保障了英国大学教师与学生之间的地位平等，也加强了英国大学生的法治观念。其二，英国大学的尊重个体是指大学生在校期间无论在人格上还是在尊严上都会得到一视同仁的尊重。

2. 机构与队伍

首先，英国大学的学生管理采取"三位一体（即学校、协会与导师）"管理模式，从而使三者构架起有效的制度保障体系。其一，英

---

① 张建新：《高等教育体制变迁研究：英国高等教育从二元制向一元制转变探析》，教育科学出版社 2006 年版。

国大学都会为入学的新生配备一名个人导师，其作用是为学生提供专业学习与其他事项方面的帮助。此外，导师对学生还可以为学生提供学习以外的帮助，如为学生提供建议与咨询等。其二，协会在英国高校学生管理中也起到了十分重要的作用。如为学生提供贷款的管理服务等。

其次，英国大学以队伍专业化为保障，主要体现在两方面：一是学生管理的内容与学生的构成多样化，使得队伍必须具有较好的专业性和规范性；二是在学生管理人员的岗位聘任上，重点考察专业化能力以及业务能力，使之为学生提供专业化的服务与指导。

3. 内容与方式

英国大学以"学生能力的养成、拥有乐观的人生态度"为导向。首先，英国大学非常注重学生通用能力的培养。英国里丁大学认为学生应该掌握七种通用技能：信息处理能力、解决问题的能力、商业意识、沟通能力、信息技术应用能力、数字能力和团队工作能力。[①] 其次，英国大学还注重学生就业能力的培养，如自我发展规划、人际交往、解决问题的能力等。最后，英国大学以高质量的服务水平，以拥有乐观的人生态度为目标，并为培养世界一流人才而努力。

4. 法律保障

第一，从外部法律保障角度来看，纵观英国大学学生事务管理的法律体系，我们不难看出，英国大学在对学生管理上，无论是法律保障体系的灵活性，还是在调解对象上都具有一定的层次性。因此，从根本上就保障大学学生管理的有序开展。就英国会议和王室颁布的《英国高等教育需求》《教育改革法》以及《全国高等教育规划》等相关的法令法规，虽然不是具有针对学生管理的专门法，但在其相关权责和理念上都作以了总体规定。

第二，从内部制度保障角度来看，英国大学在日常学生管理中充分体现出制度的规范性和约束性，进而从根本上保证大学管理秩序的

---

① 　雷寂：《英国高校学生事务管理的理念与实践》，《理工高教研究》2006 年第 5 期。

畅通。以牛津大学《学监备忘录》为例，它对该校学生的衣、食、住、行几乎所有方面都有规定；学校组织俱乐部或社团要先向校方登记，经批准后方可活动；学生在校外组织公共集会、游行，必须在 36 小时前统治有关当局和警察，违反校纪、校规者，由学校的"纪律法庭"审理，视情况不同，予以罚款、停学或开除等处分。①

（二）教师管理

英国作为教育发达国家之一，通过政策制定与实施、组织机构的建立、管理模式以及激励机制等四个维度，从而为英国高校教师的管理提供保障。

1. 政策的制定与实施

英国高校教师管理政策的制定与实施主要体现在以下几方面：（1）政策执行者与制定者为英国各高校所设立的大学教师发展中心；（2）政策制定过程体现的是英国各个大学的意志；（3）政策实施的过程是执行机构和制定机构属于上下级关系。

2. 组织机构的建立

英国高校教师管理组织机构的建立主要体现在如下几方面：（1）英国大学的教师发展主要侧重于独立机构，它不属于英国政府；（2）英国大学组织部门的功能侧重于协助大学的发展和监督作用。

3. 管理模式

英国高校教师管理模式主要围绕教师聘用、教师评价以及教师晋升三方面进行展开。（1）教师聘用。英国大学在聘用教师上具有严格的规定，教师需要经过三年以上的试用期，试用期合格后方可成为讲师，并留校任职。如在第一年合同期内发现教师在各方面考核不合格者，则便可辞退，这类教师被称为"C"；而三年试用期合格者，被称为"A"级讲师，这类教师一直可以干到退休。②（2）教师评价。从评估者上来看，英国大学教师的评估者为英国各大学和高等教育质量

---

① 丁冠华：《中英高校学生事务管理比较研究》，博士学位论文，武汉大学，2013 年。
② 曾绍元：《中国高等学校教师队伍建设和发展》，航空工业出版社 1996 年版。

保障署;从评估内容和方式上来看,英国大学教师的评估内容主要是教师的科研和教育教学,其评估方式为课程评估、学习机会以及学术标准等。(3)教师晋升。在英国该校,获得博士学位的教师应聘后,需要经过3—4年的实习期,期满合格方能提升为讲师;讲师在工作成绩突出,可提升为高级讲师,高教讲师可晋升为"Reader"(相当于副教授),"Reader"可晋升为教授。这些晋升都有一套严格的标准和手续。①

4. 激励机制

英国大学教师管理的激励机制主要体现在如下几方面:(1)从激励方式上来看,英国大学通过设立的奖金和基金,将教师的精神与物质相联系起来;(2)从激励频次上来看,英国教师几乎每年都可享受激励奖项;(3)从激励形态上来看,英国大学每位教师都可以享受激励措施所带来的好处。

第四节 德国经验

通过审视德国大学法治治理经验,对德国大学制度、大学章程、治理结构以及师生管理做以剖析,并为我国实现世界一流大学法治秩序提供借鉴。

一 大学制度的价值

在大学制度的建构中,不同的社会价值取向和利益对大学制度的关注表现出不同的侧重点。大学的本质和特性是建立大学制度的基础,无论从宏观角度还是微观角度,大学制度的构建都应该是对大学本质和特性的关照。② 因此,基于这种本质与特性,德国大学制度的价值

---

① 黄勇荣:《浅析英国高校教学质量保障的几个特点》,《高教发展与评估》2007 年第 4 期。
② 邬大光:《现代大学制度的根基》,《现代大学教育》2001 年第 6 期。

取向于大学发展国际性、高度自治性、科研与教学合作性以及人才导向实践性。

1. 大学发展国际性

随着德国工业革命、经济全球化以及文化交流的日趋扩张，德国大学制度开始向国际化方向发展，从而使得德国大学不仅发挥了引领性的作用，而且还推动了高等教育的国际化。主要体现在两点。其一，在 19 世纪以来，先后有数百名德国教师活跃在美国的讲坛，这些德国学者对美国大学事业的价值难以用金钱衡量，其价值比金钱重要得多。① 其二，美国之所以在继意大利、英、法、德国之后成为世界高等教育中心和世界科学中心，一个重要的原因就是吸收了德国大学经验，大量吸纳了世界各地的留学生和学者，这些留学生和学者对美国大学的国际化起到了不可忽视的作用，为美国大学在世界大学事务中发挥重要影响作出了不可估量的贡献。② 因此，德国大学国际化既造就了国家化特色鲜明的大学，又培养出国际化一流视野的人才。

2. 高度自治性

维尔特在描述德国大学制度的特点时曾说，德国大学制度是"基于法令、法规和最终决定权的政府权力，由于研究者个人赢得政府的尊重和政府给予研究者个人的实际自由而得到调和"。③ 政府作为大学的管理者与举办者，其教育行政管理实行地方分权制度。首先，大学一般由州政府建立，其经费也全完由政府来拨款。所以，德国大学通常会受到政府的控制，无论是教育立法、大学设置、人员编制、财务管理以及科研等，都由政府来全权负责。其次，在监督管理上，德国政府会委派校务长或学监，对大学的一些具体事务进行管理。因此，德国政府与大学之间存在着密切联系。

---

① 贺国庆：《德国和美国大学发达史》，人民教育出版社 1998 年版。
② 王保星：《大学国家性的历史诠释——读〈德国和美国大学发达史〉》，《比较教育研究》2000 年第 12 期。
③ ［荷兰］弗兰斯·范富格特：《国际高等教育政策比较研究》，王承绪译，浙江教育出版社 2011 年版。

3. 科研与教学合作性

"科研与教学合作性"是德国高等教育的一个重要特点。首先,从合作外部而言,德国的工业部门与德国大学之间紧密相连,也就是说,德国大学所研究的科研产品,无论是在数据设计上,还是在产品研发上都必须要与工业部门与公司相符合。因为德国大学的指导思想就是:"将研发的产品要有用,有工业部门的应用,才有可能得到资助,才有项目,才有发展。否则,就没有出路。"① 其次,从合作内部而言,在大学教授的指导下,每个人分工明确,同时又彼此合作与交流,最终实现科研目标。

4. 人才导向实践性

德国大学制度以"实践"为导向,其培养的学生总是受到企业的欢迎。一方面,德国大学十分注重学生的专业能力、方法能力以及社会能力等方面的培养,这就使得学生很好地了解企业、掌握本专业的技能,进而毕业后很快地与社会进行衔接。另一方面,在科研课题上,德国大学从事产品开发时强调"高校 + 研究院所 + 企业"的研究方式,这既强化了学生的动手能力,也扩大了学生的专业知识面。②

二　大学章程

大学章程是德国现代大学制度的核心,也是构建德国现代大学制度的根本保障。德国大学章程主要依据高等教育法和州的大学法来制定,从而确定了德国高等教育发展的总体框架。

1. 体系结构

德国大学章程是一个完整的制度体制。从逻辑上来看,德国《高等教育总法》包括了相关概念的界定、制度规则以及操作原则等,是一个逻辑严密的整体。下面以《高等教育总法》为例(见表 10 - 2)。

---

① 唐胜景:《慕尼黑工业大学及德国高等教育的一点认识》,《北京理工大学学报》(社会科学版) 2007 年第 12 期。

② 兰军瑞:《德国现代大学制度的演进及趋势》,《重庆文理学院学报》(社会科学版) 2011 年第 5 期。

表 10 - 2　　　　　　　　　　《高等教育总法》体系结构

第一章：高等学校的任务	高等学校任务；高等学校科研自由、教学自由，学习自由的原则；高等学校在学习、教学、科研活动方面的基本规范
第二章：高等学校的入学	招生、入学等问题
第三章：高等学校的成员	教职员工与学生的参与权资格；社团组织以及各类教师的招聘、职责、条件、法律地位等
第四章：高等学校的组织和行政管理	高等学校法律地位；学校与政府的关系；学校内部组织机构与任务等
第五章：国家认可	非国立高等学校国家认可问题
第六章：州教育法的配套问题	该法与各州教育法的配套与协调问题
第七章：联邦法律修改和附则	该法与其他相关法规、协议的关系与生效问题

2. 法律地位

德国大学章程的法律地位不仅要考虑不同级类学校的法律地位平等问题，而且也是德国大学自治权制度的依据。德国《高等教育总法》第 58 条对高等教育法律地位作了明确规定。（1）高等学校是公法团体，同时也是国家机构，它有权在本法规定的范围内对本校事务进行管理；（2）高等学校自行制定的基本章程，须由州政府审批。对拒绝批准的先决条件，须由法律的形式作出规定；（3）高等学校无论在处理本校事务还是处理政府事务时，都须实行统一管理。

3. 大学自治①

德国大学的自主权主要是由教授组织行使，这在德国大学的章程中均有明确的规定，同时也在德国大学自治的实践过程中清楚地体现出来。在大学内部的最高权力是大学评议会，也是大学的主要决策机构（或称代表大会），本校教授在这一机构中拥有绝对多数的席位和表决票，这个机构的主要任务是选举校长和批准学校章程。如《波鸿－鲁尔大学章程》第四章第十八条规定："校长对外代表大学，对内负责有关大学自治的一切事务"；《柏林洪堡大学章程》第三条规

① 赵启晨：《我国大学章程制定所涉及的要素内容探究——基于国外大学章程要素内容的分析》，《赤峰学院学报》（自然科学版）2016 年第 4 期。

定："大学董事会是大学的最高行政机构，负责有关法律事务和行政管理事务……"

4. 州与大学的权责

（1）德国《高等教育总法》明确规定了州的相关权责。具体如下。

①立法者：根据该法第七十二条规定并提出了，各州政府有义务颁布与《高等教育总法》相关制定的相应的州法，也就是说，各州要承担着本州大学的主要责任。

②监督者：根据该法第五十九条第一款规定："州政府行使法律监督权，监督手段必须以法律形式加以规定。"因此，州政府对大学拥有绝对的监督权。

③举办者：德国大学由所在的州直接举办，主要表现在两方面：一是为大学的公益活动提供担保，如社会捐赠等；二是确保大学资金的正常运转，如教职工工资，科研经费等。

（2）德国《高等教育总法》明确规定了大学的相关权责。具体如下。

①自我管理权：根据该法第五十八条第一款规定："高等学校在法律框架下拥有自我管理权。"进一步表明，大学可以独立承担特定任务，并实施自主管理活动。

②接受国家监督义务：国家不仅要对高等教育行使管理，而且还要对大学进行法律监督和专业监督，从而保证国家任务的实现。

三　大学治理结构体系

高等教育的结构研究从"二战"后开始发端，并随着教育实践而逐渐深入，进入 21 世纪以来更加成为学术界所关注的热点。[①]纵观德国大学治理结构体系，其治理模式并不是僵死的，而是根据高等教育发展的现实需求而不断变化与发展的。因此，德国大学在治理结构上始终保持着本国的先进性与特殊性。

---

① 贺国庆、赵子剑：《19 世纪以来的高等教育结构演变研究》，《河北师范大学学报》（教育科学版）2016 年第 1 期。

（一）内部治理结构

随着德国高等教育的不断发展，德国大学在内部治理结构的执行层与管理层发生了若干变化，最终形成了德国独具特点的高等教育内部管理体制。下面主要就德国高校内部不同管理机构的职权范围做以简要概述，期望对我国高等教育内部治理结构的建设和改革提供一些有益的启发。

1. 校长

联邦德国的高等学校实施校长负责制，一般由两种校长，一是副校长。副校长产生于本校的教授之中，任期至少为 2 年，可以连续升任，其主要职责是辅助校长工作；二是校长。校长由州政府来提名，经大学校务委员会选举，最后由政府任命，校长必须具备多年从事科研、管理等方面的工作经验，任期至少为 2 年，其主要职责是负责整个行政管理工作。

2. 理事会[①]

根据北威州《高等学校自由法》第二十一条规定："高校理事会负责向校长委员会提供咨询，并监督校长委员会的工作。"高校理事会成员由一个专门的选拔委员会选出，选拔委员会由 2 名评议会的代表，上一届理事会的 2 名代表，1 名州政府的代表组成。选拔委员会需要以三分之二的多数做出决定，并需要得到主管高校的州主管部委的认可。主管部委最后对高校理事会的成员做出任命，任期为 5 年。而高校理事会主席由成员自己选出，必须由校外人士担任。

3. 评议会

评议会作为德国高校最重要的民主决策机构，其成员由教授、其他职员、学生一定的比例组成。其主要职责包括：（1）涉及科研和学术人才培养问题做出决定；（2）确定校长候选人；（3）批准学校预算申请案；（4）确定录取学生的数量；（5）建立、撤销与改建系、学术

---

① UniBonn, *Hochschulfreiheitsgesetz*（2013 - 07 - 18），http：//www. asta-bonn. de/w/images/d/d0/Hochschulfreiheitsgesetz. pdf.

机构等做出决定。

4. 院长

院长负责领导学院,在学校内部代表该学院。院长一般由院务会在其成员中选举产生,任期为 1 年,其主要职责有:(1)负责执行院务会的决定;(2)负责日程行政事务工作;(3)有权支配院内学术及非学术辅助人员;(4)负责监督与检查学院内的工作。

(二)外部治理结构

德国高校的外部治理结构是联邦(中央)政府和各州(地方)政府共同管理的,它们之间以"合作联邦制"为原则,从而保障德国高等教育外部管理体制得以正常运转。

1. 联邦政府与高校的关系

德国是联邦制国家,根据宪法规定,文化和教育事业属于各州具体事务,联邦政府不直接管理高等学校。联邦政府对高校仅起到宏观性的指导管理,其职责基本上限于高等教育原则立法、学习资助和促进科研及高校建设等方面。然而,随着高等教育在国家经济发展中的地位和作用越来越重要,德国联邦制"文化自治"的传统正被"合作性联邦制"取代,联邦政府对高等教育事业的立法权和管辖权不断增加,并逐步加大对高等教育管理的干预权力,但教育管理的主动权仍在各州。

德国联邦政府对高等教育起着宏观性的管理作用。具体职责如下。

(1)立法方面:联邦有权制定与协调高等教育事业的基本原则。并通过制定一系列法律政策来加强对教育规划、高等教育政策、资助及促进国际交流等宏观性事务的管理。

(2)财政方面:德国高校的财政拨款,主要由州财政负担,联邦政府只是以专项的形式予以资助。主要包括对新建高等学校和扩建高等学校提供基本的建设经费、对高等学校科研提供经费以及对高等学校学生提供贷款和资助。

(3)政策方面:联邦政府通过制定一系列的政策与计划加大对学校布局调整和各高校招生计划调整,并通过建立一些中介组织机构来协调联邦政府与州政府以及政府与高校之间的关系，加大对高校的各项事务的参与，从而实现"合作性联邦制"。

2. 州政府与高校的关系

德国高等教育制度具有国家主义的传统，早在 1794 年普鲁士邦的法律中，大学就确定为"由国家举办"。州政府作为大多数高校的举办者，其以"赡养者"的角色对各高校进行着实质性的管理。但随着高校自主权的呼声不断加大，德国州政府相应地减少了对高校内部管理权的干涉，逐步还权于高校。

德国州政府主要负责高校的管理、发展与维持，州政府在与高校进行合作时，主要涉及高校如下事项：

（1）设置、撤销与变动高校中的教学机构和研究机构；

（2）提名高校领导候选人；

（3）学习和高校学校考试规定的制定；

（4）聘任教授。

四　师生管理

德国大学无论是在教师管理还是学生管理都独具特色，且师生管理更是有一定的制度可循。因此，德国大学的师生管理不仅极大地促进了德国教育事业的顺利发展，而且也为我国师生管理制度提供了借鉴。

（一）学生管理

德国大学的学生管理工作在世界高等教育中极具特色，其学生管理主要划分为两大类；即学生学术管理和学生事务管理。学生学术管理主要是指科研与教学管理，其重点突出"学术为本，教学自由"的理念；而学生事务管理主要是指学生组织活动和学生事务，其重点强调"政府引导，社会承担"的理念。

1. 学生学术管理

德国大学的学生学术管理不仅要重视学生学习能力的培养，而且还要充分发挥学生的自主作用。如，以学生课堂教学为例，课堂教学一般为提纲挈领式，没有指定教材，重在传播课堂理念与思想。课堂包含信息量非常大，在德累斯顿工业大学 D. Fichtner 教授的 60 学时"制造信息学"课程中，讲课、实验学时各半，其信息涵盖了我国高校相当专业的多门课程的内容，包括数控技术、数控编程、工程数据库、快速成型技术、CAD/CAM 系统、工厂调度与控制、生产自动化中的仿真与优化等。①

2. 学生事务管理

首先，在管理机构方面，学生事务管理工作主要是由德国大学生服务中心（Deutsches Studentenwerk）来负责，该中心是一个全国性的组织协会，其最高决策机构为董事会，董事会由教师和学生代表、校长代表以及社会知名人士为代表组成，其主要任务是在成员中选出合适的人物担任中心管理委员会成员。

其次，在职能和内容方面，其主要任务包括：（1）促进教育。德国各大学生服务中心每年都要根据"联邦教育促进法"向学生支付一定的困难补助和贷学金；（2）就业指导。德国就业指导的一个显著特点，就是充分利用社会各种资源，形成一个高效合理、规范有序的社会化就业指导体系，这种社会化体系是以政府为主体，学校、企业和私人介绍等社会多方力量共同参与；②（3）心理咨询。德国大学服务中心主要承担日常咨询和举办心理健康讲座两方面工作。

（二）教师管理

德国教师教育历史悠久，在世界教师教育领域一直处于领先地位。随着德国高等教育的不断发展和变化，已经形成了一整套成熟而完备的高等教育教师管理体系，具体内容涉及教育科学标准、教师聘任、教师考核、教师薪酬等。

1. 教育科学标准

2004 年 12 月，德国各州文教部常务会决议发布《教师教育标准：

---

① 李霞、畅雅：《德国高校学生管理的特色及其启示》，《江苏高教》2015 年第 1 期。

② 张朝然：《德国大学生就业指导研究及启示》，《牡丹江教育学院学报》2007 年第 3 期。

教育科学》（Standards fur die Lehrerbildung：Bildungswissenschaften），该标准不仅是德国联邦层面第一个教师教育培养的标准，而且也促进了德国教师教育事业的进一步发展。在《教师教育标准：教育科学》中主要包括四个能力领域和十一项能力指标。其中，四个能力领域分为：教学领域（Unterrichten）、教育领域（Erziehen）、评价领域（Beurteilen）以及创新领域（Innovieren）；十一项能力指标分为：（1）教师制订课堂教学计划；（2）通过为学生创设有利于的学习情境；（3）促进学生独立自主学习能力；（4）了解学生的生活条件；（5）向学生传授正确的行为规范和价值观；（6）教师需要学会找出课堂面临的冲突和困境；（7）教师能够诊断出学生的学习过程和学习条件；（8）通过透明标准了解学生的学习成绩；（9）深刻了解教师这也所需具体的特殊条件；（10）认识到教师是不断学习的职业；（11）教师需参与到学校计划和项目中。

2. 教师聘任

德国的教师聘任是建设好一支高素质师资队伍的关键。在德国《高等学校总纲法》中明确将专职教师分为四个层级，教授、助教、合作教师和特殊任务的教师。如以教授聘任为例，一是向学校提出院系教授职位空缺，并发布招聘通知；二是院系成立教授招聘委员会，对申请者材料进行审核，从众多应聘者中选取三人，并将材料上报学校；三是候选者通过评议会后，由学校上报文化部审批；四是文化部确定一名招聘者；五是招聘教授试用期满予以聘任。

3. 教师考核①

德国高校每一年也需要对教师进行考核，尤其是评定为教授的考核，更为严格，有许多条件的限制。"当高专教师须在学校以外实际工作三年，而在研究型大学上取得博士学位后还要有相当长的时间的助手工作，合同可延长至6年。在这段时间要做研究，并且撰写出论

---

① 胡晓娟、赵文靖：《美国和德国高校教师管理比较》，《四川教育学院学报》2008 年第 9 期。

文成果，取得授课资格和做学术工作的许可（Venia Legendi），此后才有可能成为教授。"

4. 教师薪酬

德国高等教育管理体制决定了高校教师的薪酬制度。德国教师均属于州或者联邦公务员，所有工资执行统一标准，其主要由基础工资、工龄工资和地方津贴等构成。进入21世纪以来，为了增强德国高校的国际竞争力，因此，对教师薪酬进行了改革。德国联邦政府提出在高校内实行以业绩为导向的高校劳资制度，建立具有竞争性和以业绩为定向的工资制度，将高校教师的薪酬分为两个部分：固定工资和短期奖金，其最大亮点在于将竞争机制和效率观念引入教师薪酬制度之中，将教师的薪酬与教师的岗位职责以及个人业绩等相挂钩。[①] 由此可见，德国教师薪酬管理不仅有利于提高教师从业的积极性，而且也有利于提高德国高校的办学水平。

[①]　许典利：《中国、美国以及德国三国大学教师薪酬制度比较》，《继续教育研究》2016年第4期。

第十一章　展望:沈阳师范大学法治秩序建设的新动向

第一节　大学法治秩序建设的机遇

一　法治文化建设的背景

第一，是适应现代市场经济社会的需要。随着我国市场经济体制改革的不断深入，高等教育作为社会重要组成部分也逐步走向经济社会发展的前台。社会主义市场经济活动都需要法律的规范和引导，市场经济的本质决定它必然是法治经济，这是形成市场经济体系的基础条件。在市场经济条件下，教育领域中的各种关系也发生了重大变化。大学作为市场经济的主体之一，更应适应市场发展的需要，服务并服从于市场经济，为市场输送高技能合格人才，因此，大学的法治文化建设就成为当前社会经济发展的客观需要。[1]

第二，是社会愈加和谐的需要。和谐社会是我们党在推动中国社会经济发展进程中所提出的伟大的战略理念，对于实现我国经济社会的协调发展与国家的长治久安具有重大意义。大学作为社会的重要组成部分，其自身建设的完善是创建和谐社会的前提。院校学生又是文

---

① 徐慧敏：《高职院校法治文化建设研究》，《法制与社会》2013 年第 29 期。

化传承和发展的特定群体，在建设和谐社会的进程中发挥着特殊的积极作用。因此要加强大学法治文化建设，不断提升其构建和谐校园的能力，切实维护师生的合法权益，实现师生和睦相处、校园环境民主宽和，内部管理井井有条的和谐愿景。这是大学在未来发展中应该深入思考的课题。

第三，是依法治国、依法治校基本政策的需要。2012 年 11 月，教育部发布了《全面推进依法治校实施纲要》。实施纲要的颁布，将法治文化建设以法律的形式进行了确认，标志着法治文化建设已经成为高校发展的一项重要任务。大学作为普通高校的重要组成部分，理应落实依法治校的基本要求，进行法治文化建设，不断加快大学的法治化进程。

第四，是现代化大学教育与校园文化建设的需要。随着社会的发展，我国高等教育已从传统的精英式教育走向大众化教育，单一的教育模式被打破，教育关系日益多样化和复杂化。教育对象更加广泛，教育结构、教育制度日益复杂，高等教育的发展现状决定了其自身的完善需要借助于法律手段来完成。加强大学法治文化建设，能够推动教育现代化的进程，保障教育优先发展的战略地位，使教育平稳、和谐发展。另外，大学法治文化建设旨在树立广大师生的法治理念，提升师生的法律素质，是推进学校科学发展的有力保障，① 是建设校园文化建设的重要组成部分，引领学校的和谐发展。

二　社会宏观环境的法治引领

对于高等教育的依法治校而言，其治理核心确为法律治理，但法律治理的存在形态与治理原则却需要治理行为来总结、概括与显现。而高校治理行为因为高校的核心诉求又会衍生出特定的治理主线，以此来贯穿并统领依法治校的校内法律治理行为。从法律价值评判的逻辑学角度去分析一个行为，就会得出，"行为背后必存行为的动机"

---

①　徐慧敏：《高职院校法治文化建设研究》，《法制与社会》2013 年第 29 期。

的结论（不是目的，目的是结果性的达成指标，动机可以是任何一种价值满足）。但这种逻辑序列不适应高校的主线贯穿评价。"法律是最低限度的道德"，它只要求人们去办能办到的事情。社会上的法律治理从本质诉求上而言，强调秩序的良性循环，即通过法律制度的创设使社会行为能被有效地管控和限制在法律框架下，以此实现社会关系的融通。这种诉求严格禁止违法行为对法律程序、制度理念上的突破，它并不突出高尚道德，只在乎底线价值及底线价值被突破后的法律追究，并考虑如何恢复法律框架下的权利义务关系和社会秩序感。社会上的法律治理在形式上追求归纳式的单项制度规范和调整。

高等教育是育人性的事业，追求的是卓越人才的培养，那么办学条件中的每一个支撑点都需要赋予自我进取与完善的内在调整机制，高于社会预期并起传承和引领作用。所以依法治校的治理结构在文化体系的目标取向和定位上一定是高于社会上的法律治理。所以我们对大学文化的研究不能仅仅定位于"不突破法的界限"。高等学校的法治精神必须在遵循这一前提下，实现价值内涵上的突破与延伸，不仅要做到自身的公正、平等和正义，还要通过建立大学文化的行为样式去引导和凸显关于分析和表达社会公平、正义、平等的法治理念，以突出大学文化的社会指引性内核。① 努力在校园中营造良好的法制氛围，为和谐校园及师生的全面、持久发展做出贡献。

三 大学现代章程完善的背景

第一，国家行政管理体制的改革。改革开放以来，我国已经进行了五次行政管理体制改革。党的十七大确立了行政体制改革的总目标是："到 2020 年建立起中国特色的比较完善的社会主义行政管理体制"，并提出了加快体制改革步伐的要求。通过改革行政管理体制，加快转变政府职能，加强法制建设，促进建成全面、协调、可持续发展的机制。新一轮的行政体制改革，就是对政府权力机构和组织体系

---

① 张鹏飞:《法治:大学文化建设的内驱力》,《连云港职业技术学院学报》2015 年第 3 期。

进行重构，组织体系依法、依据章程进行管理，逐步形成富有效率、更加开放及有利于科学发展的管理体制及机制。因此，国家行政体制改革，不仅仅是教育体制改革的前提和依据，也是大学章程建设的促进因素。①

第二，教育综合改革。教育综合改革是整个国家教育政策的一个重要部分，其中关于现代大学治理和现代大学制度建设的部分是教育体制改革不可或缺的内容，大学章程建设则是大学治理和现代大学制度建设的一个重要的途径。2015 年，习近平总书记主持召开了中央全面深化改革领导小组第十五次会议，并强调要增强改革定力，保持改革韧劲，扎扎实实把改革举措落到实处。会议审议通过了《统筹推进世界一流大学和一流学科建设总体方案》等文件。政府工作报告中就提出要建设世界一流大学和一流学科，教育部也会同有关部委深入研究具体方案，将全面提高我国高等教育的综合实力落到实地。而世界一流大学和一流学科的建立主要依靠并体现于创新，因此教育部将构建及完善高校科研创新体系及逐步推进高校综合改革作为今年工作的重点。随着高校科研成果和现代管理机制的推进，高校旗下上市公司成为技术与资本转化平台，以此迸发创新的活力。

第三，时代的变化对大学章程建设提出了新的要求。一方面，从学校内部看，学生群体发生变化。随着中国国力的提高，国内大学与国外大学的合作交流日益增多，越来越多的外国优秀留学生来我国进行学习。除了学生的民族、国家背景更加丰富外，更重要的变化是注册学生年龄的变化。在不久以前，几乎所有大学学生的年龄都是在17—24 岁。而在终身学习理念及社会的现实要求下，当前许多公司管理人员、工程师及工人等为了新的工作，重新返回校园学习，更甚至大学教授和管理人员在另一所大学注册学习计算机科学和财务管理等也不是什么令人奇怪的事情了。大学为此需要不断地调整角色，由教导传统的青年人转变为教导各个年龄段的人。而受教育者年龄层次的

---

① 王海莹：《我国现代大学章程建设研究》，博士学位论文，西南大学，2012 年。

变化势必要求大学的授课、安排教学、学生及招生计划的内容都应该有所改变。大学章程应当重新设计其提供的教育服务模式，以适应受教育对象特性的差异和入学方式的丰富。另一方面，从学校外部来看，科学技术得到了飞跃发展。新技术逐渐改变了我们熟知的大学图书馆。以往某些受限制的教学现在可以通过计算机辅助教学（CAI）得以实现，大学课堂在其教学过程中广泛地使用了电影、录像等信息技术。在传统的课堂之外，网络也已经实现了将录制好的课程和讲座汇集在一起，受教育者可以在任何有网络的地方进行自主学习，组合成自己的学习计划和课程，使学生在家接受大学教育成为可能。电子技术正在改变着关于自由教育的基本要素和观念，迅猛发展的电子技术对高等教育结构产生重大的影响。全球的经济正在逐步成为以信息为基础的经济，几乎一半的劳动者在从事某种形式的信息处理工作。[1] 计算机也成为处理预测、资源分配、财务规划和节省开支必不可少的工具。新的时代和形势要求行政管理人员采取更为理性的资源分配方式，这种方式要求迅速处理数据，这就是计算机技术。与以往主要通过增加收入来提高大学实力不同，新的方式要依靠控制、规划、评估及资源重新分配，在有限的财力下增强大学实力。这种新的管理方式就是把松散的教师集体转变为目标一致的整体，运用更为规范的技术方法作决策，以及依靠制度来实现规范化。因此，使大学制度规范化的重要途径之一便是制定大学章程，使管理更为理性。[2]

第二节　沈阳师范大学法治秩序建构新策略

回顾沈阳师范大学逐渐变化发展中的法治治理现状，参照国外发达国家的经验，沈阳师范大学法治秩序的建构需要从顶层设计入手，

---

[1]　王海莹：《我国现代大学章程建设研究》，博士学位论文，西南大学，2012年。
[2]　同上。

完善大学章程建设，平衡校内权力，坚持法治与德治相互融合。

一 教育立法的更新

首先，进行立法观念的改变及更新，树立权、责、利相统一的立法思想。高等教育法规的调整对象是高等教育中出现的各种活动和社会现象，基于此，法律设定所依据的也必然是高等教育的基本特点和规律。传统的教育管控模式早已与当前教育发展的需要相脱离，现代高等教育将更多的注意力集中于主体权利的保障，并对教育管理权的服务理念加以强调，因而职权限定和责任追究应成为权力规范的主要内容。立法从某种意义上来讲就是对权力的限制，通过职权与责任的法定化来保障及实现主体的权利。

其次，完善配套法规，保障法规的层级位差。现行高等教育的法规参差不齐，并且部分配套性规范仍付之阙如，但是随着高等教育形势及实践的不断变化发展，许多规定因其调整范围和本身内容的局限已无力适应，在这样的现实条件下，法规体系的完善势在必行。而完善工作的进行可以通过如下两种方式。其一，现行法规的自我完善，即通过立法解释、修改与补充、法规清理工作适时地对现有立法中相关规定进行整合，消除歧义与矛盾之处，修改和补充法规漏洞，并通过清理工作实现各级规范的配套统一，权限明晰。其二，拟定与创设新法，补充现有法规体系。具体体现为加强第一层级立法，并加强立法的明晰性。如专门出台《学生法》保障学生权益，避免下级立法的随意性、政策性等因素对学生权益保障产生影响。此外，针对高等教育法规中的越权立法现象，高等教育立法中应贯彻下列原则。其一，法律保留原则，即立法保留。凡是关涉高等教育的重大事项，应由专门立法机关行使，不应授权于行政部门。其二，民主立法原则。立法应能代表民意、表达民情、重民参与从而奠定坚实的民众基础。这样的立法才真正反映人民的意愿，而免于沦为独裁者玩弄的权柄。其三，立法监督原则。立法监督即有权主体对立法行为及立法效果的审查活动，目的在于消除法规的瑕疵与不合理之处。

最后,加强程序规范的制定,完善权利救济机制。季卫东教授曾提出,"程序,从法律角度来看,主要体现为按照一定的顺序、方式和手续来做出决定的相互关系,程序不应简单地视为手段和形式,程序规范是法律规范应有之义"。高等教育法规程序规范的缺失导致实体规范所界定的权利与义务流于形式,以致不能在实践中发挥应有效用。除此以外,对程序规范的漠视也使得行政职权一头独大,行政管控、压制权利的后果导致法规重心偏移,比例失衡。对于权利救济机制在高等教育立法中规定的模糊现状,立法可以采用如下措施加以改进:首先,迂回救济方式,即把高等教育中的法律现象纳入其他的法律救济渠道之中,通过法律解释来援引行政救济、民事救济等方式保障权利实现;其次,教育立法的完善机制,通过法律的创设、修改、解释等工作明晰权利救济方式、诉求机构、程序要求等权益保障渠道。① 最大限度地改善权利救济机制在高等教育立法规定中的模糊现状,为高等教育领域内的权利救济提供可靠的制度保障。

二 大学章程完善策略

第一,确保大学全体利益相关人对现代大学章程建设的参与权与表达权。大学利益相关人包括:现代大学产权方、大学教职工、校友会、学生及家长、大学教职工、社区等。在大学利益相关人的参与权与表达权不能够得到保障时,现代大学章程就会失去"合意"的基础,就难以制定出符合大学自主办学与学术自由的现代大学章程。现代大学是个复杂的学术组织,在大学内部必然存在着复杂的科层关系,大学理顺了与办学者之间的关系后,就应该理顺内部的治理机制了。科学的章程制定过程需要学术负责人、教师代表、学生代表、学生家长、社区代表、社会知名人士、校友代表、退休教职工代表、相关专家、大学的举办者及主管部门组成。只有确保了大学相关利益人的参与权与表达权,现代大学章程才是大学全体利益相关人的"合意"表

---

① 王立峰:《高校法治研究》,博士学位论文,吉林大学,2006 年。

达，才能对内具有约束力，对外具有公信力。中国大学的治理，是行政治理，而不是法人治理。众所周知，很多大学的教职工代表大学往往成为摆设和工具，甚至很多大学的教职工代表大学是委派安排的，而不是民主选举的结果，在这种情况下，则无法保障大学听取教职工及学生的意见。如果要发挥职工代表大学在制定大学章程中的重要作用，应保障教职工代表大学确实是民主选举产生，代表着民众的意见。这样才能确保大学相关利益人对现代大学章程建设的参与权与表达权。

第二，建立适应国本、校本文化的真正意义上的董事会制度和大学章程。董事会制度既是维护大学自治的力量，也是大学与社会之间的"桥梁"与"纽带"。在中国大学章程规定中，中国特色的董事会虽然不是大学的决策机构，但是应该在适应本土文化的前提下建立董事会制度。目前，大学行政化、发展趋同化等问题日益突出，这些现象背后的原因在于大学根本制度设计中忽略了公众对大学治理应有的话语权。要使大学真正做到以社会利益为己任，就要建立真正的董事会制度，并且在大学章程中予以规定。建立中国特色的、适合中国文化的董事会制度，让董事会作为社会公众的代理人来参与大学的治理，董事会的成员必须由校外人员组成，能够热情地承担起大学的治理责任，并且建立真正的董事会制度必须在《教育法》《高等教育法》等法律文件允许的范围内进行，能够协调好党委领导下的校长负责制。现代大学应设计好这一董事会治理结构，并将这一治理结构写入章程中。[①] 建立真正意义上的董事会治理制度既不能脱离我国的传统文化，要充分考虑到我国根深蒂固的官本位文化的影响，也必须密切联系本校实际，建立真正意义上的具有本校特色的董事会制度。

此外，建设具有本校特色大学章程时，应解放思想、结合本校实际情况和特色进行大胆创新，将大学章程的建设过程变成研究的过程，借鉴国外高水平大学的章程建设成果和经验时，不能照搬国外章程。

---

① 王海莹：《我国现代大学章程建设研究》，博士学位论文，西南大学，2012 年。

应当处理好理想与现实、继承与创新、共性与个性之间的关系；要依照法律建设大学章程，不仅要讲求章程的特色，也应该体现本校的发展特色。大学章程建设既要对本校以前探索形成的实践经验进行行之有效的确认，又要放眼将来，为本校的发展留下充足的制度空间；既要对国内外大学章程进行博采众长，又要充分认识和体现本校的特色。现代大学章程建设应体现本大学的气度和追求，将创新贯穿在大学章程的制定过程中，体现大学的办学理念和价值观，使其处处体现出本校的特色。①

第三，推动大学章程的实施。大学章程作为大学的"宪法"，统领着学校内部的各项规章制度，在大学治理中发挥着巨大的作用。大学章程制定本身就是对大学自身的办学理念、运行机制进行尽享改革和梳理的过程。因此，大学需要自觉地用章程来规范自身的办学行为和管理行为，继承大学自身的办学精神和传统，建立自我约束和自主发展的机制。随着不断推进的国家教育行政管理体制的改革，会不断落实大学的办学自主权，这时更加凸显大学章程建设的重要性。大学章程建设的落脚点是章程的实施，建设与执行是一对共生的现象。在完善大学章程建设之后，教育行政主管部门逐步做到放权，大学章程的作用就要淋漓尽致地发挥出来。大学在章程实施方面要有所作为，大学各级部门要广泛宣传、广泛参与，逐步逐级地推动大学章程的实施，使大学章程的作用得到充分的发挥。

第四，设立大学章程建设的监督机制。目前，我国现代大学章程建设尚处于初级阶段，大学章程的相关制定主体对章程的建设和实施缺乏足够的重视和行动力，急需建立大学章程的监督机制来推动大学章程的建设和执行。大学章程建设和执行不仅需要大学职能管理机构对其实施监督，更需要教师职工代表大学、学生代表大学、社团组织这样的基层组织的监督。除了校内教师和学生的监督，在目前现代大学章程建设的过程中，一部分大学表现出敷衍了事和缺乏热情的现象，

---

① 王海莹：《我国现代大学章程建设研究》，博士学位论文，西南大学，2012 年。

校外的监督力量尤为重要。[①] 校外监督是大学章程建设的重要推动力量，新的历史阶段，由政府或者第三方机构来作为校外的监督主体，可以推进现代大学章程建设的不断完善。总之，现代大学章程建设需要校内外监督相结合，政府的宏观调控和教育行政部门的积极作为，是现代大学章程建设的外在推动力，大学以积极主动态度应对大学章程建设，是其获得前进动力的源泉。现代大学章程内外监督机制的完善，不仅使现代大学章程的制定更加合理，而且还能够使现代大学章程得到贯彻执行。[②]

三　多元利益主体的权力制衡

第一，以"职能限制"结构体系作为大学多元利益主体权力制衡的法治基础。建立完善我国公立高校各利益主体权力相互制约的"职能限制"结构体系，并不是否定高校领导团体的核心作用，也不是唆使学生过分发挥自己的权利，更不是激发高校行政权与学术权的冲突，其主旨是在高校的改革发展中，逐步确立党委与校长、教师与学生之间各权力的均衡配置，从而限制权力的膨胀或滥用，形成有效防止权力异化变质的总体格局和组织结构。

首先，确立"党委领导，校长治校，专家治学，民主监督"的总体格局。"党委领导，校长治校，专家治学，民主监督"应该是我国公立高校管理的努力方向和总体格局。公立高校党委是高校领导及实施监督的主体，负责对学校的行政管理和学术活动进行全面的协调和监督；以校长为首的高校行政人员主要负责学校的日常管理，通过计划、组织、协调、控制等功能实现学校的有序运转；以教授、专家为首的学术群体主要负责高校的学术活动，为高校学科设置、专业发展和学术活动组织等做出积极贡献；民主监督是在高校教职工代表大会的基础上设置的属性自主的学校监督委员会的主要职能，其设置初衷

---

① 陈立鹏、杨阳：《贯彻落实〈教育规划纲要〉全面推动大学章程建设》，《国家教育行政学院学报》2010 年 8 月 15 日。

② 王海莹：《我国现代大学章程建设研究》，博士学位论文，西南大学，2012 年。

是为了强化对高校管理工作的检查调控,负责接受广大师生的投诉和建议等,重大问题直接提交师生权益保障委员会或教代会讨论。值得注意的是,在高等学校内部,行政管理与学术活动相互联系,后者的正常开展需要前者为其做好后勤保障及管理协调工作。然而,目前高校内部普遍存在部分学科的专家偏袒自己学科的现象,因此,在学术资源有限的现实情况下,行政管理在学术活动以及学科发展领域进行统筹规划是势在必行的,只有这样才能使我国公立高校的权力体系更加完善。最大限度地发挥学术活动的效果,维护其在高校综合,长远发展中的重要地位。

其次,完善决策权、执行权(行政权学术权)与监督权高度分离的权力结构。健全决策、执行与监督高度分离、相互牵制的权力结构是公立高校健康发展的重要途径。具体而言,一是决策重质。即做出的决策要科学合理、具有民主效益,做到"集体领导、民主集中、个别酝酿、会议决定",特别是对于重要工作部署和人事财务等决策,要制定可行性报告,明确最优决策方案,扩大民主决策范围,重视民主决策质量,实现对执行权、监督权的有效限制和制约;二是执行重效。公立高校通常被看作"政府"的缩影,既要确保和加强我党领导核心地位不动摇,又要缩小政治权力的干涉范围和力度,放手让学术权力和行政权力发挥更大的作用,这就要求各种利益实行高效统筹和协调:精简合并性质相近的部门,拒绝机构臃肿和推诿扯皮的现象,形成高效执行队伍,使高校资源得到最佳优化组合;三是监督重力。目前公立高校的监督意识和监督机制仍旧比较薄弱,监督主角与对象重合,导致监督力度不够。对此,要加强制度建设,分类、拓宽监督渠道,让监督与决策、执行分离,不把监督与"人情"混为一谈,从而对权力起到有效的制约。完善决策权、执行权、监督权"三权分离",防止权力过度集中,是依法治教的应有之义。

最后,大力提升监督权力权重,保证权力均衡。我国公立高校虽然在建立健全权力监督体系、完善权力监督手段方面进行了不懈努力且达到了一定效果,但是监督权力仍然比较"虚弱"。针对这种情况,大力提升监督权力权重以保证权力均衡迫在眉睫。首先,用制度管人,加强党政"一把手"的教育与约束。"一把手"的责任重大,其权力又相对比较集中,因此要充分注重"一把手"的遴选,不断拓宽民主推荐渠道,选拔政治素质高、能力全面的干部,同时也要加强"一把手"的思想政治教育与约束管理,例如定期进行廉政述职报告、实行定期轮岗制度等。大量事实也表明,位高权重者更应受到制约和监督,真正做到位高不擅权、权重不谋私。其次,用制度管事,深化管理体制改革。公立高校的决策不应成为管理者的一言堂,重大事项的决策应严格遵照决策程序、充分尊重各级主体的利益需求。最后,用制度管权,让权力更好地在阳光下运行。权力过程公开透明是一切监督的基础,因此务必切实保障公立高校多元利益主体的知情权、参与权、选择权和监督权,使得权力真正落实并始终处于学校教职工和学生群体的监督之下。对于决策失误和执行失效的行为,要严肃追究、严格考核,增强监督工作的主动性和实效性。

第二,以权力运行机制的科学化作为大学多元利益主体权力制衡的法治核心。完善权力运行机制应坚持将制度完善作为权力运行法治的基础,将程序明确作为权力运行法治的轨道,将公开透明作为权力运行法治的保证,才能使权力真正并入法治正轨。

首先,制度完善是权力运行法治的基础。制度的建设和完善是公立高校权力运行机制的脊梁,要使权力运行机制在运行中发挥积极作用,就必须在权力运行的决策、执行和监督等环节中建立起系统科学、规范合理的制度。事实证明,高校权力运行不畅或运行偏轨,往往与运行机制内部结构的制度不健全有着密切联系。"科研经费管理使用混乱,违规现象突出。"2014 年 7 月,中央巡视组对复旦大学的点名批评,将"科研腐败"这个中国学术界经久不衰的话题,又推到了风口浪尖上。全国政协常委、副秘书长、九三学社中央常务副主席邵鸿在谈及高校腐败问题时认为,高校腐败严重的病根是现代大学制度的缺失,并指出:"这些年来高校经费大大增加,年经费收入十多亿元的大学比比皆是,这就为贪腐提供了客观条件。

再加上在管理体制行政化的现实条件下,高校领导权力缺乏有效制约,高校领导人的产生缺少民主机制,这就导致部分领导岗位上出现部分素质低下的人。除此以外,崇尚学问的校园文化在官本位和市场经济的冲击下发生改变,多种因素的结合导致高校领导人贪腐现象明显增加。"因此,规范权力运行就必须首先健全制度,采取避免制度漏洞的积极措施,才能有效遏制及消除权力违规越轨的不良行为和决策失误现象。

其次,程序明确是权力运行法治的轨道。公立高校中规范的运行程序、明确的运行规则是实现权力公正运转,消除权力腐败现象的重要途径。任何权力运行都要履行法定的规范程序。严格地说,程序就是法律,坚持程序就是维护法律,违背程序就是违反法律。从这个意义上看,完善的权力运行机制应对权力运行全过程制定出规范的运行程序及明确的工作规则。下图为某校工资福利管理流程,我们以此作为参考。

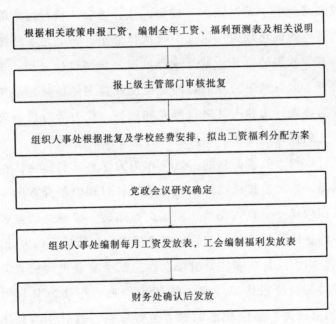

由此图可知,高校权力正规的运行程序是根据各自的职能属性来制定具体化到每个相关部门和个人的工作规则,使得所有参与人员均

能严格遵照职责行使权力。倘若程序出现疏漏或认为随意减免程序,就会导致运行结果出现偏差,甚至脱离公共运行的轨道而陷入危局。因此,明确运行程序无疑是完善权力运行机制的重要途径。

最后,公开透明是权力运行法治的保证。权力运行机制坚持透明公开是维护主体权益,依法治权的重要保证。公开透明就是要求尊重民主,这种民主应该贯穿于权力运行的全过程,如《教育部办公厅关于做好 2014 年全国普通高校招生录取工作关于进一步推进高校招生信息公开工作的通知》,要求高校招生信息"十公开",包括:招生政策公开;高校招生资格公开;高校招生章程公开;高校招生计划公开;考生资格公开;录取程序公开;录取结果公开;咨询及申诉渠道公开;重大违规事件及处理结果公开;录取新生复查结果公开。总结来说,首先,决策过程公开透明。如上述案例图表中工资福利分配方案的成文要公示,以民主形式公开运行能够迅速纠正决策出现的偏差和扼杀决策中隐含的谋私动机。其次,执行过程公开透明。权力运行的执行操作阶段最易产生"暗箱操作"现象,公开透明的执行过程能够有效消除权力运行的偏轨现象,保证决策执行公正。如上述案例图表中的工资和福利发放表的公开,就是执行过程公开的最佳选择。最后,运行结果公开。运行结果公开的目的是接受权益主体检验,避免违规行为,以及对违规行为和人员进行曝光和惩处。权力运行机制公开透明是尊重民主的体现,是权力运行法治的重要保证。

第三,以权力监督机制的实效化作为大学多元利益主体权力制衡的法治保障。权力监督机制的实效化就是针对现阶段存在的一些非实效化风险而构建一个有效完整、能够自行运转、覆盖一切监督对象和监督内容的制约监督机制,它的实现途径应该包括如下四方面。

首先,赋予监督职能,突出独立性。赋予监督机构独立的监督职能,其实质是监督机构以监督主体的地位独立行使监督权力,符合"以权力约束权力"哲学理念的权力监督思路。独立性的具体体现应该包括:一方面,公立高校监督机构具有与其他职能部门相对平等的权力主体地位,并且保持并列与制约的关系。监督机构是专司监督职能的，其他职能部门是监督机构的监督管理对象。高校监督机构要充分考虑到自己的地位，才能有效地开展监督活动。另一方面，公立高校的监督机构要发挥自身的独立特点，即处理好与国家行政监察机关和党的纪律检查机构的关系。高校监督机构不能简单套用国家行政监察机关监督原则和监督方法，两者在任务、性质、工作内容等多方面都有本质的区别，应该既要主动接受国家行政监督机关的指导，又要根据高校各自的特点开展工作。

其次，拓宽监督渠道，突出广泛性。公立高校的监督工作不能仅由专门监督机构完成，应该鼓励其他校内外力量广泛参与，拓宽监督渠道，体现对权力监督的社会参与、广泛民主原则。首先是师生共同监督。师生监督的实质是高校中广大师生群体对管理人员的监督，也可以理解为遵纪守法者对违法乱纪者的监督，是"人民当家做主"在高校中的具体体现。具体体现为在校委会、教代会和学生组织中设置举报监督、信访监督、控申监督等进行监督。研究表明，学生是大学的重要利益相关者，因此，建立一种利益相关者充分参与、共同决策的共同治理机制具有很大的必要性。其次是校内外舆论监督。即通过大众传播媒介这个载体，以反映校内权益主体呼声、提供舆论信息为手段，对高校政治活动、权力机关及人员的行为实施监督。

再次，强化监督手段，突出有效性。强化对权力监督的手段，是实现监督目的，提高监督效果的重要保障。在监督手段上，世界各国在长期的实践中总结积累了一些行之有效的方法，值得我们借鉴。美国在高校科研项目经费监管方面，要求专款专用、按比例定向使用，内部制衡与外部监管相结合；英国高校科研经费的主要来源是政府及各种项目资助者，其主要的监管手段是科研质量的评估，不仅在校内建立审计机制，并且也充分发挥政府的审计职能，保证核算过程的公正公开。2014年我国教育部出台相关规定，将特长生招生、基建工程招投标、校级领导干部社会兼职、因公出国等纳入《高等学校信息公开事项清单》（后简称《清单》），对75所直属高校下发了即时公开、确保真实的通知。除此以外，《清单》中不少规定与近年来广受关注的高校舞弊及腐败案件联系紧密，如财务、资产及收费信息提出要公开"设备采购和重大基建工程的招投标""收费项目、依据、标准及投诉方式"等。教育部新闻发言人续梅表示："我们将信息公开作为强化监督的重要手段，《清单》基本覆盖了高校应主动向社会公开的内容，力争不留死角、有一说一。"① 我国应在借鉴国外优秀监督手段的基础之上，充分考虑我国高校科研项目经费相关运行制度的基础，强化监督手段，提高有效性。

最后，采取特殊方式，突出针对性。针对当前高校腐败问题严重程度和危害，可以采取一些特殊措施和办法有针对性地进行处理。例如，设立高校退赃公开账号。这一特殊形式和反腐举措，受到广大学者的欢迎和支持，而且已经在一些领域和地区予以实行，效果良好；高校退休金赏罚制度。其目的是形成腐败行为"高风险、低收益"的价值定位。一旦发生贪污受贿行为，在刑事处罚的同时，没收全部公积金。如退休后未发现有腐败行为，按个人公积金的一定比例给予奖励。这种赏廉惩贪的政治制度对于防治腐败具有积极作用。另外，个人财产公开申报制度也是今后监督机制的一个有效方向。2013 年 3 月，俄罗斯教育科学部部长德米特里·里瓦诺夫发表声明表示："今年，各个高校校长必须公布 2012 年所得收入，做到和政府官员一样，在各自高校的官方网站上公布收入申报表。"我国可以效仿其他国家的优秀经验并结合自身特色制订方案，虽然目前阶段实施较为困难，但是不能否认其特殊的实效性和方向性。在高校腐败问题越发严重的现实条件下，采取特殊且具有针对性的措施刻不容缓。

四　法治—德治相融合文化的精神文明建设

依法治校和以德治校统一发展所需要的制度安排，也只有在与之相适应的文化基础上才能建构起来。依法治校和以德治校的统一发展对高校精神文明建设的需求是多方面的，但最终需要的是精神文明建

---

① 郭平、黄正夫：《大学内部治理结构的功能及其实现路径》，《教育研究》2013 年第 7 期。

设所涵养的文明人，即对高校师生员工主体性权力意识的培养、公共精神的培育、守法意识的培育，从而真正做到在高校文化建设中法制文化的培养和德治文化的转换。具体来讲我们要加强学校领导师生在精神文明方面的道德建设。

第一，官德建设。校长作为学校行政主管，要做到依法治校和以德治校相互统一。在依法治校方面，学校领导要知法、懂法、守法，增强法制意识，做学法守法的表率，在处理学校事务中，要保持强烈敏锐的法做意识，按法律、法规、制度、职责中的规定依法办事。依法治校，通常是领导者靠权力的强制性来实现的，而以德治校是靠领导者的品德、情感、作风等综合因素来发挥非权力影响力，使群体成员自制、自律、自我约束。以德治校是民主管理、情感管理、自然管理。校长作为学校的最高管理者：一要有清正廉洁的品质。对于处于市场经济大潮中的管理者，这点至关重要。管好一所学校，校长要有威信，说话要有人听，决定有人执行，威信从哪里来，笔者认为最主要的是清正廉洁。二要以诚待人，宽容大度。教师作为知识分子，有很强的自尊心和责任感。作为学校领导，对教师要和蔼诚恳，想教师所想，急教师所急，真心实意地为教师办实事，才能得到他们的信任与尊重。作为校长，还应宽容、大度、豁达，对人对事无私心杂念，不计个人恩怨得失，以广阔的胸怀容人纳事，这样才能谋大略，干大事。三要严于律己，率先垂范。校长的言谈举止时刻受到师生的注视，因此校长作为管理者，举手投足都要得体文明，言必行，行必果，要求别人做到的自己首先做到，要求别人不能做的自己坚决不能做，这样才能提高威信。四要有高度的事业心和责任感。作为领导者来讲，这点非常重要。校长作为教师的领头羊，要忠诚于党的教育事业，积极上进，这种伴随着事业心和责任感自然焕发出的精神活力，能给教师以巨大的鼓舞和动力，给学校带来勃勃生机和朝气。

第二，师德建设。师德建设应该包含三层含义。一是敬业。这是师德建设的核心。忠诚于教育事业是教师的师德灵魂，教师以此为准绳，才能真正地热爱学生、尊重学生，着力培养学生。二是身正。教师是学生效仿的对象，因此教师一定要做到以德为本，身正为范。传道，一言一行必须为人师表；守业，一字一句，必须严密准确。教师应站在更高的起点上，将培养学生与民族及国家的富强联系在一起，引导学生朝正确的成才道路前行。三是博学。教师应当是在某一专业领域知识渊博、业务精湛、治学严谨、崇尚科学的典范，只有拥有过硬的专业知识与技巧才能使学生产生信赖感，才能将学术力量转化为人格力量在潜移默化中对学生产生影响。① 如何把"师德"贯彻到学校教育的实际工作中去呢？这就要求教师做到以下几个方面。其一，教师要以德修身。作为一名为人师表的教师必须要树立远大的理想，热爱教育事业，并且时刻注意及反省自身的道德修养。其二，教师要以德育人。树立以德育人的观念是教师真正进行教书育人行为的前提与基础，同时也是教师对社会应尽的道德义务。并且是否做到以德育人，是衡量教师道德水准高低的重要标志。根据江泽民同志的讲话精神，以德育人就是要全面贯彻党的教育方针；全面推进素质教育，要用爱国主义、集体主义、社会主义思想，即素质教育的灵魂教育学生；要爱护和保护学生的探索精神和创新思维；要努力克服重业务、轻政治、轻德育，重理科、重理论、轻实践，重教学质量、轻教育质量等种种不良倾向。其三，要把遵守师德同遵守其他领域的道德结合起来，同遵纪守法结合起来。成为教师便不仅仅成为学校学生的学习典范与模仿对象，同时也是社会生活领域众人关注及模仿的对象，因此教师应遵守社会公德、家庭美德，遵纪守法。而教师遵守宪法、法律的表率作用同样应该体现在教育教学活动中，即自觉培养学生的民主意识和法制观念，努力培养学生成为遵纪守法的公民。这不仅是教师自身的行为规范，更是法律赋予教师应尽的基本义务。同时，师德的普遍提高必须有良好的制度作为保障。在要求广大教师加强个人修养，提倡自律的基础上，把教师的道德规范要求纳入有关的法律法规和各项

---

① 陈欣：《高校管理中坚持依法治校和以德治校相统一的观念和制度协调研究》，硕士学位论文，东北师范大学，2005 年。

具体的决策之中。才能使师德建设真正有起色。

第三，学生道德建设。对于大学生群体来讲，以德治校的目的是培养和塑造大学生的时代精神，为使其真正成为国家的栋梁和民族的希望而塑造良好的环境。当代大学生所应具备的道德素质和时代精神应主要包括以下几个方面。首先，服务和奉献精神。高等院校的道德建设应当以为人民服务为核心，以集体主义为原则，倡导大学生发扬服务和奉献精神。这既是时代的必然要求，同时也是时代精神的核心。其次，爱国主义和集体主义。爱国主义是一种体现人民群众对自己祖国浓厚感情的崇高精神。集体主义是高校道德建设的基本原则，是培养大学生时代精神的基本内容。教育大学生学会正确处理国家、集体和个人利益的关系，懂得顾全大局、集体利益高于个人利益，反对损害国家和集体利益的行为，反对损公肥私；懂得通过诚实劳动和勤奋工作获得应得的报酬，并学会通过正当手段保护自身利益，这与集体主义精神是不相悖的；学会助人为乐，发扬团结互助、相互帮助的风尚，爱护公物、遵纪守法；诚实守信、爱岗敬业、办事公道。再次，民主意识和科学精神。[①] 党的性质和政治目标决定了发展社会主义民主是必需的，它是社会主义本质要求的反映，是现代化建设的重要保证。大学生在校期间，除了学习相关法律知识、努力增强法制意识外，还应提升自身民主意识及当家做主的主人翁意识，树立公民的权利和义务的观念，学会正确处理民主与集中、民主与法制、民主与纪律等关系问题。大学生是社会未来建设的中坚力量，也是未来科技领域里的精英，有了科学精神，才能有正确的分析问题、解决问题的能力，才能开拓创新，才能进行发明创造。科学精神的实质就是实事求是，就是要尊重事实，尊重事物发展的客观规律，坚持唯物主义，按规律办事。[②] 最后，创新精神和包容态度。创新是事物不断更新的动力，是社会经济发展的灵魂。大力鼓励积极进取、勇往直前、改革和创新

---

① 任健雄:《以德治校，塑造大学生的时代精神》,《道德与文明》2001 年 12 月 10 日。
② 同上。

的精神状态。同时，大学生创新和超越的实现应以丰富的知识技能为基础，以继承前人的优秀成果为前提，没有知识储备及继承的创新只能沦为空谈。① 当今世界是开放的世界，有开放、包容态度的人才才能放眼世界，在国际主义精神不断被赋予新的内容的今天，大学生应当学会并懂得国际法律法规、国际惯例等的运用，加强对处理国际经济交往和技术合作的能力的培养，并且要努力学习和借鉴经济发达国家的先进的科学技术和管理经验，最终落脚于我国实际情况，做到为我所用。②

　　如此可见，法治与德治是高校治校中不可或缺的重要方面。依法治校和以德治校相互依托，相辅相成。道德的劝导力和说服力是法治的深厚基础，而法治则是道德的坚强后盾，在道德劝导和说服不能达到效果的情况下，法治则以维护社会公正、正义和人权的姿态对道德规范以有力的支持和维护。高校要充分发挥法治和德治的各自优势，使法治和德治相互结合，相互依托，最终实现高校的创新发展。③ 以高校为代表的高等教育领域实现高效治理的前提之下，才能更好地实现师生的全面、和谐、健康发展。

---

　　① 李平：《以"三个代表"为统领，建设先进的校园文化》，《太原大学学报》2003 年 6 月 30 日。

　　② 《浅谈以德治校，塑造大学生的时代精神》，http：//www. studa. net。

　　③ 陈欣：《高校管理中坚持依法治校和以德治校相统一的观念和制度协调研究》，硕士学位论文，东北师范大学，2005 年。

结束语　走向自觉:大学法治合理制度场的构建

为贯彻落实《国家中长期教育改革和发展规划纲要（2010—2020年)》和《依法治教实施纲要（2016—2020年)》，国家和省两级教育行政部门通过章程备案、负面清单等一系列大学治理新举措，将大学法治建设放在了践行国家治理体系和治理能力现代化这一马克思主义国家创新理论的突出位置。自此，大学踏上了依法管理、自主管理、维护多元主体利益、建设现代大学制度的新征程。然而，在当前大学法治建设的过程中不可避免地出现了形象化、表面化、口号化现象，大学法治建设的效益并未真正实现。

大学法治建设效益未见彰显，固然有着中国法治传统缺失的历史原因，并受制于法治建设效益滞后性规律。但在其现实性上，大学内部合理制度场尚未生成却是其直接构因。大学法治建设并非空中楼阁，其生成和维持必须以一个合理的制度场为基础，这一制度场是一组相似制度支配大学共同体所有成员时所形成的场域。在这一场域中，大学共同体成员认可、支持并参与由大学制度指令的规范行为，并按照大学制度的指令接受约束与动员。制度场概念为大学法治建设指明了道路，使得大学共同体成员超越抽象与狭隘的局限，可以在同类制度的联系中考察制度的地位和作用。基于此，研究大学法治建设所依赖的合理制度场，对于满足大学法治自觉诉求，从内到外彰显大学法治效益，具有重要的现实意义。

一 自由生成：大学法治建设对合理制度场的诉求

大学法治建设的最终目标是使大学共同体成员作为一个集体达到一种法治自觉状态，这一状态意味着大学共同体成员拥有以法治观念为先导，秉承法治精神，运用法治思维，依照大学章程和律令规范，对所遇到的问题进行综合分析，推理判断乃至采取处理措施的思维、文化和精神，法治自觉是大学法治建设效益的源泉。由于大学法治自觉是法治思维、法治文化与法治精神的统一体，这一统一体并非靠计划设计一蹴而就。自生自发秩序作为达到集体自觉的重要基础和大学法治建设的合理路径，有利于大学合理制度场的产生，而制度场的合理程度则决定了自生自发秩序的维持可能。只有将秩序作为社会人活动的行动导向与精神旨归，共同体中的社会人才能在其中汲取集体合作的养分。①

（一）集体自觉是大学法治建设的终极指向

集体自觉是国家推进国家治理体系和治理能力现代化作用于大学法治建设的必然要求和最终状态。对于大学法治建设来说，治理则是大学共同体成员运用大学法治来维护大学秩序，而其基础在于大学共同体以法治自觉为基础，规范自我行为和处理大学事物。

之所以说集体自觉是大学法治建设的最终状态，是因为大学共同体法治自觉意味着大学所有成员的规范遵守、维护和完善不再是出于习惯或害怕，而是出于共同体规范意识和责任意识。在深层次上，大学律令规范的价值追求正是大学共同体成员的本质需求，大学共同体成员对规范的认同，意味着已不把大学的律令规范看作外在的强制的东西，而是视为大学共同体生活的一部分，普遍地将规范中的权利义务内化为自己行动的评价，从而自觉地服从、维护和完善这种他律性的约束，也就是在思想感情行动上主动地接受、维护和完善共同体的规范。②

---

① 陈亮、李惠：《论教育治理法治化》，《高校教育管理》2016 年第 4 期。
② 马焕灵：《自由与宁静：大学的秩序需求逻辑》，《内蒙古社会科学》（汉文版）2016 年第 5 期。

更为形象的表述是，在大学成员个体共同体化的过程中，大学共同体规范会向个体的心理结构不断渗透，成为大学共同体成员的"活生生的肌肉"。

集体自觉的功能性价值决定了其在大学法治建设中的终极地位。其一，大学共同体成员能够认同法治自觉中的各个要素。大学成员对法治建设中的各项具体要求和法治精神是内心认同的，而不感到因外部力量而受到驱使或挤压。其二，大学共同体成员能够遵守法治自觉中的各个要素。大学共同体成员能够按照法的要求与精神规范自我行为，能够按照法治建设中所规定的合法程序有效达成各自目的。其三，大学共同体成员能够内化法治自觉中的各个要素。大学共同体成员不仅按照各种规章制度处理各种事务，而且在每一位共同体成员内心深处拥有了一定程度的法治思维和法治精神，大学共同体成员作为一个集体也形成了法治文化。其四，大学共同体成员能够按法治自觉的要求相互监督与纠正。这种相互监督与纠正的目的不在于"惩罚"，而在于提醒与帮助共同体成员不断形成和深化法治自觉，时刻监控和调整自我行为，在精神和行为上都能够按照法治建设中的各项要求想问题办事情。

（二）自生自发秩序是集体自觉形成的前提

大学的自生自发秩序，有着深刻的内涵。在产生方式上，"它是人之行动的非意图的后果而非人之设计的结果"；在协调手段上，"它的形成是其要素在应对即时性环境的过程中遵循某些规则所产生的结果而不是对命令服从的结果"；在对个人目的的实现帮助上，"它为不同的个人实现其各自的目的提供了有助益的条件而不是集体工具。"[①]这种秩序与集体自觉和大学法治建设存在紧密联系，如果三者协调存在，将会为法治自觉的形成提供一个合理的制度场。另外，国家治理体系和治理能力的现代化倡导发挥社会各主体的力量，而这恰好与自生自发秩序在某种程度上存在一定的契合性。

---

① 刘少杰：《当代国外社会学理论》，中国人民大学出版社2009年版，第110页。

一方面,自生自发秩序是达至集体自觉的重要基础。在大学法治建设中,大学共同体成员作为一个集体,要达到一种法治自觉,关键在于成员在互动中对规则的需要,对规则渐渐达成一种共识,并内在认同这些规则,而不是因外部因素而被迫服从这些规则。而自生自发秩序与"人造"的秩序不同,"人造"的秩序所产生的有序性是外部指导的结果,而自生自发秩序强调人们在自发的不断互动中,逐渐明确共同的规则,它为大学成员在互动中对规则的共同认同与遵守提供了外部环境,因此,自生自发秩序是达到集体自觉的重要基础。

另一方面,自生自发秩序是大学法治建设的合理路径。第一,大学本身是教学与科研的场所,这种场所能够发挥多大作用关键在于师生创造力的发挥,而创造力的发挥是以师生的自主性为前提的,而自生自发秩序是不同成员自由互动的结果,其内在逻辑就包含了对人自主性的承认,因此这种秩序为师生自主性的存在提供了环境,与大学本身特点相符合。第二,大学法治建设主要依靠广大教师和学生等大多数大学共同体成员,广大教职工和学生既是法治建设的受益者也是当然的建设者,而自生自发秩序对自主性的认同也包含了为教职工和学生作为"主体"提供了条件,最终促进大学法治建设的有效进行。

(三) 制度场的合理性维持自生自发秩序

法治——维护自由与秩序平衡的调节器,它是一种有效的治国方法,其旨意是依照法律而不是依照任何个人意志来治理国家。而良法是国家治理体系和治理能力现代化的本质要素之一。大学法治建设以自生自发秩序作为合理路径,有利于为大学成员作为一个集体达到法治自觉产生一个合理的制度场,这种制度场也有利于自生自发秩序的维持,同时为大学共同体成员法治自觉的达成提供外部环境。基于此,制度场的合理程度决定了自生自发秩序维持可能。客观来讲,合理制度场应该有四个基本标准。

首先,大学共同体成员"可以"按大学法治要求或规则办事。自生自发秩序的形成有赖于自发性,但是理性也同样作为形成因素而存在。这就是说,在大学法治建设中的各项要求与规则是明确的、明示的、可操作的，即便有宏观权力的把控，其把控方式也仅仅是把控大方向的、全面的和严谨的。大学共同体成员可以在大学法治建设中的框架内能够有效达成其各自的合法目的，不需要以潜规则的方式达到其目的。并且随着大学法治建设日益完善，潜规则的存在空间被逐渐压缩，最终潜规则无处存在。

其次，大学共同体成员"能够"按大学法治要求或规则办事。这是针对大学法治建设为大学共同体成员的目的达成提供物质与信息来说的。首先，"可以"的前提是"能够"。如果大学法治建设中的各项要求与规则能够保证那些选择法治程序的成员有效达成其目的，但是大学共同体成员却没有足够的基本能力在合法程序中达成其目的，那么大学法治建设中的各项要求与规则设计得再完美也无异于一纸空文。其次，这种基本能力包括物质的保障性与信息的开放性。大学法治建设要为大学成员在有合法诉求时提供足够的资金援助等各种物质保障，另外要为大学共同体成员提供各项信息，使得大学共同体成员了解在达成其合法诉求或目的的过程中所涉及的必要的信息，为其下一步的行动选择提供足够的参考帮助。

再次，大学共同体成员"自觉"按大学法治要求或规则办事。第一，从合理的制度场对法治自觉的外部保障上看，大学法治建设，在自生自发秩序的路径下，为大学共同体成员提供了一个合理的制度场，大学成员在这种制度场中可以并能够达成其合法目的，在自我监督与纠正机制的作用下，这种合理的制度场得以长期维持。第二，从法治自觉的内在产生上看，自生自发秩序在承认成员自主性的前提下，为大学共同体成员对规则的认同与遵守提供了产生机制，而成员的集体法治自觉恰恰源于成员对规则的内在认同与遵守。

最后，大学法治建设"拥有"自我监督纠正机制。在大学法治建设过程中要形成一个合理的制度场不仅需要大学共同体成员"可以"和"能够"达成其合法目的的有效途径，为保证这种有效途径得以较好地维持，不受或较少受到外部干预而有损这种合法途径对于成员达成合法目的的有效性，大学法治建设需要自我监督与纠正机制的存在。

这种机制要求有三。第一，大学法治建设强调社会开放性，学校与社会的法治化同构，社会中不同行业依法而治，有利于大学受到社会的监督与各种资源的支持。第二，与大学直接相关的机构的监督，包括外部和内部的相互监督与纠正。外部监督与纠正是指大学要受党委和上级政府的领导和管理，但是这种领导与管理是保证大学大方向的正确性的领导，以及保证其自主性和成员自由所必需的最小阈限的管理。内部监督与纠正是指大学内部不同机构间的相互监督，不仅包括上级对下级单位的监督，也包括下级对上级单位的监督和同一级别机构间的相互监督。第三，大学在法治建设中要为成员间的相互监督提供必要的安全途径以及对成员采取必要的相关安全措施，使得大学共同体成员真正能够按照大学法治的要求与精神对其他成员的相关行为进行监督。

二　现实瓶颈：大学法治建设现实制度场困境

中国治理改革的最终目标是实现善治。对于大学法治建设来说，这种善治是在最大程度上保障共同体每一个成员的合法权益，而这需要在大学法治建设中存在一个合理的制度场，然而，由自生自发秩序所构建起来的合理的制度场并未完全实现，其原因在于现今实然的制度场是在权力精英的主导或影响下所形成的，这种制度场有利于权力精英的利益获取，但并不意味着其合理性得以确证，更不意味着法治自觉的铸成。

（一）权力精英主导制度构建过程

高等教育的法律关系十分复杂，各种权力和利益内外交错，构成一个彼此关联的网络系统。① 现实的大学法治建设必然会涉及大学各种制度的设计与构建，而主导这种制度的设计与构建的大多是一些校级领导和少数的学者，他们常常以其所掌握的各种优势对制度的设计

---

① 潘懋元、左崇良：《高等教育治理的规约机制》，《吉首大学学报》（社会科学版）2016年第 3 期。

与构建自觉或不自觉施加影响，这最终影响了制度本身的合理性。总体来看，这些"权力精英"以权力资本、社会资本、文化资本三种优势主导或影响制度的建构。

其一，权力资本的优势。在现有的大学制度结构中，"权力精英"总是处于权力核心的位置，掌握着学校的人事权、财政权等行政权力方面，其中就包括大学章程和其他学校各种规章制度的制定与实施，因此，现有的学校制度为权力精英主导制度的构建提供了制度上的可能和优势。

其二，社会资本的优势。社会资本是布迪厄等人在《实践与反思》中所提到的一个概念，是指"某个个人或群体，凭借拥有一个比较稳定、又在一定程度上制度化的相互交往、彼此熟悉的关系网，从而积累起来的资源的总和"。① 而现阶段大学中，"人治"的成分在大学制度中仍有存留，使得许多权力精英所拥有的社会资本获得了相当程度的强化，同时成为权力精英的优势，使得权力精英一方面在大学法治建设中，可以借助社会资本促使各种制度的建立，以达成其背后的利己目的；另一方面大学各项制度由于"人治"的痕迹存在使得这种优势获得力量，使得权力精英自觉或不自觉在制度的构建中为"人治"的存在留出空间，从而使其所拥有的社会资本在现有的体制下得以延续。正因如此，当大学法治触及既得利益者的相关利益时，其原有设计总是在既得利益者与建设者或改革者的博弈中发生一定程度的扭曲。

其三，文化资本优势。"文化资本是一种信息资本，涉及文化知识、能力和秉性的形式。"② 一方面，权力精英间的文化是同质的，加之其在大学中地位大体处于同一水平，使得更容易达成群体认同；另一方面，由于人在制定各种规章制度时不可避免地受其经验、文化等的影响，就会不自觉地在制度构建中会注入这种精英文化理念，导致

---

① ［法］布迪厄等：《实践与反思》，中央编译出版社 2004 年版，第 162 页。
② 刘少杰：《当代国外社会学理论》，中国人民大学出版社 2009 年版，第 81 页。

新制度在一定程度上偏向于权力精英利益。

（二）不合理制度场的顽固自卫

大学共同体成员作为一个集体没有达到一种法治自觉，源于没有一个合理的制度场使其很好地衍生，同时现实的制度场总是以种种不合理的方式存在着，从而对法治自觉形成掣肘。

其一，大学共同体成员有时"不可以"按大学法治要求或规则办事。现今由于大学法治建设还处于进行中，各项制度还有待于进一步完善，这就使得大学成员有时并不能用在大学法治建设中所构建的各种有效途径来达成其合法目的，并且有时只能通过潜规则能更好地达成一些目的。

其二，大学共同体成员有时"不能够"按大学法治要求或规则办事。当前的大学各种制度架构，似乎并没有达到大学共同体成员有足够的能力在合法程序中达成其目的。有些大学共同体成员总会因为某些制度壁垒，不能及时地得到必要的物质保障。另外，相关信息的不够开放，使得大学成员常常不知道何种途径或者哪些更好途径达成其目的。最终结果是大学共同体成员合法利益诉求，不能够合理表达或者不能及时满足。

其三，大学法治建设自我监督纠正机制的不完善。这种机制的不完善主要表现在三个方面：第一，大学的象牙塔本性固守导致制度场封闭性。制度场的封闭性导致大学与社会间的互动与开放性难以形成，最终社会难以对大学形成有效监督；第二，大学制度中存在官僚制阻碍。大学组织的官僚制性质虽然有时会表现出高效的一面，但是其主要强调上级对下级的管理与领导，这往往会导致政府或党委对大学各项事务干预过多，大学自主性受到损害，另一方面导致大学内部各机构难以相互监督，从而为权力精英在大学法治建设中的腐败发生提供了适合的外部环境；第三，大学中人情浓厚、人治色彩鲜明导致个人间难以进行相互监督。

其四，大学共同体成员常常"不自觉"按大学法治要求或规则办事。在现今的大学法治建设中，一些由权力精英主导并构建起来的制度带有强烈的官僚制特征，大学共同体成员自主性得不到实质上的承认，大学各种规章制度的制定与实施时只能从外部强加于大学共同体成员，其必然导致成员对规则的内在不认同甚至反感，当然更谈不上法治自觉的达成。

三　诉求回应：大学法治建设合理制度场的生成

构建一个有利于大学法治建设的合理制度场，有必要按照自生自发秩序对合理制度场的要求，针对现实制度场的各项弊病进行相应的改进。这种改进包括合理制度场产生机制的重塑和对现有制度场的有效改造，并且为了保持合理制度场的可持续运作，要从不同方面设置维持机制。

（一）大学法治制度产生机制的改革

由于在大学法治建设时，权力精英以其所掌握的各种优势对大学各种制度的构建给予影响，这导致不合理的制度场得以不断产生和维持。因此大学在法治建设中需要对大学法治制度的生产机制进行改革，以期阻止不合理制度场的产生并为孕育合理制度场打下基础。

大学法治制度产生机制的重塑需要做好三个方面的工作：第一，针对权力精英在制度构建中的制度优势，要加强大学共同体成员在大学各项制度制定与实施的民主参与；第二，针对权力精英在制度制定与实施时，其文化资本所产生的影响，要在大学法治建设中，尊重不同成员意见，承认其背后所代表的多元文化；第三，针对权力精英的社会资本对制度构建所产生的消极影响，要进一步完善各项法治程序，减少社会资本对法治程序的正常运作所产生的影响。

（二）大学法治现有制度场的改造

正因为现有制度场是一种不合理的存在，影响了大学共同体成员作为一个集体法治自觉的形成，所以要对现有制度场进行改革，以期形成合理的制度场。

其一，针对现有制度场对于大学共同体成员目的达成"不可以"的问题，大学需要对制度本身进行改革。大学各项规章制度制定与实施者要基于大学发展的实际,并对各项规则加以细化、明确化、可操作化、明示化;其规则体系应是系统的、全面的、可操作的;这种规则体系的改进应处理好与宏观权力对规则的把控的关系,宏观权力在规则体系的改进中,应仅仅是一种把控大方向的存在,不应过度干预规则的改进、新规则的制定与实施,最终让潜规则无处可逃,大学共同体成员都能够通过合法程序有效达成合法目的。

其二,针对现有制度场对于大学共同体成员目的达成"不能够"的问题,需要对合法诉求保障条件进行改造。大学在法治建设中,要进一步强化对共同体成员在表达合法诉求时必要的援助资金等各种物质保障。此外要保证法治信息对大学成员的开放性,对大学各项规章制度进行宣传,一方面力图让大学成员了解何种法治途径与程序可以达成其合法目的;另一方面,让大学共同体成员形成法治意识,有意识地维护其合法权益。

其三,针对现有制度场对丁大学共同体成员目的达成"不自觉"的问题,需要对自觉性加以促进。大学治理需要真正将广大教职工和学生群体作为大学的主体,尊重其自主性,并通过仪式以多种方式和渠道在学校范围内宣传这种观念,大学制度制定和实施要为教师和学生群自主性的发挥留出一定空间,最终为教师和学生群体营造出合理的制度场,逐渐达到法治自觉的程度。

(三)大学法治合理制度场维持机制的设置

大学法治建设的成功,除了要重塑合理制度场的产生机制,以及对现有制度场进行直接的改造外,还需要坚守和维持制度场合理性要素,从而保证新的合理制度场的可持续运行。

其一,进一步增强大学的社会开放性。从大学与社会的联系上看,大学法治建设需要不断加大学校的开放性,打破象牙塔自身封闭的局限性。只有通过大学系统对社会进行相关法治建设信息的输入输出,大学才有可能在不断加强与社会合作的同时,接受社会的广泛的必要的监督。

其二,大学管理权需要高度自律。自生自发秩序的合理的制度场,主要是依靠大学中教师和学生群体等主要成员自发地互动来维系。在这一过程中,政府或教育行政部门对大学的管理要保持在一个最小的阈限内,在这个阈限内政府或教育行政部门只对大学进行必要的和大方向的管理,大学自主性方能得到充分的发挥。大学法治建设,主要是要改革现有制度中存在的官僚制的消极因素,特别去除其"技术理性因素"对人的自主性和创造力的限制,从而为人的自主性和创造力的发挥留出必要的空间。

其三,完善大学内部监督与纠正机制。首先,大学法治建设中需要剔除现有制度中"人治"色彩,完善各项规则制度或法治程序,并力图避免"人治"色彩在法治建设中所产生的负面影响,为大学内部各机构或个人间的相互监督与纠正提供一个良好的外部环境。其次,大学共同体要完善制度设计,为多元利益主体的合法诉求的实现提供合理的制度保障。最后,大学共同体不仅要为多元利益主体合法诉求的实现提供充分的物质保障,还要改变原来带有"人治"色彩的"上下级不平等"的观念,倡导"人人平等"的理念,最终使得大学内部各机构和成员间能够得以相互监督和纠正。

后　记

　　对于以学术为业的社会组织而言，秩序逻辑无疑是把"双刃剑"。作为基石，它关乎大学组织的存在，而作为规约，它又决定了大学的发展阈限。大学的秩序需求决定了大学需要管理，管理的方式不外乎两种，或者人治，或者法治，正式不同的管理方式，决定了大学"自由"与"宁静"的张力程度以及稳定性。研究大学的秩序逻辑，有助于把握大学治理的思维、程序、方式与形式，有助于理解大学存在的底线与发展的阈限，有助于解决中国现代大学实践中"自由与秩序"这一主要矛盾，并把控这一主线。以秩序是大学存在基础和功能实现的保障为理论根基，分析人治秩序的大学治理非理性风险与法治秩序的大学发展理性化治理担当的基础上，探寻以法治思维引领大学发展、以法治程序规范大学发展、以法治方式推进大学发展、以法治形式保障大学发展等走向法治秩序的成就与经验，理应成为当今大学治理研究的重要课题。

　　感谢沈阳师范大学党委书记于文明教授。如果没有于教授的指引与启发，我不能拥有大学发展的秩序逻辑这一新的学术增长点。在写作过程中，于教授无私地将珍爱的讲话稿奉献出来，作为我的研究素材，甚为感动！感谢郝德永教授，其提携后进学人的宽厚仁慈胸怀让我倍感温暖。感谢孙绵涛教授，在本书成稿过程中，给了我很多鼓励和逻辑上的中肯建议。

　　感谢我一路走来的三位恩师，我的硕士导师张维平教授、博士导师吴志宏教授、博士后合作导师张诗亚教授。他们是我在教育法学领域的启蒙者、培育者和引路人。

张君教授、尚红老师和卢伟博士为本套书籍的出版付出了很多心血。挚友马淑丽老师、申伟老师以及我的学生张月含、金哲、迟明阳同学认真阅读了我的文稿，并做了细致的文字修改工作。如果没有他们的帮助，我的书是很难成稿的。特此铭记！

本书借鉴了大量的文献资料。这些专家学者的研究成果，是我完成本书的基础。我在注释和参考文献中尽可能详细说明这些情况，在这里再一次对有关专家学者的研究表达我的敬意。如有挂一漏万之处，敬请海涵！

我的妻子张姝娜在我访学期间默默地承受了更多经济压力，聪明调皮的儿子马吉海为我的访学生活增添了生活乐趣，他们是我生命的组成部分，也是本书面世的生活基础的提供者。

马焕灵于美国威斯康星麦迪逊

2016 年 10 月 27 日